· 有效的心理疏导 实用的相处智慧 ·

女人要读点婚恋心理学

章如庚■编著

中国纺织出版社

内 容 提 要

怎样处理婚姻生活中方方面面的摩擦和不同意见？如何为婚姻奠定稳固的基础？如何处理爱情中的困惑与无奈？

本书从心理学的角度详细解读了婚恋问题和两性差异，并侧重对爱情心理、婚姻心理、择偶心理等方面予以分析和疏导，让读者能够有所借鉴、有所警醒，使自己的婚姻之舟顺利地驶向彼岸！

图书在版编目（CIP）数据

女人要读点婚恋心理学／章如庚编著．—北京：中国纺织出版社，2013.9 （2024.4重印）
ISBN 978-7-5064-9678-0

Ⅰ.①女… Ⅱ.①章… Ⅲ.①婚姻—社会心理学—女性读物②恋爱心理学—女性读物 Ⅳ.①C913.1-49

中国版本图书馆CIP数据核字（2013）第077765号

策划编辑：闫 星 责任编辑：曲小月 责任印制：储志伟

中国纺织出版社出版发行
地址：北京朝阳区百子湾东里A407号楼 邮政编码：100124
邮购电话：010-67004461 传真：010-87155801
http：//www.c-textilep.com
E-mail：faxing@c-textilep.com
北京兰星球彩色印刷有限公司印刷 各地新华书店经销
2013年9月第1版 2024年4月第2次印刷
开本：710×1000 1/16 印张：19.5
字数：245千字 定价：82.00元

前言

这个世界上，自从有了男人和女人，就有了爱情。爱情是一种无比珍贵的感情，是两性之间心与心的交融，是人类亘古不变的主题。爱情就像冬天里的一把熊熊燃烧的火焰，带给相爱的人无限的温暖；爱情就像一盏明灯，给迷茫的人指明人生的方向，使人们奔向美好的未来。爱情具有神奇的力量，能够帮助人们打开心灵的窗口，一句句滚烫的爱的语言，一首首真挚动人的爱情诗，一句句心疼关怀的话语，就像花的芬芳一样沁人心脾，能够产生巨大的精神力量，使人获得新生。爱的力量是如此神奇，很可能你根本没有意识到，但这是不容争辩的事实。

尤其是对女人而言，爱情更是至关重要的。有人说，爱情就是女人的生命，大部分女人都把爱情作为自己的事业。婚姻是爱情最美好的结局之一，两个相爱的人结婚了，组建了一个共同的家庭，生儿育女，繁衍生命，享受美好的人生。然而，婚姻和爱情却有着些许的区别。假如说爱情是随心所欲、天马行空的，那么婚姻则承担着更多的责任和义务，是相爱的人必须去面对的。不管是爱情还是婚姻，女人都在其中起到了至关重要的作用。聪明的女人知道如何与爱人相处、如何经营好自己的婚姻，更多的女人则因为不了解男人、不知道婚姻的规律和两性相处的技巧，陷入了痛苦的深渊。

本书从各个方面让女人从心理的角度了解男人，了解爱情，了解婚姻，了解两性相处的技巧，从而帮助女人更好地把握婚姻，享受幸福美好的爱情生活。

爱情是人类永恒的主题，它单纯而又复杂，浅薄却又深沉，既能催人奋进，也能使人堕落。爱情看起来是虚无缥缈的，但是却实实在在地影响着我们的生活，使人魂牵梦萦、肝肠寸断。深刻的爱情往往是一连串的矛盾和一连串的错误结合在一起的，只要能够洞悉爱情的奥秘，你就拥有了幸福的人生！

编著者

2013年6月

目录

第1章　男女有别，婚恋中女人要理性地看待情感……001
男人女人，用不同的眼睛看世界……003
男人女人，说话的方式截然不同……004
男人女人，行为心理有差异……006
男人女人，对待情感的态度完全不同……008
男人富于自主意识，女人更喜欢从众……010
男人和女人的情爱心理为什么存在巨大差异……012

第2章　探究男人心理，他在爱里的隐秘心思……015
男人生活得很累……017
在坚强的外表下，男人有一颗脆弱的心灵……019
男人既充满自信又怀着自卑……021
男人也会恐婚……023
每个男人心里都住着一个长不大的小孩……025
男人的一半是女人……027
为什么男人会觉得别人的老婆好……029
男人动粗，多半是心理问题……032
男人也需要心理“营养素”……034
男人的心思千千结……036

第3章　了解自身渴望，女人的爱与情思……039
女人了解自己的内心渴望……041

女人心中都有一座罗斯曼特之桥……043
女人总是担心自己的世界不安全……045
女人崇尚性感主义……047
大龄单身女性的三大心理障碍……049
女人的五种常见心理病……052
女人的五大事业心理误区……054
女人为何最看重爱情……056
女人对男人的要求不要太高……058

第4章　情投意合的秘密，相互吸引的心理原理……061
近水楼台先得月——接近原理……063
一日不见如隔三秋——频率原理……065
恍如隔世相见恨晚——期望原理……067
夫妻相怎么回事——相似原理……069
取长补短更加完美——互补原理……070
情人眼里出西施——外表的吸引力……072
一见钟情——首因效应……074
用真心和持之以恒的付出感动对方——相互原则……076
罗密欧就是喜欢朱丽叶——爱情的逆反心理……078

第5章　理解男人的思维，把握他的心理规律……081
我不喜欢被人命令——受到尊重的需要……083
我只能一心一意地做事情——单轨思维……085
我不是故意疏忽你的——不在状态……087
男儿有泪不轻弹——压力心理……088
男人也需要安全感——安全心理……091
男人为什么不爱逛街——时限心理……093
我要自己承担责任——责任意识……095
男人需要沉默——橡皮筋理论……097
我的袜子呢——空间思维……099

第6章　爱的距离有多远，让男人对你牵肠挂肚……103
男人为什么喜欢“坏”女孩……105
“三不”女人牢牢抓住男人的心……107
得不到的真的是最好的吗……109
要想知道他的心，不妨“欲擒故纵”……112
距离和神秘感是爱情的保鲜剂……113
矜持的美丽……115
娇羞的女人惹人爱……117

第7章　剖析婚恋本质，完全把控男人的欲求……121
婚姻是女人的归宿……123
为什么婚后的女人总是缺少安全感……125
当男人成为父亲……127
适合自己的人才是最好的……130
男人对于婚姻的真实需求……132
婚姻中没有绝对的公平……134
婚姻就像白开水，平淡之中见真情……136
真爱具有神奇的力量……138

第8章　选择真命天子，抓住他能让你幸福的潜质……141
什么样的男人是好男人……143
挑老公，要浪漫更要现实……145
千万不要错过能与你共度一生的男人……147
男人就像股票，聪明的女人擅长投资绩优股……149
要嫁给一个心中有爱的男人……151
结婚要趁早，不要犹豫……153
幽默的男人能带给你更多幸福……156
该不该嫁给离过婚的男人……158
“经济适用男”受到女人的欢迎……160

第9章 让爱的伤口愈合，失恋为你打开更好的明天 …… 163
有一种爱叫单相思 …… 165
失恋的滋味就像一杯浓烈的苦酒 …… 167
如何愈合失恋的伤口 …… 169
不管何时，都要憧憬爱情 …… 171
有一种爱叫放手 …… 173
不要为“打翻的爱情”哭泣 …… 175
不要为了忘记一个人而爱上另一个人 …… 177
爱情需要理智 …… 179

第10章 填补爱的落差，婚姻也不失爱的温度 …… 183
激情是短暂的，亲情历久弥新 …… 185
适应恋爱与婚姻的落差，保持永远的吸引力 …… 187
婚姻需要浪漫，更需要脚踏实地 …… 189
如何渡过婚后磨合期 …… 192
在恋爱与婚姻的温差中，找到最舒适的温度 …… 194
要在婚姻初期调节好性格差异 …… 196
婚姻初期，要准确定位自己 …… 198
为什么男人婚前婚后简直判若两人 …… 201

第11章 婚姻中的心理博弈，做善用策略的聪明女人 …… 203
家更是一个讲情的地方 …… 205
爱是恒久的忍耐，是无限的包容 …… 207
用心经营婚姻才能获得幸福 …… 209
幸福婚姻要学会妥协和让步 …… 211
在婚姻中，你要学会认“输” …… 213
温柔是最强大的武器 …… 215
不要把老公当成“男佣” …… 217
家是男人疗伤的地方 …… 220

第12章 守护婚姻的灵丹，女人要维护男人的面子……223
你知道你的老公很爱“面子”吗……225
聪明女人会主动示弱……227
男人是一座山，女人应该懂得仰望……229
不要揭穿男人善意的谎言……231
赞美是婚姻的保鲜剂……233
男人也需要女人的宠爱……235
“入得厅堂”与“进得厨房”……237
夫妻之间的互相尊重……239

第13章 揭示不幸婚姻的祸根，还你爱的真相……241
聪明女人从不支配男人……243
懒惰使女人变丑……245
婚姻不需要抱怨……248
贪婪的女人使男人望而却步……250
爱孩子，也要爱丈夫……252
夫妻要在教育孩子的问题上达成一致……254
言传身教，成为孩子的好榜样……257
“笨”妻子使丈夫很有成就感……259
男人喜欢性感的妻子……261

第14章 婚恋中的心理较量，女人不因爱就咄咄逼人……265
亲密有间才能进退自如……267
相爱的人就犹如刺猬……269
你是否会打探恋人的情感隐私……272
给予爱人足够的隐私空间……274
聪明的女人怎样“吃醋”……276
爱情中如何给予彼此信任……278
爱一个人也要有所保留……280

第15章 屏蔽“出轨”心思，让爱有个安全的港湾……283
老公“思想出轨”，妻子如何应对……285
为什么有的男人会出轨……288
爱情和婚姻也需要维修和养护……290
及时发现老公的“异常”表现……292
如何度过“七年之痒”……294
面对外遇，女人该如何处理……297
细致入微之处最能见真情……299

参考文献……302

第1章

男女有别，婚恋中女人要理性地看待情感

这个世界上只有两种人，那就是男人和女人。但是，男人和女人的心理却非常复杂，他们互相依存，但是却又截然不同。因此，根据男人和女人的不同生理及心理特征，男人和女人应该采取不同的态度对待感情。尤其是女人，更应该理性地看待感情。

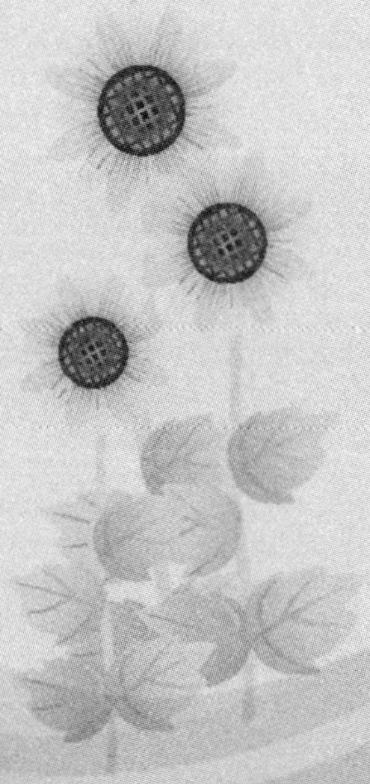

男人女人，用不同的眼睛看世界

因为生理和心理上的差异，男人女人看待世界的眼光截然不同。虽然我们女人整日忙忙碌碌地工作和生活，但是，我们生活的另一半却是男人，这就要求我们在忙碌之余抽出时间来认真地研究自己的TA，这样才能使彼此之间更加和谐融洽，使生活更加幸福和美好！

虽然男人和女人从婴儿时期就开始了交往，但是彼此之间却缺乏真正的了解。尤其是在面对爱情和婚姻问题的时候，男人和女人的看法更是截然不同。并且各自的表达方式也迥然不同，究其原因，是男人和女人的认知方式不同导致的。面对这个纷繁复杂的世界，男人和女人的认识始终难以统一，即使是一个非常简单的事物或者现象，男人女人的观点也截然不同，这就导致他们在婚姻和爱情的亲密接触中总是产生很多无奈和困惑。假如能够从认知世界的角度多多了解对方，那么男人和女人的交往无疑会更加顺利。

在面对这个复杂世界的时候，男人更加理性，女人更加感性，男人喜欢把简单的问题复杂化，女人喜欢把复杂的问题简单化。如面对秋天美丽的景色，大多数男人觉得秋高气爽，心旷神怡，但是女人到了秋天的时候则很容易抑郁，她们看到落叶飘零，百花凋谢，会感到莫名的伤感。另外，在处理同一个问题的时候，男人往往站在大局的角度考虑得更加周全，女人却喜欢从细微处着手，把问题想得很简单。每当这个时候，男人和女人就会因为同一个问题而发生争执，男人认为那个问题必须迂回曲折地解决，女人却觉得男人多此一举：直截了当地说出来不就行了吗？当然，男人和女人对于世界的认知还有很多不同，只有互相了解彼此，协调眼光，才能够更好地交流与产生共鸣。

李铭结婚6年了，如今正面临着“七年之痒”的到来。李铭和妻子杜鹃是大学同学，彼此非常了解，即便如此，他们在看待很多事情上依然会有完全不同的观点。李铭是单位的技术骨干，即将被派出国一年，回来以后，他就有机会荣升公司的高层主管。面对这个机会，李铭跃跃欲试，因为出国一年的资历能够使他在国内少奋斗5年。但是，杜鹃对此却非常排斥，她给出的理由是，如今的生活已然非常好了，还有必要为了进入公司高层而与家人分离一年的时间去国外奋斗吗？然而，李铭还是瞒着杜鹃偷偷地报了名。杜鹃知道之后大吵大闹，更别说支持李铭的决定了。

在这个事例中，大学的恋人、6年的夫妻，杜鹃仍不理解李铭的决定，主要是因为她没有意识到这个机会多么难得，而且也不理解李铭对事业的执着和狂热。对杜鹃来说，最重要的是家庭，所以她最想做的事情就是照顾好家庭生活，一家人平安幸福地生活在一起。而李铭呢？在家庭生活比较稳定的情况下，他的注意力自然更多地转到了工作上来。对于一个男人而言，工作上取得的成就感是任何感觉都无法替代的。男人天生就是征服者，他们不仅征服女人，而且企图征服整个世界，而他们征服世界的方式就是事业。

心理小提示

作为女人，当不理解男人的时候，请尝试着用男人的眼光看待这个世界，只有这样，你才能够更好地理解男人。

男人女人，说话的方式截然不同

有的时候，听着男人和女人的对话，你会觉得自己简直是在听来自

两个星球的人在对话，他们前言不搭后语，各说各的，谁也不搭谁的腔。和男人的沉默比起来，女人显然更喜欢说话。因此，现实生活中的大多数夫妻，丈夫最经常对妻子说的一句话就是："你能不能别唠叨了？"科学研究显示，对于女人来说，唠叨是一种缓解心理压力的重要方式，女人通过这种方式来调节自己的心情，使自己变得更加轻松愉悦。然而，站在男人的角度来说，这种唠叨简直是难以忍受的。每当男人提出一个问题的时候，目的就是彻底地解决它，立刻、马上。但是，对于女人来说，她并不在意男人能否马上解决它，而只是想把这件事说出来，以放松自己的心情。美国语言学家德博拉·坦嫩曾经专门总结出了男女在对话中的显著区别。一般情况下，男性在与人交谈的时候偏重信息交流，主要以讲述事情、解决问题为目的，侧重于向对方展示自己的能力和渊博的学识，从而吸引聆听者的注意。相比之下，女性则更加注重与对方的相似性，以便能够引起共鸣，并且喜欢与对方分享自己的经历。这是因为交谈的目的不同，所以，面对女人唠唠叨叨地说出的生活琐碎，男人会骤然感到压力倍增。

因为说话的目的不同，男人女人说话的方式也截然不同。男人说话时比较直接，喜欢开门见山、一针见血，而女人则比较隐晦，喜欢委婉曲折地表达自己的思想观点，以使对方在云雾之中了解她的真实意图。其实，这样一来，男人将很难理解女人的真实目的，也就无法更好地与女人沟通。尤其是在恋爱的男人和女人之间，因为交流方式不当导致的沟通问题频频出现，甚至一件好事变成一件坏事的情况也屡见不鲜。在聆听对方说话的时候，男人习惯于沉默，而大脑则高速运转着，以便能够及时想出办法解决问题。这时，女人却觉得男人没有注意听自己的话。而女人则习惯于在聆听别人说话的时候与之保持交流和共鸣，而这却很容易扰乱男人的思维，会使男人觉得厌烦。只有了解了这一点，男人和女人之间才能实现更加顺畅的沟通，避免不必要的误会。

男人爱上女人时总喜欢说：你真好；女人爱上男人时总会说：你真坏。

男人恭维女人时会说：你真漂亮；女人夸奖男人时说：你太强了！

男人和女人逗乐的时候说：来来来，可爱的小狐狸精；女人则说：去去去，讨厌鬼。

男人对女人提出要求：你只能属于我一个人；女人要求男人：我要你永远陪伴在我身边！

男人表达对女人担心的时候说：我不相信没有别人追你；女人表达对男人担心的时候会说：真的爱我吗？

男人因为女人心生妒忌的时候说：他一定比我更有钱，是吗？女人因为男人心生妒忌的时候说：我没有她长得好看，是吗？

男人最喜欢听女人说：我会永远等你；女人最喜欢听男人说：我爱你。

男人喜欢说：因为爱，世间的一切都变得更加美好；女人则喜欢说：是相爱的人使整个世界充满爱。

男人经常感叹：做男人太累了；女人经常感叹：做女人真难啊！

发狠的时候，男人说：再闹我就休了你；女人则说：即使做鬼，我也要缠住你！

心理小提示

因为说话方式不同，所以男人和女人之间总是会产生误会。假如男人和女人能够了解彼此在交流过程中不同的目的和表达方式，那么，爱情就会变得更加和谐美好！

男人女人，行为心理有差异

在心理学研究中，心理学专家们经过研究发现，女性的行为主要是受“大脑边缘系统”控制的。因为大脑边缘系统的功能与诸如情绪、精神、记忆等高级神经活动有关。所以，他们也把大脑边缘系统称为“情绪脑”。这种特点一方面是由女性的生理特征决定的，另一方面，也是因为女性在远古时期所承担的社会分工“看守洞穴、照看子女、主管分配”

导致的。由于男性脑是以大脑皮层为中心的，而大脑皮层则是大脑的最高层，是主管思考的，因此，心理学专家们把男性的大脑称为“理性脑”。早在原始时期，男性就开始以狩猎为自己的主要工作，所以，男人之所以具备“理性脑”，一方面是由男人的生理结构决定的，另外也是由男性长期从事狩猎活动导致的。

正是因为大脑的不同，所以男人和女人的行为心理也有很大的差异。很多时候，面对同一个问题，男人和女人会做出截然不同的反应。例如，面对争执，男人更倾向于用武力来解决问题，而女人则更倾向于絮絮叨叨的交流和沟通。回到原古时代，我们不难想象这样一种情形：强壮的男人都外出狩猎了，家中只剩下女人和孩子。女人们相互依存，彼此照顾，偶尔遇到分歧或者是争吵的时候，她们总是不断地尝试沟通，以便达成共识，彻底解决问题。而男人在家的时候，这种争执则很容易演变成斗殴。长期的狩猎行动使他们不愿意过多地说话，而喜欢聚精会神地解决问题。这种用武力解决问题的方式被他们带到生活中来，即使与族人之间发生矛盾，他们也会倾向于用武力解决问题。具体到现实生活中来，男人不喜欢关注生活中琐碎的细节，他们更喜欢从事比较完整的工作。而女人呢？即使在现代社会已经走上了工作岗位，大多数女性仍以从事琐碎、温和的工作为主，在工作之余，她们仍然把自己生活的重心放在操持家务上。

在公交车上，一个男人对不给自己的妻子和孩子让座的男人大打出手。面对这种情景，很多女人都会说：“多大点儿事啊，用得着这么大动干戈吗？”但是，大部分男人则分成极端的两派，其中相当一部分男人都支持用武力解决问题，他们说：“对付这种人，就应该给他吃点儿拳头，让他长长记性！”“打得好，看他下次还让不让座！”只有极少数的男人觉得这件事情说说就可以了，不值得动用武力。纵观男人的成长史，你会惊讶地发现，几乎很少有男人在小的时候没有过打架的经历。而相比之下，女孩子则好得多。她们大多非常温柔，即使与同学之间有了冲突，也会去请老师或者家长裁断。

对男性喜欢用武力解决问题的心理特点，女人应该有一定的了解。当然，如今提倡文明和谐社会，作为男士，还是应该控制自己内心深处大打出手的冲动，尽量和平地解决问题。而女性呢？在和男性交往的时候，也应该充分了解男性的行为心理特点，这样才能够更好地理解男人，也便于女性及时制止男性的粗暴行为。

心理小提示

心理特点的不同，导致男性和女性在面对同一个问题的时候往往采取截然不同的解决方式，一个是用铁拳，一个是柔声细语地规劝。

男人女人，对待情感的态度完全不同

不管是从人体的生理学角度出发，还是从神秘的心理学角度来看，男人和女人都是截然不同的个体。尽管男人和女人构成了整个人类，但是他们之间却是既矛盾又统一的关系。尤其是在面对感情的时候，男人和女人的态度更是截然不同。无数事实证明，大部分男人都非常理智，但是，绝大多数女人在感情面前都是非常感性的。这一冷一热的融合，最终的结果将会是怎样的呢？只有有了足够的了解，你才能够与异性和谐相处，如果缺乏了解，那么你们之间的交往必然会一波三折、水火不相容。

男人的体内富含雄激素，女人的体内含有很多雌激素。在雄性激素的刺激下，男人往往像一只骄傲的孔雀一样，展开美丽的尾巴吸引女人的注意。而女人呢？她们的感情相对比较细腻，很容易陷入痴情的状态。有人说，男人是滥情的，即使和不爱的人，他们也可以做出相爱的举动。而女人是专情的，必须先有爱才能有性，这就注定了女人在爱情之中容易成为受伤的一方。男人一旦发现自己心仪的目标，就会蠢蠢欲动，找机会付诸行动。但是女人即使很爱一个人，也一般不会主动说出来，更很少有做出

实际行动的。当然，这种鲜明的对比只是相对的，在现实生活中，男人和女人的确存在着差别，但是却未必有那么大。很多时候，不管是男人还是女人，当他们置身感情之外的时候往往都是理智的，一旦自己身陷其中，就很容易陷入迷乱的状态。因此，有人说恋爱就像一场重感冒，使人昏头涨脑、不明所以。

在恋爱中，女人渴望天长地久，男人则喜欢见异思迁；女人很少移情别恋，男人则喜欢自己的身边拥有更多的女人；女人心甘情愿地守着男人，男人却像是断了线的风筝一去不返。如此一来，女人在爱情之中的地位将变得非常被动。要想改变这种状况，我们就必须更多地了解男人，以便能够拴住男人的心，使他变成对自己一心一意的好男人！

艾琳虽然已经结婚7年了，但是非但没有"七年之痒"的任何迹象，与丈夫林强反而像是新婚燕尔，秤不离砣、公不离婆。很多有感情问题的小姐妹都向艾琳请教驭夫之术。每当这时，艾琳总是微微一笑。

其实，刚刚结婚的时候，艾琳也总是容易和林强发生分歧，甚至有一段时间，林强还会夜不归宿。但是，在经过一段时间的婚姻生活后，艾琳总结出了一套行之有效的办法拴住了林强的心。林强喜欢看电影、蒸桑拿，刚开始的时候，艾琳并不喜欢，每当有这种活动的时候，她都退避三舍。渐渐地，林强不再邀请艾琳一起，而是一个人独自展开行动。很快，艾琳意识到这不是长久之计，于是，她开始主动要求陪伴林强一起去看电影、蒸桑拿。渐渐地，艾琳喜欢上了看电影，总是和林强一起去看新出的片子，并交流心得。在桑拿房氤氲的气氛中，艾琳也无限放松，和林强之间的心灵沟通似乎更强了。大家都知道，男人总是喜欢看年轻美貌的女人，为了吸引老公的眼球，艾琳坚持健身，保持好的体形。每天，不管是工作还是休息，她都把自己打扮得漂漂亮亮的，使林强觉得赏心悦目。有了孩子以后，艾琳更是把公婆接来，一家人其乐融融地生活在一起，这更是一针强心剂，紧紧地拴住了林强的心。想到家里可爱的孩子和年迈的父母，林强下班之后很少出去过夜生活，总是迫不及待地赶回家与孩子、父母共享天伦之乐。

很多女人结婚之后就变成了黄脸婆，每天衣冠不整，非常邋遢。殊不知，在这种懈怠之下，老公慢慢就会对她们兴趣索然了。而艾琳之所以能够拥有幸福美满的家庭，首先是因为她能够从异性的角度吸引林强的注意力；其次，她还非常聪明：艾琳知道男人的家庭责任感没有女人那么强，因此在有了孩子以后，用孩子和公婆来约束自己的老公，使林强下了班就迫不及待地往家赶。而且，艾琳还培养了自己和老公之间的共同爱好——看电影、蒸桑拿，这样就有效避免了夫妻之间没有共同语言的尴尬局面。

心理小提示

对于女人而言，要想拥有幸福美好的爱情，就不能逃避男人对于感情与女人截然不同这一现实。正确的方式是增进了解，然后对症下药，使自己的男人变成一个新时代的好男人！

男人富于自主意识，女人更喜欢从众

虽然男人是沉默寡言的，轻易不表达自己的想法和看法，但是男性的意志却非常坚定，他们决定了的事情，一般很少做出改变。男人的自主意识非常强，他们喜欢按照自己的意愿行事，不管做什么，都带有明确的目的性。很多时候，对于别人的意见、暗示或是建议，男人总能够理性地做出思考，然后再进行取舍。以最简单的购物为例，你很少发现男人逛街，这是因为他们进入商场之后总是直奔目标，买完自己需要的东西以后就迅速离开。而且在购物的过程中，即使售货员引导或者暗示男性其他的商品，男性也能够坚持自己最初的选择，很难轻易改变。男人的独立性非常强，他们不愿意受到别人的影响和左右。当然，这种性格也是有弊端的，即他们有的时候也很难接受别人正确的意见，而显得有些刚愎自用，甚至还会导致重大失误。

而女人呢？大多数女人都是从谏如流的，她们缺乏自己的主见，喜

欢参考别人的意见做出选择和决定。尤其是当大多数人都做了同一个选择的时候，那些少数与众不同的女人往往会在左思右想之后做出从众的选择。女人天生缺乏安全感，这也许是因为她们想与大众一起承担失败的责任，或者是分享成功的荣誉。仍然以购物为例，每到节假日的时候，商场几乎是女人的天堂。和男人不同，绝大多数女人在购物之前并没有明确的目标，或者只是有一个模糊的想法。她们最擅长的是逛街，一边漫无目的地闲逛，一边东看西看，最后可能是满载而归，也可能是徒劳无功。不管是哪种结果，女人都在逛街的过程中得到了极大的满足。女人很少一个人外出买衣服，主要是因为她们在做决定的时候需要别人给出具体的建议，因此，在商场里，女人结伴而行的现象最为常见。很多时候，售货员的建议，会极大地影响女人做出决定，尤其在女人孤身一人逛街的情况下。女人的这种行为主要是由其从众心理决定的。

和男人比起来，女人做决定的时候往往缺乏果断性和明确性。她们做决定时非常盲目，一般很少加入自己的分析，只是一味地随大流。这是女性的弱点，应该多加注意。

张娜最近特别苦恼，因为她在一个寺庙游玩的时候抽到了下下签。其实，原本也没有什么，因为大多数景区的寺庙都已经商业化了，他们为了赢取更多的商业利益，往往把抽签当成了商业运作。张娜即使心知肚明，也还是心里过不去这道坎。签上说张娜最近感情上会不顺利，事业上也会遭受一定的挫折。为此，张娜对男朋友说了这件事情，但是男友却不以为然地说："那些都是骗人的。"为此，张娜还买了一张护身符带在身上，以便能够化解劫难。张娜和男友原本定于十一国庆节的时候结婚，眼看着结婚的日期越来越近了，张娜却犹豫了。她的脑海中反复盘旋着抽签的话，生怕自己的婚姻不幸福。对此，男友还是坚定不移地说："那些都是骗人的！"在男友的坚持下，张娜如期走进了婚姻的殿堂。在幸福的蜜月旅行中，在男友呵护备至的关爱下，张娜终于放弃了自己的心结，开始全心全意地享受幸福的婚姻生活。

女人很容易受到诸如算命、抽签之类事情的影响，因为她们很容易受到暗示。不过，因为男友的坚持，幸福的新婚生活最终冲淡了张娜的顾虑，使她全身心地投入到了新生活之中。由此可见，女人应该远离那些算命打卦的八卦生活，这样才能神思清明，更投入地享受自己的生活。相比之下，男人的自主意识也是有利有弊的。在生活中，男人和女人应该取长补短，这样才能做出更加英明的决策。

心理小提示

男人的自主意识过强会带来一些弊端，女人的从众心理太强也会带来很多麻烦。要想生活得更好，男人和女人就应该取长补短，以使决断更加正确合理。

男人和女人的情爱心理为什么存在巨大差异

男人和女人之间存在着巨大的差异，这一点是毋庸置疑的。这种差异首先体现在生理上。男人就是一个充满了雄性荷尔蒙的勇猛好斗的战士，女人就像是一只在雌性荷尔蒙的作用下温柔的小动物，这种男性与女性的生理特性使男人和女人更加协调，彼此互补。其次，男人和女人的巨大差异还体现在心理上，尤其是在对待爱情的态度上，男人和女人更是截然不同。具体来说，男人和女人的情爱心理的不同主要体现在以下三个方面：第一，在情感的选择方面，男性具有多样性的特点，女性具有专一性的特点。德国著名哲学家叔本华曾经说过，男人和女人在爱情专一性方面的巨大差异主要是由社会角色不同导致的。自古以来，男人就是在外打拼的角色，因此他们自然受到更多的诱惑。即使是现代社会女性在社会中承担起了家庭的责任，但是男人是家庭顶梁柱的事实依然没有发生根本性的改变。女人则主要承担着照顾家庭的责任，很少与外人接触，所以显得更加专一。此外，封建社会一夫多妻的腐朽的男权思想也在助纣为虐。幸运的是，如今女人的社会地位越来越高了。第二，在情感表达方面，男人往往

占据主动地位，而女人则显得比较被动。假如把情场比作战场，那么男人无疑是具有攻击性的动物，而女人则是温顺的羔羊。男人喜欢主动出击，女人则喜欢被动地等待。不过，随着社会的发展和女性地位的提高，越来越多的女性开始勇敢地追求自己的幸福。第三，在情感交流和与人相处方面，男人喜欢独立，女人更倾向于依赖男性。

在婚姻生活中，男人最惧怕的就是家庭生活对于他的约束，因为他更喜欢无拘无束、自由自在的生活。相比之下，女人自古以来就承担着筑巢的任务，所以渐渐形成了对丈夫和家庭成员的依恋。

当然，上述只是男女两性之间情爱心理的一部分差异，还有很多的差异有待于我们去了解和认知。这些差异是客观存在的，要想拥有幸福的婚姻生活，我们就必须坦然面对，而无须刻意回避。

琳达原本以为等待自己的将是幸福的婚姻生活，但是后来她却惊讶地发现她与男友志刚之间甜蜜的爱情在结婚之后完全变了味。结婚之前，志刚总是想法设法地抽出时间与琳达相聚，但是婚后他却绞尽脑汁地抽出时间去找自己的狐朋狗友聚会，想要享受无拘无束的单身生活。婚前，志刚总是费尽心思地讨琳达欢心，送给琳达各种各样的小礼物；婚后，志刚甚至忘记了他们的结婚纪念日。琳达非常苦恼，她甚至后悔自己不该结婚，而应该享受甜蜜的恋爱生活。在苦恼之中，琳达和志刚大吵大闹，生活简直无法继续下去了。为此，琳达走进了婚姻问题咨询所，想要找出症结所在。

心理咨询师听了琳达的叙述之后，见怪不怪地告诉琳达，这是婚姻患了常见的“感冒”，尤其是在新婚夫妇之间，这种情况更为多见。在心理咨询师的开导下，琳达恍然大悟，原来，新婚之后，很多男人都无法及时调整自己的角色，还在迷恋着婚前自由自在的单身生活。在这种时候，作为妻子，应该给他一定的时间和空间，让他更好地适应自己的新角色。于是回去以后琳达放松了对志刚的约束，让他充分自由了一段时间之后，志刚果然回到了温馨的家庭生活之中，再也没有逃离过。

在男人想要得到自由的时候，女人对他的约束越紧，男人的张力就越大。在这种情况下，对于女人而言，要想使男人更快地回归家庭，就应该给他适度的自由，使他发自内心地转变自己的角色，承担起新的责任。在婚姻生活中，很多男人每隔一段时间就需要时间享受一个人的生活，这种时候，女人不应该去打扰他，因为这是男人的心理需求，是男人作为独立个体的一种需要。

心理小提示

不可否认，男人和女人的情爱心理存在着巨大的差异，而爱情和婚姻又需要两性之间协调好，这就要求男人女人应该加强对彼此的了解，这样才能更好地磨合，最终融为一体。

第2章

探究男人心理，他在爱里的隐秘心思

虽然男人表面看上去大大咧咧的，但是男人的心思其实也是很细腻的。只不过，男人的这种细腻的心思隐藏得很深，需要我们认真探究才能一窥究竟。也只有了解了男人在爱里的隐秘心思，女人才能更好地与男人相处，使彼此之间的爱情变成美酒，越发醇厚。

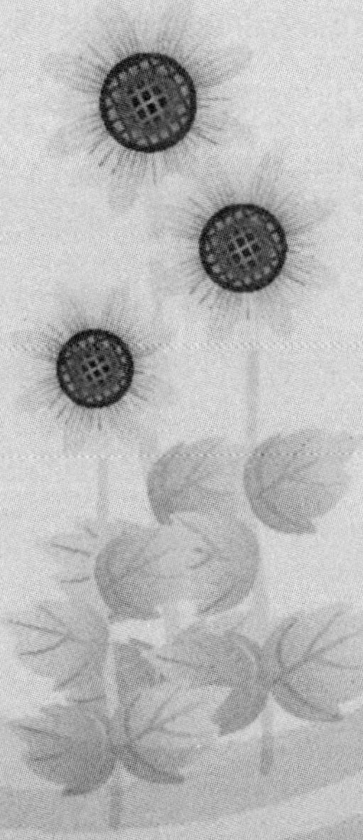

男人生活得很累

自从降临到这个世界上的那一刻起，男人就承担起了自己的第一个角色——儿子。在古代，男人的社会地位比女人高得多，所以，一个角色为“儿子”的男人承载着全家的希望。随着年龄的增长，男孩渐渐长大，变成了真正意义上的弟弟或者是哥哥，在生活和学习的过程中，还会扮演各种各样的角色。然而，直到成年以后，这个男人才真正成长为一个成熟的男人，随着结婚成为丈夫，他迎来了生命中最重要的角色——父亲。只有成为一个父亲，才意味着一个男人的真正成熟。从那个新生命呱呱坠地开始，男人开始承担起家庭的责任，承担起照顾和抚育一个弱小无知的生命成长、成熟的责任。

其实，不仅是如此多重的角色使得男人身上肩负着沉甸甸的担子，工作和生活的压力也是导致男人生活得很累的一个重要原因。社会越来越开放，经济发展速度越来越快，20世纪70年代所谓的国有企业已经如凤毛麟角，越来越多的私营企业如雨后春笋般崛起。在生活的巨大压力面前，男人虽然在外面意气风发，假装坚强，内心深处却已是不堪重负。尤其是在大城市之中，人们对生活的追求越来越高，这就要求作为家庭经济支柱的男人要谋求更好的发展，为家人创造更好的生活条件。然而，大城市高昂的生活成本却未必每个人都能够承担得起。当今社会，各种“奴”层出不穷，如房奴、车奴、孩奴等。古代有三座大山，现代社会则有三个沉重的生活负担，养房、养车、养孩子。正是因为如此，现在的高龄产妇越来越多，因为没有人敢轻易地要孩子。面对种种生活的重压，男人的心中该是多么的累啊！在这种情况下，作为女人，应该多多体谅男人。归根结底，幸福的感受来源于每个人的内心，所以女人不应该为了追求物质的享受而给自己的男人施加太大的压力。在爱情之中，一起同甘共苦地奋斗比单纯地要求一方为自己提供物质享受更值得推崇。

中年以后，家庭生活比较稳定，孩子也已经上初中了，但是马先生却觉得越来越累。如今的他经常怀念年轻的时光，觉得年轻时候的无所顾忌的闯荡是弥足珍贵的。然而，时光如逝，风月如流、日子一去不返了。近来，马先生的情绪更加低落，原来，他所在的私营企业准备裁员。为了避免妻子跟着着急上火，马先生什么也没有说。他对自己最好的哥们儿说："万一遭遇裁员，我可就麻烦了。本来我媳妇儿的工资就不高，家里的经济支柱就只有我，而且孩子马上就要上高中了。在这个紧要关头，没有工作可怎么办啊？而且，我已经40多岁了，从这个单位出去，再到新的单位应聘可就难了。而且还有70多岁的父母需要我照顾。但是，难也得撑着，谁让咱是男人呢？！我现在可理解为什么人们总是说'人到中年、人到中年'了！"

陈先生的年纪和马先生相仿，也正面临着人到中年的尴尬处境。虽然他们单位近期没有裁员计划，但是担任公司中层管理者的陈先生似乎遭遇了发展的瓶颈，上上不去、下下不来。虽然他的资历在工厂里算是老的，但是如今年轻人如长江之水，后浪推着前浪走。眼看着新人辈出，陈先生也倍感压力。

男人喜欢通过事业来体现自己的价值，喜欢用成功来征服世界，然而，现实有时候却很残酷，往往使人处于尴尬的境地。但是，男人终究是男人，他们最不愿意做的就是在女人面前示弱。为此，他们总是希望能够在单位里独当一面、在家里成为主心骨。这样势必会使自己的内心承受巨大的压力，只会苦了自己。作为女人，一定要多多体谅男人，不要再额外给他们增加压力。

心理小提示

活着原本就是艰难的，尤其是作为男人，因为社会赋予了男人太多的责任。作为男人，不仅要坚强地活着，而且要活出自己的精彩。对于女人来说，假如你爱一个男人，就要在精神上给他以支撑，使他能够在劳累之余有一个心灵的栖息地。

在坚强的外表下，男人有一颗脆弱的心灵

不管什么时候，男人都很少哭泣。因此，整个世界都认为男人本应该是坚强的，包括男人自己。其实，男人的内心有的时候也很脆弱，只不过男人已经习惯了坚强，不愿意轻易表现自己的脆弱。正如古语所说：男儿有泪不轻弹。哭，似乎是女人的专利，女人的哭泣使人心生怜爱，男人的哭泣却感天动地，使人不知所措。对于一个女人来说，拥有一个坚强的男人的爱无疑是幸福的。然而，假如一个女人能够走进男人的内心，触摸男人内心深处最柔软的地方，那么这个女人作为爱人的角色是非常成功的。男人并不是不需要安慰，只是不知道去哪里表现自己的脆弱。作为爱人，假如女人能够给男人安心的感觉，使男人在遇到挫折的时候能够表现出内心的脆弱，那么这个女人作为爱人就是成功的。

夫妻关系是这个世界上最亲密、最稳固的关系，同时也是最脆弱最不堪一击的。良好的夫妻关系团结紧密，彼此之间能够实现心与心的交流与互动。而没有交流的夫妻则形同陌路，最终会发展到同床异梦。对于大多数男人来说，每当他们感到苦闷或是烦恼的时候，总是会沉默不语，一方面是为了不让自己所爱的人担心，另一方面是因为沉默是男人思考的一种方式。殊不知，在这种情况下，女人往往很担心。作为女人，她们大多数都想与自己所爱的人一起承担生活中的坎坷和挫折，而且，要想拥有稳固幸福的婚姻，就必须使自己走进男人的心灵，了解男人的内心深处在想什

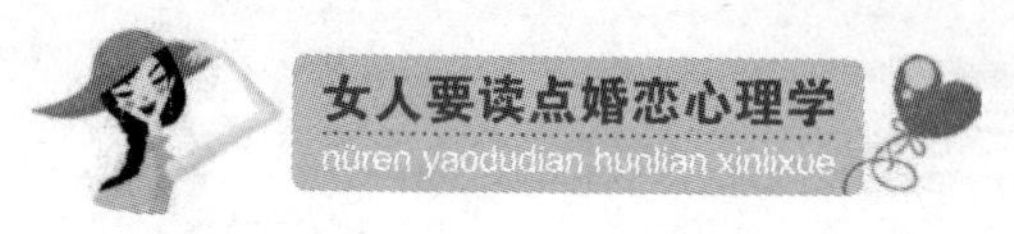

么。这样一来，心与心才会更加契合，感情才会更加深刻醇厚。

自从参加工作以来，蔡乐始终非常努力。有了孩子以后，他更是把大部分时间和精力投入到了工作当中，因为他知道，这个家需要他的努力。

最近，因为工作上的原因，蔡乐非常苦闷。原来，他所在的公司有一个人带着公司的资源到另外一家公司面试，而蔡乐因为和顶头上司在工作上有了一点分歧，所以被作为头号怀疑对象。上司更是直接封闭了蔡乐的网络端口，这使蔡乐觉得万分委屈。不过，回到家的时候，看到妻子和孩子，他不得不强颜欢笑，假装坚强。谁都不知道，他一个人开车到一个没人的地方哭了整整一下午。

妻子得知蔡乐工作上遭到挫折的时候，事情已经过去了。妻子万般心疼，她难以想象那些日子丈夫承受着那么大的委屈是如何度过的，更不能原谅自己居然对此毫无觉察。蔡乐却说："看着你和孩子，我就浑身充满了力量，即使遭到再大的委屈也是值得的。"妻子说："那你也不应该在我面前伪装得那么坚强啊，我是你的妻子，是你最亲近的人，我希望你在脆弱的时候可以在我的怀中释放自己的情绪。"蔡乐笑了笑："我确实有时候很脆弱，但是，我不是刻意伪装坚强的，而是我知道，为了你和儿子，我必须坚强。事情已经过去了，你和儿子永远都是我温馨的家园……"

在脆弱的时候找个没人的地方哭出来，这似乎是大多数男人都做过的事情。其实，面对真心相爱的妻子，男人也完全可以表现出自己的软弱。因为假如一个女人爱你的坚强，那么她必然也爱你的脆弱。对于女人而言，能够走进丈夫的心灵深处是一种幸运，是作为爱人的一种成功。

心理小提示

每个男人的内心深处都有柔软的角落，在脆弱的时候，他们喜欢找个没人的地方尽情释放自己的情绪。作为女人，应该竭力走进男人的心灵，抚慰他们内心深处最柔软的地方。

男人既充满自信又怀着自卑

从表面上看，男人无疑是一种高傲的动物，他们非常自信，有时甚至会有些自负，因此，他们拒绝认输。每个男人在骨子里都是征服者，他们想要征服一切，包括女人。但是，只要你是一个有心人，就不难发现，其实男人的内心深处怀着一种自卑。正是这种自卑，使得男人就像刺猬一样，每每遇到困难的时候，就把浑身的刺都张开，为的是避免别人伤害自己。自信与自卑，就像是一对孪生兄弟，在男人身上如影随形：在自信的时候，男人春风得意，不管面对多大的困难和挫折，都能够笑着面对；在自卑的时候，男人甚至比女人更加胆怯，他们逃避困难，不敢面对。有的时候，女人往往很奇怪，为什么一句不经意的话就会使男人勃然大怒呢？究其原因，是因为这句话触动了男人心底的自卑。

要想避免触动男人心底的自卑，女人在与男人交往的时候就要多加注意。例如，男人不喜欢与一个比自己强的男人做比较。其实，不仅仅是男人，任何人都不喜欢别人把自己拿来与别人比较。由于很多女人都喜欢把自己的老公和别人的老公做比较，这更加重了男人对于这种比较的厌烦。再如，男人不喜欢女友当着自己的面夸奖别的男人。一个男人，不管他的能力是强还是弱，也不管他挣的钱是多还是少，他都是高傲的。在自己所爱的女人面前，他希望自己被她所崇拜，而厌恶被她所鄙视。因此，一个女人要想好好地爱一个男人，首先就要发自内心地崇拜这个男人，这样才能够走进他的心灵。一个再怎么自信的男人，也会有不自信的时候，因此，在交往过程中，女人千万不要如公主般高傲，否则很容易伤害男人的自尊心。对于夫妻而言，假如女人比较能干，就要注意在家庭生活中适当地放低姿态，以免给男人带来巨大的心理压力，引起他的自卑。

朱莉是一个特别优秀的女人，她不仅长得漂亮，而且非常能干，因此深受领导的赏识。在工作中，她如鱼得水、游刃有余，很快就做出了优秀的业绩。经过几年的努力，朱莉如愿以偿地成为了公司的副总。如今的她，是一人之下、几十人之上。因为在公司发号施令惯了，朱莉回到家以后也会无法及时调整自己的角色，引得丈夫颇有怨言。

朱莉的丈夫是一名小学教师，一直以来，工作兢兢业业，非常努力。不过，教师的工作是个清水衙门，没有多大的官职。因为朱莉的工作太忙，丈夫就承担起了所有的家务劳动。刚开始的时候，朱莉还为让丈夫干原本由女人干的家务琐事而心里不落忍，但是，日子久了，她也就习惯了。因为工作的原因，朱莉常常需要应酬，陪客户吃饭、唱歌、喝酒，因为朱莉的美丽，有些客户对她产生了爱慕之情，经常送一些贵重的礼物给她。每当看到朱莉满身酒气地回家，丈夫就很生气。起初，朱莉还会好言好语地向丈夫解释，但是时间长了，她也懒得去安慰丈夫了，便我行我素了。

但是，一件让朱莉出乎意料的事情发生了。一天，朱莉出差的时候不小心把一件文件落在家里了，只好临时回家去取，却看到丈夫和一个年轻的女人在一起。朱莉受到了巨大的刺激，她觉得自己是如此的优秀，怎么也想不到丈夫居然会做出这样背叛自己的事情。事情败露之后，尽管朱莉有意挽回这段婚姻，但是犯了错误的丈夫却坚决地提出了离婚。在民政局办理完离婚手续之后，朱莉问丈夫："我只想知道我哪里不好，你非要和我离婚呢？"丈夫平静地说："和你在一起，我没有任何自信。自卑就像一块石头压在我的心上，使我喘不过气来！"

朱莉的优秀居然成为了丈夫出轨的原因，这听上去匪夷所思，其实是男人的自卑心理在作怪。很多女强人都没有幸福的婚姻生活，究其原因，或许是因为她们过于强势，或许是因为她们的成功给了男人太大的心理压力，使男人无法忍受自卑的折磨。所以，作为女人，不管是一个普通而又平凡的女人也好，还是一个事业有成、精明强干的女人也好，在面对婚姻的时候，要想使自己的婚姻生活更加幸福，一定要放低自己的姿态，不要诱发男人的自卑心理，而要使男人保持自信。

心理小提示

对于男人来说，自信是成功的必要条件。假如没有自信，男人就会自暴自弃。因此，作为女人，不论是平凡的女人还是成功的女人，都要学会在自己所爱的人面前放低姿态，维持平衡。

男人也会恐婚

在电视剧和电影里，甚至是在现实生活中，很多女人都有婚前恐惧症。在婚期逼近的时候，她们会不由自主地想要逃跑，以便逃避未知的婚姻生活。实际上，不仅女人恐婚，男人在婚姻面前也是非常恐慌、非常害怕的。尽管男人很少明目张胆地逃婚，但是在婚期临近的时候，男人的内心也承担着巨大的压力，只差没有逃跑了。

有人曾经说过，男人的成熟和胆量是成反比的。从这个理论来推断，最有胆量的是那些20多岁的男人，他们血气方刚，做事毫无顾忌，为了爱情，甚至能够放弃一切。然而，男人到了40来岁，人生已经使他经历了一些磨难，所以他能够更加清楚地看明白自己的内心深处，从而离不切实际的梦想越来越远。所以，有人说恋爱不要谈太久，双方都还有些懵懂，爱情也比较朦胧的时候，是最适合结婚的时机。一旦恋爱太久，男人也逐渐成熟，认识到了生活和婚姻的本质，他们就不会再像那些年轻小伙子一样无所顾忌地一头扎入婚姻的牢笼了。

其实，男人之所以恐婚，主要有以下几个原因：其一，经济的压力。在现代社会巨大的经济压力下，一人吃饱全家不饿的生活和拖家带口、上有老下有小的生活是完全不同的。因为害怕结婚以后要承担家庭的责任，很多男人选择不结婚，一个人闲云野鹤地过。其二，男人恐婚主要是担心失去自由和独立。男人是一种自主意识很强的动物，和女性喜欢依赖婚姻和家庭不同，男人喜欢一个人独立地生存。因此，很多男人之所以恐婚，是担心结婚之后失去自由，被家庭的牢笼囚禁住。其三，担心婆媳关系。自古以来，婆媳之间的关系矛盾始终没有得到彻底的解决，而其中最大的受害者就是男人。没结婚之前，男人是妈妈的宝贝儿子，是恋人心目中的完美男人；结婚以后，男人既被妈妈骂娶了媳妇忘了娘，又被媳妇逼着回答“假如我和你妈同时落水，你会先救谁”的问题。如此一来，男人就被迫变成了双面胶。要想使男人摆脱对婚姻的恐惧，女人就应该给男人足够的空间，使他们放下后顾之忧，全心全意地投入到婚姻生活之中。

皮特和小米恋爱两年多了。眼看着年纪一天天大了，小米有了结婚的念头。但是，当她和皮特说想结婚的时候，皮特却支支吾吾，说现在的条件还不成熟，还没有足够的经济条件支撑家庭生活。小米很不理解：“我不要求你有多么好的经济条件，只要咱们俩在一起就好！”殊不知，这句话使皮特以更快的速度逃跑了。整整一个星期，两人还处于热恋期，皮特都没有约小米见面。小米非常郁闷，人家都是男人向女人求婚，自己作为女孩子主动张嘴提出婚姻的问题，难道不成还会遭到拒绝？

一个星期之后，皮特终于约小米见面了。刚刚见面，皮特就非常诚恳地请求小米：“小米，关于结婚的事情，可以再缓半年吗？我想，我还没有做好准备。”小米不明所以，但是出于尊重，她还是答应了皮特的请求。在这半年的时间里，小米和皮特的感情发展如常，但是小米发现皮特晚上和哥们们一起出去喝酒K歌的次数越来越多。小米对此很不理解，就去请教表姐。作为过来人，表姐故做高深地说：“最近，你就不要过于缠着皮特了，否则会使他逃跑的。根据你所说的情况，皮特肯定是有点儿恐婚症，他害怕结婚后会失去自由，所以趁着这段时间好好地玩玩，玩够了自然就会回到你身边的。”小米若有所思地点点头，在后来的相处中，她有意无意地暗示皮特，即使结婚了，他也依然可以和好哥们们出去喝酒K歌儿。果然，半年之后，皮特心甘情愿，并声势浩大地向小米求婚了。小米知道，倦鸟归巢了。

当男人恐婚的时候，女人千万不要给他太大的压力，否则，就会使原本就如钟摆般摇摆不定的男人彻底逃跑。此时，和放风筝是一样的道理，

女人应该放松手中的线，使风筝飞得更高、更远，等到他累了倦了的时候，自然就想回到温馨的家园。

心理小提示

并非只有女人会恐婚，男人也会恐婚。只有深入了解男人的恐婚心理，才能够对症下药，如愿以偿地与自己心爱的男人走入婚姻的殿堂。

每个男人心里都住着一个长不大的小孩

虽然男人总是以顶天立地的形象出现在世人面前，但是，绝大多数男人的心里都住着一个长不大的小孩，他们的内心深处也都有着孩子的天真和任性。尤其是在充满母性的女人面前，男人的这种特性表现得尤为明显。其实，这和男人内心深处的恋母情结有一定的关系。早在古希腊的神话之中，俄狄浦斯情结就已经被提出来了。后来，精神分析学的创始人弗洛伊德又曾经在心理学领域提出了恋母情结。这就更使男人和女人之间结下了不解之缘。

在自己所爱的女人面前，很多男人都表现得像是一个孩子，和那些假装坚强的男人不同，这些男人尽情地展示自己的任性，希望能够得到女人的包容和宽恕。而女人呢？和男人的坚强而脆弱比起来，无疑是柔韧的。她们虽然没有男人那么坚强，但是因为有很大的柔韧度，所以在困难和挫折面前往往能够保持坚韧，不会轻易放弃和承认失败。这就是当大的灾难发生的时候，有的时候，女人比男人的承受能力更强的原因。

男人心里的小孩各不相同。有的小孩非常顽皮，他喜欢带着自己所爱的女人一起飞翔，一起寻找快乐；有的小孩非常暴躁，总是冲动地发脾气，使自己所爱的人流眼泪；有的小孩会跺脚撒野，然后溜之大吉；有的小孩会感到疲惫，把头枕在女人的大腿上，感受爱人的温情……作为女人，要想拥有和谐美好的婚姻生活，首先应该了解男人心里住着的那个没有长大的小孩，这样才能在男人任性撒娇的时候给予他想要的爱抚。也许有人会说，大男人撒什么娇，其实不然，即使是顶天立地的男子汉，也有侠骨柔情的时候。因此，女人要了解男人的内心，就要学会安抚男人的情绪，给予他们想要的抚慰。

尽管她不漂亮，也不够温柔，但是她的老公却非常帅气，一表人才。而且，他们的感情非常好，结婚已经10年了，仍然如新婚燕尔般甜蜜。查其原因，是因为她非常崇拜他，他也非常宠爱她。他是一个性格爽直的男子汉，身材魁梧，顶天立地。但是，他的心里却住着一个怕黑的小孩。很多女人觉得这么一个高大魁梧的男人怕黑，简直是一件不可理喻的事情，因为他们认为只有女人才会怕黑。但是，只有她，在停电的时候摸着黑给他送去一盏电瓶灯；只有她，在黑暗之中紧紧地与他依偎在一起，没有嘲笑，没有讽刺。就这样，英俊的他被相貌平平的她深深地吸引了。而除了怕黑之外，他几乎是完美男人的典范。他事业有成，春风得意，而且非常顾家，从来不像其他有钱的男人那样在外面花天酒地。每到结婚纪念日的时候，他总是贴心地提前预订好她喜欢的百合花，并精心地准备礼物。对待孩子，他简直就是一个无可挑剔的父亲，他总是尽量抽出时间来陪孩子玩耍，就像回到了童年一样与孩子尽情地嬉笑打闹。刚开始的时候，亲戚朋友们觉得他们并不般配，但是他却坚定不移地选择了她。事实证明，幸福始终陪伴在他们的身边。

相貌平平的她之所以能够博得英俊潇洒的他的欢心，就是因为她在他需要的时候抚慰了他心中住着的那个小孩，所以，他感到无比踏实，觉得她就是他的归宿。而她呢？得到了奢望的幸福，被生活的甜蜜包裹着，即使是在黑暗之中紧紧相依偎，她也觉得无比幸福和满足。对于他而言，黑暗是可怕的，因为有了她的陪伴，才变得可以忍受；对于她而言，黑暗是他们之间心与心无限贴近的机会，在黑暗之中，她感觉到了被他需要的幸福。

心理小提示

每个男人的心里都住着一个长不大的小孩，作为女人，要想了解一个男人，首先就要了解他心灵深处住着的那个小孩。只有抚慰好这个脆弱的小孩，女人才能从男人那里得到自己想要的幸福。

男人的一半是女人

从生物基因学的角度来说，男人的染色体是XY，女人的染色体是XX，所以说，男人的一半是女人。从婚姻的角度来说，一个完整的家庭必须由男人和女人组成，假如没有女人，这个家就不能称为一个完整意义上的家。从这个意义上来说，女人已经融入了男人的生命，没有自己所爱的女人，一个男人的心灵之河就干涸了一半；从易经的角度来说，男为阳，女为阴，只有阴阳协调，这个世界才能保持平衡。可以说，女人是男人必不可少的一半，假如没有女人，男人也就无法存在。其实，不管从哪个角度说，世界都是由男人和女人组成的。不仅男人离不开女人，女人也离不开男人，男女两性之间只有保持平衡，才能使生活变得更加和谐和美好。

假如把男人作为个体来分析，其实，外表坚强的男人并非是与女人迥然不同的。男人的性格虽然比较粗犷，但却是粗中有细。而且，在婚姻生活中，女人的细心也能够弥补男人的粗心，这样就会使男人在处理问题的时候更加周到细致。一般情况下，男人都不会照顾自己，这是从原始时代就流传下来的生活习惯，男人习惯于外出狩猎，女人则留在家中照顾家庭和孩子。因此，男人习惯于接受女人的照顾，女人则依赖于男人生存。从这个意义上讲，男人即使事业再怎么成功，也需要有女人的支撑才能够组建一个幸福的家庭。

李刚是一个事业型的男人，他来自农村，大学毕业后留在这个大城市中开创自己的事业，因此，他吃过很多苦。一个农村的孩子想要在熙熙攘攘的大城市里站住脚是多么的艰难。奋斗了整整6年之后，李刚终于有了一定的经济基础，与自己大学时代的恋人许晴结了婚。结婚以后，他们很快就有了孩子，为了给妻子和孩子更好的生活环境，李刚不得不加倍努力。

功夫不负苦心人，李刚通过自己的努力把事业做得风生水起。然而，在日复一日的忙碌中，他却忽视了许晴的感受。许晴每天都自己带孩子，李刚则早出晚归，甚至一连几天，孩子都见不到爸爸的面。刚开始的时候，许晴还能体谅李刚是为了家庭才这么努力的。但是渐渐地，她却发现李刚根本不会平衡生活和工作之间的关系。李刚的事业心太重了，许晴再三提出意见，他仍旧我行我素。一天，李刚回家的时候突然发现许晴带着孩子回到了千里之外的娘家。看着空荡荡的家，李刚一下子失去了斗志，似乎事业的成功也失去了意义。在浑浑噩噩地度过了一个星期之后，李刚放下了手头的一切工作，飞到千里之外寻找自己的妻子和孩子。见到许晴之后，李刚发自内心地说："许晴，回家吧，你和孩子走了之后我才发现，没有了你和孩子，我的生活和事业都失去了意义。以前是我忽略了你们，以后我一定会注意的，给你和孩子更加幸福美好的生活！"

一个男人，即使事业再怎么成功，假如没有女人陪伴在身边，就无法组建一个幸福完整的家庭。在生活中，金钱虽然重要，但是却没有家庭的温暖重要。很多时候，我们会在忙碌之中忽视了金钱与生活的关系，盲目地陷入到对生活的狂热追求当中。要记住，拥有金钱的目的是更好地生活，若为此成为了金钱的奴隶，那么金钱也就失去了本来的意义。

心理小提示

家庭是每个人赖以生存的基础。男人虽然表面看起来很坚强，但是内心却需要家庭的温暖。就像一艘远航的船，不管航行到哪里，最终都要回归温馨的港湾。男人的一半是女人，女人的一半是男人。在男人和女人之间，只有维持平衡，社会才会更加和谐美好！

为什么男人会觉得别人的老婆好

行走在大街上，养眼的美女总是能够吸引无数男人的眼球，究其原因，是因为男人是视觉动物，喜欢欣赏美好的事物。但是，即使是在现实生活中，男人依然觉得别人的老婆比自己的好，这是为什么呢？究其原因，不外乎以下三点：第一，距离产生美。大多数夫妻结婚之后都过着朝夕相伴的生活，每天早晨起床的时候，他们一睁眼就看到妻子睡眼惺忪的脸，每天晚上临睡之前，他们看到的是妻子千篇一律的裹着睡衣的身体。就这样，日常生活的琐碎使得生活的美感越来越少。在油盐酱醋茶的磕碰之中，男人也渐渐没有了欣赏自己老婆的心情。但是，别人的老婆则会把最美好的一面展现给男人，从而使男人产生了一种错觉，觉得别人的老婆是不食人间烟火的女子，少了几分庸俗的气息。第二，男人太了解自己的老婆了，却不了解别人的老婆，因此有一种猎奇心理。人人都有喜新厌旧的心理，追求生活中的刺激。男人天生就有征服欲，当他们历尽千辛万苦使一个女人成为自己的老婆之后，从心理上来说，他觉得这个女人已经被自己放进了保险箱，没有征服的欲望了。第三点，异性相吸的规律。不管一个男人是有老婆还是没有老婆，在生活和工作中，本能都使他更喜欢和异性打交道。常言道，男女搭配，干活不累，说得就是这个道理。在和异性相处的过程中，原本脾气暴躁的男人变得更加温和，攻击性大大减弱。即使是在日常的聚会当中，男人也喜欢和朋友的老婆调侃几句，以放松心情。最后，得不到的就是好的。这一点和男人的征服欲密切相关。从原始时代开始，男人就充当着狩猎者的角色。他们不停地试图征服大自然，征服猎物，征服女人。当然，这些原因只是男人觉得别人的老婆好的一部分原因，还有其他很多微妙的原因要结合婚姻的实际情况进行分析。但是，不管怎样，作为男人，即使心里觉得别人的老婆好，在言语和行为上也还是要约束自己。其实，假如别人的老婆变成自己的老婆，男人也许会发现原本笼罩在对方身上的光环会黯然褪去，别人的老婆不一定比自己的老婆好。

介于男人的这种心理，追求婚姻幸福和长久的女人应该怎么做呢？首先，女人应该注重自己的形象。男人是视觉动物，很多时候，视觉的刺激直接决定了男人心里的想法。因此，作为妻子，女人首先要从视觉上吸引自己的老公。其次，女人要注重与男人的交流。尽管在最原始的时候，男人和女人都是类人猿，但是，随着社会的发展，男人和女人已经逐渐摆脱了低级趣味，男人和女人之间的爱情也不断得到升华。如今，人们不仅追求动物本能的满足，也更加重视精神上的交流与共鸣。因此，夫妻之间要培养共同的兴趣和爱好。共同的兴趣和爱好能够使男人和女人之间有更多的共同之处，容易成为志趣相投的朋友。这样一来，爱情就会变得更加稳固，男人也更能经得住外来诱惑。总而言之，婚姻是需要经营的。作为女人，在了解男人的心理特点的基础上，应该想方设法地为爱情保鲜。

在婚姻七年之痒的时候，杜鹤鸣有了婚外恋。对方是一个大龄剩女，为人清高孤傲。虽然和妻子同岁，但是身材妙曼，且比妻子高雅多了。当时，正值七年之痒的杜鹤鸣对这个情人怦然心动，甚至暗暗动了离婚的念头。和情人在一起的时候，他觉得非常放松，似乎远离了尘世的喧嚣，生活只剩下享受。而和妻子在一起呢？每天回到家的时候，妻子就会喋喋不休地开始说一天的琐碎，天知道，杜鹤鸣经历了一天繁重的工作之后，根本不想再为家里的、孩子的事情而心烦。例如，杜鹤鸣喜欢抽烟，妻子却总是唠唠叨叨地让他戒烟，但是情人却送给他一个ZIPPO打火机；杜鹤鸣

喜欢蒸桑拿，妻子却总是因为蒸桑拿太贵而拒绝和他一起去，但是情人却欢天喜地地陪着他去泡温泉、蒸桑拿、吃大餐。渐渐地，杜鹤鸣越来越不想回家，只想和情人待在一起，而他的钱包也迅速瘪了下去，几乎和年轻人一样成了月光族。

一个偶然的机会，妻子得知了杜鹤鸣和情人之间的事。要强的妻子主动提出了离婚，并且承担了抚育孩子的责任。离婚之后，杜鹤鸣非常狼狈，但是日子却总要过下去，所以他和情人一拍即合，组建了新的家庭。没想到甜蜜的蜜月生活过去之后，杜鹤鸣渐渐地陷入了生活的怪圈，有时候，他甚至觉得自己还没有离婚，面对的仍然是那个唠唠叨叨的妻子。因为有了婚姻，情人在一夜之间变成了妻子。曾经的浪漫也消失得无影无踪，她开始用各种各样苛刻的条件要求杜鹤鸣，并且“剥夺”了杜鹤鸣的财权。直到家庭矛盾越来越激化的时候，杜鹤鸣才恍然意识到：一旦与情人结婚，情人也就变成了妻子。

男人之所以觉得别人的老婆好，恰恰是因为他们是从远处观望，之所以觉得自己的妻子难以忍受，恰是因为每天与妻子朝夕相处，对妻子的每一个瑕疵都了如指掌。但是情人一旦变成了自己的妻子，男人就会恍然大悟：原来老婆都是一样的。假如杜鹤鸣没有和情人结婚，他们还会和以前一样，仍然浪漫。但是，一旦步入婚姻的殿堂，女人就会变得更加实际，对生活精打细算。从这个意义上说，男人应该理解和体谅自己的老婆，而不要只觉得别人的老婆好。

心理小提示

婚姻是现实的，即使爱情再怎么浪漫，一旦步入婚姻的殿堂，都要去过实实在在的生活。当男人抱怨自己的老婆不够浪漫的时候，不如想一想老婆的辛苦。作为老婆，也应该变得在现实的基础上尽量调剂婚姻，使生活变得更有情趣。

男人动粗，多半是心理问题

从体格上来说，男人无疑是有优势的。在婚姻生活中，假如男人有家暴的行为，受苦的一定是女人。从尊重和保护女性的角度来说，男人不管出于什么原因都不应该对女人动粗。既然如此，为什么还是有那么多的男人对女人施家暴呢？究其原因，是因为这些男人的心理出了问题。虽然男人表面看起来非常坚强，但是他们的内心其实是非常脆弱的。很多男人看起来自信，实则非常自卑，面对女人不经意间的伤害，他们往往会勃然大怒，因为极度自卑而变得暴躁无常。在现实生活中，男人无疑承担着巨大的生活和工作压力，因此，他们的心中不堪重负，需要女人的温柔抚慰。

还有些男人从小养尊处优，封建男权主义思想严重，认为老婆是自己的私有财产，自己可以随心处置。然而，身处现代社会，作为女人，应该走出家庭，走入社会，活出自己的精彩，只有这样，才能争得与男人同等的社会地位，同时也为自己在家庭生活中赢得一席之地。除此之外，有些男人之所以对自己的爱人动粗，是因为极度的占有欲和自私心理。在他们的心目中，爱一个人就要占有她，把对方当成是自己能够完全处置的私有财产，为此，他们动辄就会争风吃醋，给爱人冠以“莫须有”的红杏出墙的罪名，然后再大肆动怒。在这些动粗的诸多理由之中，最可怕的一种就是心理变态。很多人都看过电视剧《不要和陌生人说话》，其中的那个变态的医生简直就是现实生活中变态男人的翻版，他内心深处其实很爱自己的老婆，却总是因为无法控制自己的情绪而对老婆动粗，等到情绪的癫痫过去之后，他又会恢复冷静，请求老婆原谅自己。没有哪个女人能够和这样的男人生活下去，因为这简直是一个恶梦。遇到这样的男人，就像剧中的女主人公一样，想逃离也是很艰难的事情。因此，在与恋人交往的过程中，在步入婚姻的殿堂之前，我们一定要用心地了解恋人的性格特点等，以便能够得到幸福美满的婚姻。当然，男人动粗的理由还有很多，不过，总体而言，男人之所以动粗，大多数是心理出了问题。作为女人，应该及时体察男人的心理动向，这样才能够更好地与男人相处。

在外人看来，袁振不仅是一个春风得意的成功人士，而且也是一个非常完美的丈夫。因此，有无数的小姐妹羡慕袁振的妻子丽娜，说她慧眼识珠，为自己找了一个如意郎君。然而，丽娜心里却非常苦闷，她对自己的闺蜜倾诉了自己内心的烦恼。

原来，袁振虽然事业有成，但是也许是因为工作上的压力，也许是当老总发号施令惯了，回到家里，他也扮演至高无上的老总的角色，对妻子女儿动辄呵斥，有时候还会动粗。几天前，袁振难得回家和妻子女儿一起吃晚饭。当天晚上，丽娜精心熬制了大米粥，以便给经常在外吃饭的袁振养胃。当女儿把粥端上桌的时候，袁振因为不喜欢吃加碱熬制的粥，于是就问女儿粥里有没有放碱。女儿随口告诉他没有放碱，但是，袁振尝了一口粥后，马上大发雷霆，他居然尝到了碱的味道。女儿说："我又没做饭，就算我说错了你也不至于这样吧！"这句话无异于雪上加霜，袁振怒火中烧，他不仅把碗摔在了地上，还喝令女儿跪下。直到女儿下跪认错之后，袁振的怒火才渐渐平息。丽娜非常忧愁地说，假如女儿没有下跪认错，袁振肯定会整个晚上都不罢休。对于袁振的这种喜怒无常，丽娜非常担忧和痛苦。虽然丈夫各个方面都做得很好，对家庭也很有责任心，但是如今，她和女儿却非常害怕和袁振相处。在她们的心里，袁振就像一个不定时炸弹，随时都可能会爆炸。为此，丽娜和女儿每天都如履薄冰，大气儿都不敢出。

听了丽娜的讲述，闺蜜大惊失色。她告诉丽娜，袁振的这种行为是一种典型的病态行为，他一定是心理上出了问题，才会变得如此暴戾。在闺蜜的建议下，丽娜向袁振倾诉了自己内心深处的感受，并好言劝说袁振去咨询一下心理医生。经心理医生诊断，袁振的暴戾主要是因为工作的巨大压力导致的。在心理医生的开解和催眠治疗下，袁振渐渐恢复了温和的脾气，还给了丽娜和女儿一个温馨的家庭。

人到中年以后，事业上的压力使男人不堪重负。在这种情况下，作为妻子，一定要及时体察丈夫情绪上的细微变化，只有这样，才能使丈夫及时做出调整，使家庭和婚姻生活更加幸福和睦。

心理小提示

心理疾病和身体上的疾病都需要及时的治疗。然而，在现实生活中，人们却经常忽视自己的心理健康。作为妻子，应该及时体察丈夫的不良情绪，帮助丈夫避免心理疾病的发生。

男人也需要心理“营养素”

众所周知，女人的心理非常脆弱，很多时候，即使是一些细微的变化，也会引起女人情绪上的巨大波动。因此，作为女人，一定要重视自己的心理健康。即使是男人，在与女人交往的过程中，也应注意女人的情绪变化。其实，不仅仅是女人需要重视自己的情绪，表面上粗枝大叶的男性，也需要关注自己的情绪健康。虽然当代女性也像男人一样走入了社会，承担起了家庭和社会的责任，但是大多数男人仍然是家庭的顶梁柱、社会的中坚力量，这就决定了大部分男人所承受的压力较女人还是要大许多。作为女人，尽管应该以树的形象与男人并肩比立，但是同时也应该更多地关注男人的心理健康，以便及时地给男人的心理添加“营养素”。

大家都知道，身体的健康需要众多的营养物质的支持，如蛋白质、脂肪、碳水化合物、微量元素等。那么，心理的“营养素”是什么呢？心理的营养素就是能够使我们的心灵保持健康的精神支持。作为男人，不管在外面多么风光，他都希望有一个温馨幸福的家庭，因为家是男人的港湾，是男人心灵的归宿。作为爱人，女人首先应该给予男人足够的爱。要知道，爱具有神奇的力量，有了爱，男人变得成熟，变得有担当，变得顶天立地。其次，男人在外打拼难免要承受巨大的工作压力，作为女人，应该尽量给予男人精神上的支持和勇气，使家庭成为男人休憩和调整的温馨之所。当男人感到工作压力大的时候，当男人感到心中的郁闷难以排解的时候，女人应该及时帮助男人疏导紧张焦虑的情绪，使其尽快地恢复平静，坦然地面对生活和工作。最后，在交往过程中，因为两性之间的生理和心理完全不同，所以，彼此都应该相互了解，以宽容的心态对待对方。首先要给予对方充分的信任和支持，其次要尊重对方，千万不要带着鄙夷的情绪。最后，还要给对方独立的空间，毕竟每个人都需要一块完全属于自己的空间。不仅女人要从这三个方面滋养男人的心灵，男人也应该主动体察自己的情绪，及时调整自己的身心状态，这对夫妻之间的相处和交往是有好处的。

李明启今年46岁了，人到中年的他是一家大商场的经理，虽然事业上一帆风顺，但是他却时常觉得苦闷，因为他的身边并没有一个能够毫无芥蒂地把酒言欢的知心好友。不过，李明启的家庭生活却非常幸福，这弥补了他在商场上摸爬滚打却缺少朋友的遗憾。他的媳妇是一名初中教师，为人谦和、温柔善良。每当李明启心情不好，或者是事业上遭受坎坷和挫折的时候，妻子就会贴心地为他准备一些下酒菜，和他一起喝几杯。当酒到微醺的时候，李明启就会彻底敞开自己的心扉，在妻子面前毫无顾忌地诉说自己的内心。正是因为妻子的支持和理解，李明启才顺利地走过了人生的风风雨雨。

自从参加工作以后，林峰觉得自己再也没有拥有过真正的友谊，而且，随着涉世越来越深，大学同学之间纯洁的同窗情谊似乎也越来越淡了。林峰所在的单位竞争特别激烈，不仅每个月都要考核，而且年终的时候还要淘汰一部分业绩排名在后的员工。在双重的压力下，林峰得了精神焦虑症。每天晚上睡觉的时候，他都会梦到和工作有关的事情，在梦里，巨大的压力排山倒海般涌来。为了缓解自己的压力，林峰办了一张健身卡。每天下班后，他都会去健身房挥汗如雨一番。随着体力的逐渐增强，他的心灵也不断放松。他告诉自己：既然别人都能承受巨大的工作压力，我也一定能。我相信，凭着我的实力，一定能继续被公司聘用，而不会被残忍地淘汰掉！如此想来，林峰越来越释然，他抱着尽心竭力的态度工作，反而越发轻松，业绩也越来越好！

作为男人，不仅要在工作上有出色的表现，更要照顾好家庭。而身体是革命的本钱，假如没有健康的体魄，那么所有的成就都将无从谈起。和身体健康同样重要的是精神上的健康。男人应该及时体察自己的情绪，就像林峰那样，一旦发现自己承受的压力过大，就要积极地寻求合适的方式排解压力。女人也应该关心自己的男人，就像李明启的妻子一样，必要的时候甚至可以与丈夫把酒言欢。只要有了心理营养素的滋养，男人就会变得更加强韧！

心理小提示

心理营养素能够帮助人们保持心理的健康，而心理的健康和身体的健康同样重要！

男人的心思千千结

表面看来，男人是粗线条的，感情也比较粗犷。他们不像女人那样心思细腻，更不会像女人那样儿女情长。那么，男人的内心深处是否如他们表面所表现出来的那样？其实不然。每个男人的内心深处都有一块非常柔软的地方，和女人经常表现出自己的脆弱不同，男人总是想方设法地掩饰自己的脆弱，更不允许别人轻易涉足他们内心深处最柔软的地方。

通常情况下，在恋爱中，不管谁先表白，都是男人承担着追求者的角色。为了哄女朋友开心，男人的心思不得不变得细腻，记住和女友有关的每一个纪念日，记住女友喜欢吃什么不喜欢吃什么，记住女友的生理周期是哪一天，到了那个日子就奉上精心挑选的红糖姜茶，此外，为了讨女友的欢心，还要记住未来岳父岳母的喜好。终有一天，男人会觉得累了，觉得自己也许是需要女人哄和宠爱的。然而，很多女人都觉得自己的男友是不知道累的金刚罗汉，总是忽视男友的心理需求。和女人比起来，有的时候，男人心思的细腻程度丝毫不亚于女人。因此，作为女人，要想拥有美好的爱情，在恋爱过程中，就不要一味地要求男友付出，自己则心安理得地享受。要知道，爱情需要用心去经营，必须双方一起付出和努力才能结出丰硕的果实。由此可见，都说女人心有千千结，其实男人某些时候也是心有千千结的，女人应该多多了解男人细腻的内心，这样彼此的交往才会更加顺利，感情也才会更加深厚。

聪明的女人不会总是让男友送自己礼物，她们也会精心地为男友挑选一些贴心的小礼物，诸如剃须刀、领带、腰带等，给男友一份意外的惊喜；聪明的女人知道要搞好与未来婆婆的关系，因此，她们总是在外出游玩或者重要的日子给未来的婆婆精心准备礼物，以哄婆婆开心，从而避免自己的男友面临成为双面胶的厄运；聪明的女人从来不会把自己的男友和别的男人放在一起讨论，在她们心里，自己的男友就是天底下最优秀的男人，她们给予他崇拜和尊重，使他觉得自己是一个顶天立地的男子汉……聪明的女人有很多美好的小招数，使男友在与自己交往的过程中倍感舒心和惬意。如此一来，彼此之间的感情自然会急剧升温，最终如愿以偿。

婚后的艾米幸福得一塌糊涂，因为她总是能够想老公之所想、急老公之所急。如此一来，老公自然对她言听计从、呵护备至。最重要的是，艾米的幸福还来自于婆婆的宠爱。早在结婚之前，当时还是艾米男友的志铭就告诉艾米，妈妈辛辛苦苦地把他抚养大，他必须孝顺。听了男友的话，艾米淡淡地一笑，点了点头。细心的她几天之后就给婆婆买了一件高档羊毛衫，博得了婆婆的欢心。而且，艾米对婆婆的好是真心的。她想，如果没有婆婆的抚育，自己就无法拥有一个那么优秀的男人，自然也就没有所谓的幸福生活。因此，她发自内心地感谢婆婆。平时艾米一口一个“妈”，叫得可甜了，不知道的人还以为她是老太太的亲闺女呢。正是因为艾米所做的打消了志铭的后顾之忧，志铭才能够放心地去工作，为了家中的两个女人而不懈地努力。

古人云，家和万事兴。在自古以来就紧张的婆媳关系面前，男人纵然心有千千结，最大的愿望也是希望自己的媳妇儿能够和自己的妈妈和谐相处。艾米做到了这一点，所以她在婚姻中得到了双倍的幸福，一个是老公的爱恋，一个是婆婆的宠爱。其实，任何两方之间，要想博得彼此的好感，友好相处，首先都应该真诚。只有在真诚和相互信任的基础之上，人与人之间才能建立起真正的感情。面对男人，女人必须深入、细致地了解他内心深处的真正想法，这样才能更好地满足男人的愿望，也成全自己的幸福。

心理小提示

和女人一样，有的时候，男人的心思也是非常细腻的。要想更好地与自己所爱的男人相处，女人就应该深入、细致地了解男人的心思。

了解自身渴望，女人的爱与情思

虽然人们总是说世界上最了解自己的人是自己，但是，依然有很多女人并不了解自己内心深处的渴望。很多时候，面对生命中重要的抉择，我们总是难以做出决定，这个时候，我们需要做的就是遵从自己的内心。由此可见，作为女人，一定要了解自己，了解自己的内心，这样才能最大限度地满足自己的渴望。

女人了解自己的内心渴望

在封建社会里，女人没有社会地位，在人生中，她们是作为附属品的形式出现的，因此，她们最大的渴望就是嫁一个好丈夫。如今，女人的社会地位越来越高，她们走出了家庭，进入了社会，做出了很多很多的成绩。那么，新一代女性内心的渴望是什么呢？成就事业？拥有金钱和财富？还是使自己青春永驻？其实不然。作为女人，她即使表面再强悍，在内心深处，她依然梦想着能够拥有一份美好的爱情，组建一个幸福的家庭，家里有着自己爱的和爱自己的男人和活泼可爱的孩子。不管社会如何进步，幸福的家庭生活始终是女人内心深处最大的渴望。生活中，我们发现很多女强人都非常苦闷，究其原因，是因为她们没有幸福的家庭。作为一个女人，即使事业再怎么成功，假如没有家庭作为支撑，她依然是个不完整的女人。在感情得到满足的基础上，女人们才会憧憬事业的成功，憧憬自己拥有美貌和财富。

也许是因为生活节奏越来越快，导致男人们的压力越来越大，有情趣的男人也越来越少。也许是因为女人和男人一样有喜新厌旧的心理，所以，在一项为期1个多月的“中国女性12大渴望”调查中，研究人员惊讶地发现，整整25万女性给出了自己心底最真实的秘密。原来，她们最渴望的是邂逅。一个美丽的邂逅，在丽江、在大理、在桂林，甚至是在喧嚣的地铁中，在女人心中都是一件无比浪漫的事情。归根结底，邂逅仍然是对美好爱情的追求，从中不难看出，女人还是更加追求精神的碰撞与灵魂的融合。邂逅，即偶然的相遇，也指男人和女人之间美好的偶遇。一次美丽的邂逅，男人和女人之间很可能擦出爱的火花，甚至成为终身伴侣。即使一次邂逅之后再也没有联系，邂逅的浪漫仍然会深深地埋藏在人们的心底，成为最美好的回忆。当然，已经拥有美好爱情和幸福婚姻的女士，对邂逅的渴望则会大大降低，大多数憧憬邂逅的女性都是想拥有美好的爱情。从这个意义上，我们可以说，即使是新时代的女性，即使是拥有了和男人平等地位的女性，她们对于生活和人生的渴望，首先仍然是圆满幸福的爱情。

王小姐今年30岁了，各个方面的条件都非常好，不仅人长得非常漂亮，而且气质高雅。她在知名外企工作，是典型的“白骨精”——白领、骨干、精英。虽然条件如此优秀，但是王小姐却始终待字闺中。也许是没有遇到合适的人吧，至今仍然孑然一身的王小姐特别喜欢在下班之后去跳舞。她说：“工作压力非常大，每天都在忙碌中度过。而且，工作的时候很少有机会和异性相处，而去舞厅一方面可以放松自己，另一方面也许会有一段美丽的邂逅。我渴望邂逅，因为现实生活的沉重总是压得人喘不过气来，而邂逅则不同，邂逅是最浪漫的事情，是两颗心之间赤裸裸的交流和坦诚相待。”

女人就像是一朵娇艳的花，需要爱情的滋养。如果缺少了爱情，女人就会觉得生活了无情趣。正是因为如此，那些大龄当嫁的女性才如此渴望一场美丽而又浪漫的邂逅。即使是在封建社会，也有崔莺莺与张生之间的浪漫爱情故事，更何况是在观念如此开放、女性地位如此之高的现代社会呢？追求爱情是每个人的权利，女人们应该勇敢、主动地去寻找真爱，去争取爱的权利。当然，对于那些已经拥有美好爱情的女人而言，邂逅则只可能成为永远的回忆。

心理小提示

爱情，是人类永恒的主题，更是女人心中永远的渴望。

女人心中都有一座罗斯曼特之桥

生活是琐碎的，它非常残忍地磨平了每个人的棱角，使人人变成圆润的石头。当爱情渐渐退去了神秘的面纱，以其庸俗的真实面目出现在每个人的面前时，人们尤其是女人，一般很难接受这个现实。正是因为如此，很多女人都会抱怨自己的老公不够浪漫。事实果真如此吗？浪漫一旦归于普通而又平凡的生活，其耀眼的光芒就会逐渐减弱。原来，婚姻都是一样的平庸。然而，即便天下乌鸦一般黑，每个女人的心中也都有着一座麦迪逊之桥。麦迪逊之桥的说法出自于根据美国作家罗伯特·詹姆斯·沃勒的小说《廊桥遗梦》改编的同名电影《廊桥遗梦》。当年，《廊桥遗梦》的热播使得全球的离婚率急速攀升，在这部浪漫电影的启发下，无数女人抛开自己心中的顾虑去追求自己的幸福。当然，也有一些女人像影片中的主角弗朗西斯卡一样把浪漫的邂逅深埋在心底，心甘情愿地再次回归家庭，抚育孩子。真可谓一千个人的眼中就有一千个哈姆雷特，对于《廊桥遗梦》的理解，也是仁者见仁，智者见智。

卡洛琳和迈克是姐弟俩，他们几乎在同一时间面临着家庭离异的困扰。正当他们为此而纠结万分的时候，他们的母亲弗朗西斯卡去世的消息使他们抛开一切感情问题回到了童年时代生活的偏僻乡村。在母亲留下的一封长信中，他们才了解了母亲这么多年来始终深埋在心底的一段秘密感情。

1965年的一天，全家人都到集市上去了，只剩下母亲弗朗西斯卡留在家中。突然，摄影记者罗伯特·金凯把车停在了他们家门前，他想向弗朗西斯卡打听罗斯曼特桥的具体位置。弗朗西斯卡非常热心，她上了罗伯特的车，亲自带他到桥边。罗伯特一下车就被眼前的美景惊呆了，他迫不及待地观察造型，选取角度，直到最后，他才采了一把野菊花送给弗朗西斯卡表示感谢。捧着一个陌生男人送的野菊花，弗朗西斯卡的内心有一种别样的感觉，她主动邀请他去自己家喝一杯冰茶。在品味冰茶的过程中，两人开始向对方讲述自己的婚姻和家庭。弗朗西斯卡和丈夫以及一儿一女在乡村过着简单而又寂寞的生活，罗伯特则已经与前妻离异。当夜幕降临的时候，弗朗西斯卡依依不舍地送走罗伯特，她的心却再也无法平静。左思右想之后，她最终下定决心驱车前往罗斯曼特桥，并把自己亲手书写的一张纸条订在了桥头。

次日清晨，罗伯特再次来到罗斯曼特桥拍摄，他发现了纸条，并接受了弗朗西斯卡的邀请。就这样，两个人像久别重逢的恋人一样全身心地在桥边工作、拍照。当夜色再次降临的时候，两人一起回到弗朗西斯卡的家中共进晚餐。夜色如水，音乐撩人，他们深情地相拥而舞，旋转着走进了卧室……

在此后的两天时间里，他们争分夺秒地厮守在一起。但是，弗朗西斯卡却不愿意为了爱情而自私地舍弃家庭，因此，他们痛苦地分手了。

罗伯特走后，在漫长而又寂寥的乡村生活中，弗朗西斯卡收集了他所有的作品。1982年3月，当她得知罗伯特的死讯时，很快就收到了他的手镯和项链，以及当年订在桥头的那张她亲手书写的纸条。她把它们放在一个木盒里，每年过生日的时候都会翻出来看一看。1989年，弗朗西斯卡过世了，在遗嘱中，她要求子女们把她的骨灰撒在罗斯曼特桥畔。

看了母亲留下的信之后，卡洛琳和迈克都被母亲的爱情故事所感动，更敬佩母亲对家庭的那份责任心。他们理解了母亲的良苦用心，开始珍视自己的家庭，放弃了离婚的计划。

生活的枯燥使每个女人的心中都有一座罗斯曼特桥。然而，未必所有浪漫的邂逅都能有一个完美的结局。作为女人，即使生活再怎么无味和枯燥，也应该尽量克制自己不要轻易涉足婚外恋。弗朗西斯卡的做法无疑使人钦佩，但并非每个女人都有如此的理智。很多时候，当我们心中的浪漫念头蠢蠢欲动的时候，我们不如用心地把自己的婚姻生活经营得更加浪漫一些。因为工作的忙碌，可能很少有人会有大块的时间用于浪漫的约会，没关系，我们应该应时而动，见缝插针地抓住生活和工作的间隙去浪漫一把。当然，正是因为女人心中有着这么一座浪漫之桥，作为男人，也应该提醒自己更多地关注女人在精神方面的需求，使乏味的生活变得有声有色。

心理小提示

你的心中有一座罗斯曼特之桥吗？拉住爱人的手一起奔向它吧，爱情是经营出来的，浪漫也是经营出来的！

女人总是担心自己的世界不安全

女人天生缺乏安全感，这一点毋庸置疑。这个心理特点一方面是由女人的天性决定的，一方面是历史遗留原因造成的。古代社会，女人根本没有社会地位，加上一夫多妻制的盛行，使女人在生活中常处于被动地位，一切都要依附于男人，而男人三妻四妾则根本靠不住。如此一来，女人将整日惶恐不安。嫁给一个好男人还好，倘若嫁给一个不怎么样的富家子弟，轻则挨骂，重则挨打，将凄惨地度过一生。虽然现代社会女人的社会地位已经有了很大的提高，但是仍然有很多女人需要依附于男人生活。即使女人有了自己的事业和经济来源，很多时候，男人仍然是家庭的顶梁柱。另外，在婚姻生活中，女人始终处于弱势地位，一旦男人移情别恋，即使在观念开放的现代社会，女人的生活前景也是不容乐观的。除此之外，欲望也是使女人缺乏安全感的原因。如今，经济发展速度很快，社会处于日新月异的变化之中，人们对于物质的追求也越来越高。在地位平等之后，女人们对物质的要求也越来越高，不仅要求自己所爱的男人有房有车，而且还要有一定数额的存款。如此众多的要求悉数达到之后，女人仍然要求男人必须对自己全心全意，把自己当成是手心里的宝贝。如此一来，男人未免觉得为难。对于和自己同甘共苦的妻子，男人也许能够不离不弃，但是对于自己发达之后横插进来想要享乐的半路夫妻，或是情人，男人则很难如此掏心掏肺，这就直接导致越来越多的女人缺乏安全感。一起创业的女人担心男人有钱会变坏，贪图享受嫁给有钱人的女人担心自己没有地位，无法得到对方充分的重视和爱……凡此种种，都是因为女人不够自信。

其实，从女人的角度出发，要想得到安全感是一件很简单的事情。首先，女人一定要自立。不管你是嫁给一个有钱人还是一个没钱的人，你都必须保持自己的经济独立。常言道，吃人的嘴软，拿人的手短，夫妻之间也是如此。也许热恋之中，男人心甘情愿地把自己辛辛苦苦挣来的钱给你花，但是时间长了之后呢？哪个男人还愿意用自己的钱白白地养着别人？无产阶级的革命导师马克思曾经说过，经济基础决定上层建筑，这个亘古不变的原理在婚姻中同样适用。作为女人，要想在家庭生活中争取到与男人平起平坐的地位，那就不管挣多挣少，都应该保持经济独立。其次，要自尊自爱。任何爱情，都要建立在自尊自爱的基础之上，不管你多么爱一个男人，都不要为了他而放弃自己的尊严。要记住，没有尊严，就没有平等的爱情可言。最后，要用心经营自己的爱情和婚姻。几乎婚姻中所有的问题都能归结到感情不和上来，所以，要想婚姻美满，就一定要经营好自己的感情。只要做到了以上三点，女人就能更好地活出自己，更好地把握爱情和婚姻。

郝梦和于淼是大学同学，毕业之后他们确立了恋爱关系，成为了全班唯一的一对夫妻。郝梦和于淼都是学设计专业毕业的，而且他们进了同一家广告公司。几年下来，他们的事业取得了很好的发展。然而，于淼怀孕了，因为工作压力大，她还险些流产。这时，于淼建议郝梦辞职回家安心养胎，由自己一个人挣钱养家。起初，郝梦有很多顾虑，一方面她担心荒废自己的学业，另一方面是担心于淼一个人养家经济压力太大。但是，于淼拍着胸脯保证一定会好好努力，让老婆孩子过上幸福无忧的生活，并再三恳求郝梦为孩子的健康着想。最终，郝梦辞职回家养胎了。

这一辞职就是三四年的时间，转眼之间，孩子已经两岁多了，郝梦几乎已经习惯了家庭主妇的生活。然而，正当郝梦准备安心地相夫教子的时候，一个突发事件却给郝梦敲响了警钟，使她坚定不移地回到了工作岗位。春节临近时，郝梦给父母买了一床5000多块钱的羽绒被作为春节回家的礼物。她原本觉得这是天经地义的，但是于淼得知这件事情之后却非常不悦。他说：“五千多的羽绒被，咱们结婚的时候也没舍得买这么好的啊！况且，挣钱不容易，你又没有收入，孩子也越来越大了，咱们必须精打细算。”这么多年来，郝梦从来没有给父母买过贵重的礼物，因为母亲得了关节炎，怕冷，她才一咬牙给父母买了床羊毛被。听了于淼的话，郝梦非常生气：难道我在家里带孩子就不是一种付出吗？她再也不想听于淼说这种计较金钱的话，便在一气之下把孩子送到了幼儿园，自己再次回归了工作岗位。直到此时，她才想起了父亲在她准备辞职的时候对她说的话：“梦梦，即使是夫妻之间，也是需要交往的。假如你没有工作，没有经济来源，你的家庭地位肯定会随之下降的。”当时，郝梦对此不以为然，她觉得于淼的就是她的，夫妻间应该不分彼此，不计较付出多少。现在，她明白了！

其实，郝梦和于淼平时的感情很好，但是，生活在磨平人们性格棱角的同时，也使爱情由浪漫变得现实。在婚姻生活中，女人的安全感是自己给自己的，而不是男人给的！

心理小提示

要想有安全感，就要变得自立自强，这是亘古不变的真理！

女人崇尚性感主义

在古代社会，女人除了脸部之外，身体的其他部位都不能裸露在外，即使是脸部，在笑的时候也应该笑不露齿，受到诸多约束。最可怕的是女人的脚，古代的女人不仅要裹脚，而且还要把手和脚藏在常常的衣袖裤管之下。几百年之后，人们的审美观与古代相比发生了很大的改变。酷暑之中，满街都是女人赤裸着穿着凉鞋的脚，而且，往上看去，是女人赤裸的小腿、大腿和臂膀，开放些的女人还会穿着袒胸露背的吊带背心。更有甚者，即使原本处于上衣和下装的遮掩之下的肚脐眼也露在了外面。由此可见，人们已经从以前的封建保守变成了今日的极度开放。尤其是当城市的温度徘徊在36~39℃的时候，女人们竞相将自己妙曼的身材和肌肤展现在街头、在人群中、在商场超市的橱窗里、在时装表演的T型台上，上演一场以露为美、以露为荣的时装秀。从展示东方女性独特气质的旗袍，到时尚的连衣裙，再到性感暴露的超短裙，从中规中矩的T恤儿，到袒胸露背的吊带，再到和抹胸类似的无带装，从半遮半掩的洞洞装，到大规模裸露的露背装，再到几乎是隐约可见的小肚兜，女人们在穿衣打扮上表现出来的非凡的创新能力和无所畏惧的勇气使男人们在大饱眼福之余，不禁惊叹不已。

在古时候，人们赞美一个女人的时候总是喜欢用温柔、美丽、大方等词语，如今，越来越多的女人希望自己在男人的心目中是性感的。曾几何时，性感便成了大多数女人都希望得到的赞美。这意味着女人的自主意识在逐渐增强，女人正变得越来越自信、越来越自我。作为新时代的女性，我们应该活出自己的精彩，用自己独特的魅力去征服整个世界。面对女人的改变，男人们也应该及时调整自己的心态，带着欣赏的眼光去品味性感女人独特的美。

不过，需要注意的是，凡事过犹不及。每个人都有自己的审美标准，对于一个崇尚古典美的女人而言，完全没有必要为了追求性感而性感。无论潮流再怎么变化，做最真实的自己都是首要的。不管是男人还是女人，尤其是女人，在美丽的同时一定要争取人格的独立和尊严，千万不要为了迎合潮流、取悦男人而强迫自己变得性感。最美丽的女人首先是自信、自尊的女人。

小米是那种具有古典美的女人，她温柔娴静，使身边的人感受到一种静谧的力量。但是，小米的朋友依依却非常现代，总是在不停地追赶潮流。看到如今大街上的内衣外穿——无带吊带越来越流行，依依马上就改良了自己的装备，淘汰了吊带，衣柜里不下十几件无带吊带。也许，男人的确如人们所说的那样是视觉动物，每当小米和男友一起偶遇依依的时候，男友总是有意无意地多看她几眼，这使小米的心里很不是滋味。为了吸引男友的眼球、刺激男友的视觉，小米也违心地穿起了吊带。然而，小米的风格并不适合穿吊带，她没有那种泼辣和无所顾忌的气势，穿着吊带总是提心吊胆地生怕走光。看到小米突然之间改变了穿衣风格，男友不禁调侃道：“怎么，你嫌我一个人看你不够吗？还想多吸引一些男人的眼球？”小米不禁满脸通红，她可不好意思直接告诉男友自己是在与依依争风吃醋。

一天，小米穿着无带吊带上街，突然遇到了几个不怀好意的男人上下打量她，还说了很多猥亵的话。小米哭着给男友打电话，男友接到电话后在第一时间内赶到了小米的身边，安慰小米说：“亲爱的，你的气质一看就是古典型的。穿着吊带的女孩子通常都很泼辣，你可不适合对付这些不怀好意的小流氓。其实，我更喜欢以前的你，恬美而又安静，别有一番风情。如今，像你这样的女孩子越来越少了，你是稀世珍宝，我可不希望你在所谓的潮流之中迷失了自己！”听了男友的话，小米才知道男人即使多看一个女人几眼，也并不意味着欣赏和喜欢。她做回了自己，古典的她在男友的心目中是最性感的女神！

其实，要性感不一定要暴露，一个女人的性感应该是源自内心的。即使女人并不符合大众意义上的性感，但是，只要她坚持做最本真的自己，就一定会遇到自己所爱的并且深爱自己的人。俗话说，情人眼里出西施，性感并非是视觉的冲击，而是相爱的人心中的感受。

心理小提示

自信的女人最美丽。在这个熙熙攘攘的社会，性感是女人由内而外散发出来的独特魅力，它不是盲目地东施效颦。只有坚持做最真的自己，女人才能活出自己的精彩！

大龄单身女性的三大心理障碍

近几年来，各个卫视电视台的婚恋交友类节目非常火暴，各种类型的婚恋交友网站也越来越吸引人们的眼球。为什么原本水到渠成的男大当婚、女大当嫁的问题现在需要如此兴师动众呢？一方面是因为人们忙于工作，可供选择的结婚对象越来越少，而且也没有时间去谈恋爱；另一方面是因为人们对于人生伴侣的要求越来越高，不仅彻底摒弃了父母之命媒妁之言的传统习俗，而且还把自己寻找人生伴侣的半径无限扩大。最多的时候，江苏卫视《非诚勿扰》的舞台上站了4个国家的女生，男生也来自五湖四海，其中还有很多来自加拿大、美国的男生。如此看来，在婚恋问题上，一方面是越来越多的人被剩下了，另一方面是越来越多的人开始公开地在更大范围内为自己寻找满意的人生伴侣。当然，走上婚恋交友类节目在全国几亿观众众目睽睽之下寻找人生伴侣的女性毕竟只是少数，大多数大龄单身女性都在默默地为自己的单身问题着急或者苦恼，而不愿意婚姻问题被亲戚好友提上日程。其中，甚至有一部分女性存在心理障碍，因此始终无法正确地面对自己的婚姻问题。

简而言之，大龄单身女性的心理障碍可以归结为三点。首先，大龄单身女性或者是自卑，或者是过于高傲，要么是觉得自己配不上别人而自我贬低，要么是自我感觉良好而不把男人放在眼中，最终导致自己大龄未嫁，还害得亲戚朋友也跟着着急。因此，大龄单身女性要么条件非常优越，也就是人们经常说的“白骨精”或者是“三高”人群，要么条件非常不好，走入了两个极端。反倒是那些平凡而又中庸的女人，早早地就找到了如意郎君，高高兴兴地把自己嫁了出去。其次，大龄单身女性之中不乏自我封闭者。她们中有的人曾经目睹了父母或是其他亲人的不幸婚姻，因而根本不相信婚姻，有的因为曾经经历的恋爱使自己受到了伤害，因此很难再接受其他的男性。最后，随着年龄的增大，大龄单身女性反而更加心有不甘。“反正已经这么大岁数了，不如再等一等吧，这个时候再凑合，难免对不起大好青春的等待。”正是基于这种心理，很多大龄单身女性不愿意降低自己的标准，总觉得既然已经坚持了那么久，不如再坚持一下，这是导致很多大龄单身女性坚守独身的原因。其实，在这个世界上，一见钟情、惊天动地的爱情真的很少，只有缘分到了，才能水到渠成。大多数人的婚姻都是日久生情，就像五六十年代的人一样，尽管当时已经不流行包办婚姻了，但是他们的婚姻很大程度上还是参考了家长或者是领导的意见。如今平平淡淡地一生走下来，倒也波澜不惊、甘苦与共。所以，假如遇到一个人，即使不像自己心中所想的那么合乎心意，大龄单身女性也应该适当放宽自己对于爱人设定的条件，给自己一个机会。假如能够迈过心中的这三个坎，很多大龄单身女性的婚姻问题就能够迎刃而解。

雅娟今年32岁了，看着这个待字闺中的老闺女，她的爸爸妈妈简直急得火上房了，他们隔三差五地就发动亲戚朋友给雅娟介绍对象。其实，雅娟之所以变成了“剩女”，并非条件不好，而是她太挑剔了。雅娟是学英语专业的，大学毕业后进入一家外企工作，工作环境好，工资待遇高，是典型的白领。雅娟高挑的身材，白皙的皮肤，大大的眼睛，一看就是个美人胚子。但是，身边的丑小鸭们都嫁了出去，雅娟却觉得自己条件好，不用着急，就这样，挑挑拣拣到了30岁。看着闺女过了30岁，爸爸妈妈开始着急了，四处为她找对象，但是雅娟几经相亲，每次回来却都告诉爸爸妈妈自己对对方没有感觉。当爸爸妈妈劝说她不要要求太高的时候，她就会慢条斯理地说：“我都等了这么多年了，假如没有碰到合心意的人，岂不是太亏了！”就这样，雅娟已经32岁了。假如不是妈妈一番语重心长的话，雅娟也许还在单着，但是妈妈的话使雅娟改变了自己的想法。妈妈说：“雅娟哪，其实，婚姻是没有那么完美的，一个人，即使再好，也不可能百分之百合乎你的心意。想当初，我和你爸爸在一起的时候，我也是觉得自己有点儿亏，但是，经过一段时间的接触，我发现你爸爸虽然没有很大的本事，但是却是个负责任的好男人。我想，嫁给这样的男人，虽然不会大富大贵，但是生活肯定非常安稳，而且，他对我也特别好。我和你爸爸真的生活得很幸福，这是你亲眼看到的。”雅娟惊讶地张大了嘴巴，问：“妈妈，爸爸对你这么好，原来你还是带着委屈嫁的。我一直以为你们之间的爱情肯定是轰轰烈烈的呢！”妈妈笑道：“傻孩子，婚姻就像鞋子，只有自己感觉合脚才重要，外人的评价都是次要的。我嫁给你爸爸的时候全家人都反对，觉得你爸爸配不上我，但是，这么多年你爸爸是怎么对我的，全家人也是有目共睹的。我跟你说这些，只是想让你知道，一个男人，不管多么优秀，都是有缺点的，女人也是如此。你自己不是也有很多不让人满意的地方吗？又何必对男人提出那么高的要求呢？只要自己心理平衡一下就好了。”听了妈妈的肺腑之言，雅娟在32岁之后第六次相亲的时候与一个成熟稳重的男人确定了恋爱关系。虽然这个男人的长相一般，但是却很有事业心，有家庭责任感，最重要的是，他对雅娟非常好！

假如雅娟一直坚持自己的想法，继续不甘心地等待心目中的那个白马王子出现，只怕幸福的到来仍然是遥遥无期。作为女人，最美的青春年华也就是那么十几年的时间，所以，我们应该珍惜自己的美好时光，把握住机会好好地享受爱情的甜美滋味。琼瑶的爱情小说中的那种惊天地泣鬼神的爱情并非人人都能遇见，作为普通人，我们应该摆正自己的心态，脚踏实地地对待爱情和婚姻。

心理小提示

只要能够放宽心中苛刻的要求，敞开心扉接纳喜欢自己的男生，你就会发现爱情其实就在转弯处，只是你被高标准严要求蒙蔽了眼睛，始终视而不见而已。

女人的五种常见心理病

女人是一种非常情绪化的动物，很容易受到情绪的影响，严重的情绪作用甚至会影响身体健康，使身体发生相应的改变。现代医学研究发现，很多女性疾病的发生都是生理和心理失调导致的，如乳腺癌、子宫肌瘤、卵巢囊肿等。对于女性来说，长期失眠、熬夜、情绪暴躁易怒，都是疾病产生的导火索。假如在日常生活中不多加注意，一旦发病，后果将非常严重。

通常情况下，女人的心理病主要分为以下五种。第一种，抑郁症。在抑郁症患者中，女性患者的比例远远高于男性患者。究其原因，主要是因为女性心思细腻，遇到事情很容易想不开导致的。很多女性还喜欢钻牛角尖，一件事情原本无关紧要，但是在女性的左思右想之中却被无限放大，最终导致女性陷入抑郁症的怪圈之中，悲观失望，神情沮丧，严重的还会

产生轻生的念头。第二种，神经衰弱。很多女性都有或轻或重的神经衰弱症状，在失眠患者中，女性患者的比例也远远高于男性患者。因为神经衰弱，女性对于细小的声音都非常敏感，而且情绪很容易失控，动辄就大喜大悲。而且，在步入中年以后，女性的记忆力也急剧减退，这和女性的神经衰弱也是有关系的。第三种，癔病。对于那些脾气暴躁、性格乖戾的女性而言，这种病的发病率更高。通俗地说，癔病就是一种歇斯底里的发作。这种病尤其多发于火气旺盛的青壮年女性，她们在一些极端的情绪下无法控制自己，因而歇斯底里。第四种，焦虑症。患焦虑症的女性特别容易产生莫名其妙的焦虑，不管事情是大还是小，因为她们脆弱的心灵，事情的影响总是在她们心中被无限放大，从而引发焦虑。最后一种，更年期综合症。这种疾病多发于50岁左右的女性。更年期综合症不仅仅是因为心理原因导致的，和女性的身体在50岁左右发生的变化也有密切的关系。对于女性而言，只有更好地了解自己的身体和情绪状况，才能够及时调整自己的情绪，使自己坦然地面对生活，尽情地享受生活。对于男性而言，要想更好地关心和照顾自己的另一半，同样需要了解女性不同于男性的情绪特点，这样一来，才能更好地理解和体贴女人。

最近，高慧觉得自己的左下腹部隐隐作痛，有一天晚上，甚至疼了一个小时之久。高慧非常紧张，不知道自己得了什么病，便专门请假去医院做了个全身体检。体检结果表明，高慧得了卵巢囊肿。在她的左侧卵巢中，长了一个2.5厘米宽、3.2厘米长的囊肿，而且还有炎症。高慧的一个同事曾经就是因为卵巢囊肿做了手术，因此，当得知自己的卵巢也长了囊肿的时候，高慧浑身直冒冷汗。她还没有孩子呢，可不想在生孩子之前就在光滑的肚子上拉出一个口子来。

看完西医之后，为了慎重起见，高慧又去看了中医。为高慧号脉之后，那个胡须花白的老中医笑着对高慧说："姑娘，你脾气不太好！"高慧笑了笑说："您怎么知道我脾气不好呢？"老中医说："你脉象不稳，急而短促，一看你就是个急脾气。其实，你应该先改变自己的脾气，很多时候，因为经常生气，导致怒气郁结于心，卵巢之中也会有炎性肿块。"高慧很纳闷："难道我不发脾气它就能消失了？"老中医淡然地说："即使不消失，也能够减慢它的生长速度。对于它来说，你的怒气就是一种刺激。”听了老中医的话之后，高慧便注意控制自己的情绪，很少发脾气了，而且配合着吃了一些活血化瘀的中药，3个月之后当她去复查的时候，惊讶地发现那个囊肿已经消失了。

正如老中医所言，对于女性来说，情绪的波动会给身体带来很大的影响。很多疾病尤其是那些囊肿，都是因为怒气郁结于心导致身体发生变化引起的。其实，控制自己的情绪，少生气，不仅有利于身体健康，也能够避免给身边的人带来不愉快的体验，一举两得，何乐而不为呢？

心理小提示

女人的身体是非常敏感的，很容易受到情绪的影响。要想成为一个健康的女人，就要修养身性，尽量不要生气或少生气。愉悦的心情是最好的妆容，不仅美丽了自己，也美丽了别人！

女人的五大事业心理误区

现代社会，女性的地位越来越高。和传统的相夫教子的女性形象不同，现代女性逐渐走上了社会，走入了各行各业。事实表明，除了有些行业受到性别的限制之外，女性在职场上的表现并不比男人差。很多工作，女人做起来会比男人更得心应手，因此，如今的女性已经能够和男人一样撑起一片天了。不过，虽然如此，女性在事业发展上仍然存在着一定的误区。要想突破自身的局限，使自己得到更加宽广的舞台，女性朋友就应该多多反思自身，及早发现自己事业发展上的瓶颈，突破自己，创造奇迹！

要想解决一个问题，当然首先应该发现问题的所在。下面，我们首先来分析女性朋友面对的五大事业心理误区，然后再逐一帮助女性朋友们走出误区，得到更好的发展。第一，要凭着自己的真才实学闯荡社会，而不要认为漂亮的脸蛋能够换来一切。如今，因为对物质和金钱的追求，很多女人仗着有一张漂亮的脸蛋就动起了外心邪念，傍大款，当有钱人的小蜜，然而，女人的美丽是有期限的，假如青春不再，还能用什么换取自己的所需呢？因此，女人应该建立起独立的观念，坚信只有凭实力和苦干才能获得幸福美好的生活。第二，爱情与事业无法兼得。传统的“女子无才便是德”的观念至今依然对人们有着影响，不仅男人不愿意找一个事业成功的女强人，很多女人也因为担心事业与爱情无法兼得而在事业面前心有顾忌。其实，现代社会提倡男女平等，既然男人能够同时拥有事业和家庭，女人为什么不能呢？第三，不要让嫉妒心理堵死你的路。通常情况下，女人的心眼都比较小，心思细腻，尤其是在面对和自己同样优秀的女性的时候，很容易产生嫉妒心理。这一点和男人完全不同，男人遇到和自己实力相当的男人会产生惺惺相惜的感觉，而大多数女性却无法容忍其他女人和自己一样优秀或是比自己更加优秀。第四，女性的思维模式比较因循守旧。女性的创新思维不如男性，这一点是有生理原因的，无可否认。因此，女性应该扬长避短，在模仿和延续传统的领域多下功夫，这样才更容易获得成功。最后一点，女性的商业头脑不如男性是错误的说法。虽然女性的思维和男性的思维相比有很大的差距，但是并不意味着女性思维在商业领域里没有优势。只要认真分析自己的长处和短处，扬长避短，女性同样能够有出色的表现。

只要突破以上五大心理误区，女性就能够在事业上取得更好的发展。无论如何，作为女性，都应该牢牢地记住一个道理，即功夫不负有心人。只要你有毅力，能够坚持下去，并善用心思，那么，即使是女性也能够在男人的世界里与男人平分秋色，甚至巾帼不让须眉。

张晓非常有商业头脑，从上大学的时候开始，她就尝试着在校园内摆摊卖一些小的日常用品，为自己赚取生活费。大学毕业后，张晓进入一家软件公司做软件开发工作。随着工作经验的积累，她渐渐地有了想法，想要自己注册一家电脑公司。然而，她的老公杜强却不同意。杜强是一家公司的中层主管，薪水丰厚，足以保证一家人衣食无忧。看到张晓想自己创业，杜强第一个站出来反对，他说：“你是个女人，家里还有个两岁的孩子，你应该把工作当成是副业，以家庭为重。而且，咱们家的条件也很好，无需你为了生活劳累奔波。”张晓却有不同的看法：“虽然我是女人，但是我也应该有属于自己的事业。而且，创业也并不意味着我就会放弃家庭，只是前期投入的时间和精力多一些，后期，也许会享有比普通的工薪阶层更自由的时间安排。”见到媳妇儿主意已定，杜强只好说：“既然你如此坚持，那你就试一试吧，不过，我希望你能平衡好家庭和事业之间的关系，毕竟孩子只有一个，而且在成长过程中，父母的陪伴是很重要的。”就这样，张晓开始了自己的创业之旅。刚开始的时候，的确比想象中的困难，但是张晓咬牙坚持下来了。每天，她都想一个不停旋转的陀螺，从家里到公司，再从公司到家里，在两点一线之间不停地奔波。一两年之后，公司的发展步入了正轨，看着家庭和事业双丰收的妻子，杜强也不由得竖起了大拇指。

假如张晓没有坚持自己的想法，那么，她将永远是一个以家庭为主的普通女性。正是因为她的坚持，她才有了今天丰硕的成果。面对着妻子的成功，杜强的内心一定是既敬重又佩服。在事业与家庭之间，如何在这两者之间寻求平衡，是很多女性都要面对的问题。在做决定的时候，女性朋友应该牢记一件事情，即家庭与事业并非不可兼顾，因此，无需二者选一。即使你没有雄心壮志像张晓一样成为一个事业和家庭双丰收的女人，你也可以在拥有自己的一份工作的同时兼顾好照顾家庭的责任。

心理小提示

在事业上，女人的历史远远没有男人那么悠久。为了更好地发展自己的事业，女人应该走出心理上的误区，这样就会发现别有洞天的人生！

女人为何最看重爱情

一般情况下，男人对女人感兴趣多偏重在性的一面，而女人则更加注

重爱情。两性之间，要想实现更好的交流和互动，就必须认识到这种本质上的区别。否则，男人和女人就会像来自两个星球的人，根本无法实现有效的交流。

那么，女人为什么最看重爱情呢？这要从远古时代说起。早在原古时代，当男人外出狩猎的时候，女人的职责就是留守在家中，照顾孩子，整理家庭，并且等待外出狩猎的男人归来。如此一来，渐渐地，女人就有了一种筑巢的本能。而要想使这种本能有用武之地，前提是找到一个自己所爱的人，一起组建家庭。正是因为这个原因，千百年来，女人始终把爱情看得最为重要。

现代社会，一切都处于飞速发展之中，生活节奏越来越快，就连爱情，都变成了快餐式的。人心越来越浮躁，男人更是如此。他们整天忙于工作，忙着做自己想做的事情，根本没有时间和女人享受温吞的爱情。但是女人却不同，不管时代怎么变化，追求真爱的女人始终都对爱情充满着无限的憧憬和希冀。她们宁愿花费很长的时间为爱人精心准备一份礼物，也不习惯用现代的冷冰冰的电子产品传达自己的心意。不管时代如何变化，女人都愿意为自己所爱的男人一针一线地编织一件“爱心”毛衣，也愿意为自己所爱的人经历漫长的等待。所谓男人，假如你有幸遇到了这样一个女人，千万不要错过哦！

赵敏是大学教师，最近，她有一个公费出国留学的机会。看着家中嗷嗷待哺的孩子和深爱自己的老公，她犹豫了。尽管这个进修的机会千载难逢，但是家庭也同样是生命中最重要的财富。赵敏的老公也是大学教师，因此他深深地知道这个机会的可贵，所以他劝赵敏放心地出国，并说家中一切都有他来打理。赵敏非常感动，她知道，从来不会做家务的老公说出这番话是下了多么大的决心，而且还要照顾一个年幼的孩子。最终，赵敏把这个机会让给了一个还没有结婚的年轻同事。她对领导说：“虽然这个机会可遇而不可求，但是我放不下我的家。我愿意把机会让给这位同事，因为她比我年轻，学习能力强，而且也没有家庭的负累。”其实，赵敏心里还有个小算盘没有说。出国留学是3年的时间，虽说有回来探亲的机会，但是赵敏也很担心自己不在家的时候老公会因为空虚和寂寞而红杏出墙。爱情虽是浪漫的，但最终却都要归到实处。赵敏并非对老公没有信心，而是对这个充满诱惑的社会心怀戒备。尽管心里有点儿小小的遗憾，但是看着孩子健康快乐地成长和深爱自己的爱人陪伴在身边，赵敏觉得一切付出和牺牲都是值得的！

假如赵敏是男人，也许会牢牢地抓住这个难得的好机会发展自己的事业，因为对于男人而言，事业就是生命。但是，赵敏是女人，对于女人而言，爱情就是生命！

心理小提示

对于女人来说，爱情是最重要的。因此，女人应该好好地珍惜爱情，男人应该用心地呵护自己所爱的女人！

女人对男人的要求不要太高

随着婚恋交友类节目的火暴，越来越多的女人勇敢地在舞台上说出了自己对于心目中的理想男生的要求。不难发现，女人对于男人的要求非常高，而且形形色色、五花八门。除了传统的那些要求之外，有些女人要求男人要爱干净，有些女人要求男人要孝顺父母，有些女人甚至要求男人按时回家。原本在婚姻磨合过程中才会被提及的问题，如今在还没有见面的时候就被框定了。当然，诸如爱干净、按时回家之类的问题都是可以改变的，因为爱情的力量是伟大的。对于孝顺父母这个问题，江苏卫视《非诚勿扰》上做客的一位女嘉宾吴铮真给出了一个非常完美的答案——“是否孝顺对方的父母，关键取决于彼此之间的感情，只要感情到了，那么自然会把对方的父母当成自己的父母来孝敬。”由此可见，这个问题并非原则性问题，而是随着双方感情的变化而变化的，因此，这个问题也可以暂且搁置。

抛开个体因素，大多数女人对于男人的要求可以归结为诸多点。例如，男人要有责任心，要能够肩负起家庭的责任，照顾妻儿老小；男人对爱情要忠诚，不能欺骗自己的爱人，不管什么事情都应坦诚相待；男人要独立，有主见，不要处处都应从别人的意见，而应该像个顶天立地的男子汉那样敢做敢当；男人应该有男子汉气概，不要娘娘腔，要坦然地面对生活中的风风雨雨；男人要仪表堂堂，气度非凡，表现出众；男人要……面对如此多的“男人要”，还不包括那些个别女人提出来的特殊要求，更不包括世俗的那些婚姻的筹码，男人何其之累啊！一个人的品质，并非是三五天的相处和交往就能够看出来的，很多时候，女人只有在结婚之后才能够真正了解一个男人。除了对于这些看不见、摸不着的品质提出的要求之外，很多女人因为想要拥有坐享其成的生活，所以还要求男人应该有高学历、有房、有车、有存款、有好工作、有高薪水……相比之下，这些要求更加使人无奈。就像应聘工作的时候需要高学历作为敲门砖一样，很多男人就是因为没有这些硬件而被女人拒之门外。面对这些要求，对于软件方面，其实也是做人的基本准则，因此男人应该争取使自己达到；诸如爱干净、按时回家之类的要求也是有很大弹性空间的，因此男人也完全可以应承；只有最后一项硬件要求反倒显得难一些。如今，大城市的生活成本节节攀升，生活压力越来越大，很多男人即使有高学历，也无法在短期之内找到好工作，拥有高薪水，更别说买房买车有存款了。其实，假如一个女人真的爱一个男人，就不会要求刚刚走入社会的男友像中年男人那样拥有雄厚的经济基础。毕竟，胖子不是一口吃成的，男人需要时间来积累自己各方面的资源。因此，拥有真爱的女人会选择和自己所爱的人同甘共苦，一起奋斗拼搏，为了拥有幸福美好的未来而努力。如此想来，作为一个优秀的男人，即使没有这些硬件条件，也完全可以非常自信地等待生命中真爱的到来！

从另一个方面来说，当一个女人对着一个男人提出重重不近情理的物质方面的要求时，这个女人已经在无形中降低了自己的身份。虽然她们嘴里高喊着“男女平等”的口号，但是却只要求人格上的平等，而不要求真正的平等。众所周知，男人和女人相爱的初衷就是想共同组建一个家庭，既然是共同组建，那么男人和女人所要承担的责任就应该是均等的。所以，当女人单方面地对男人提出无尽的要求时，女人在无形中就放弃了自己辛辛苦苦求来的平等。

小娜的个人条件非常优越，身边的朋友都觉得她一定能够找到一个“钻石王老五”老公，但小娜却非常低调地嫁给了自己的大学同学，开始了他们共同奋斗的历程。看着小娜简单的结婚典礼，很多好友都为她打抱不平，小娜却非常平静地说：“豪华的婚礼不能代表未来的幸福。我选择了他，就会和他一起同甘共苦。结婚是两个人的事情，而不是男人单方面沉重的负担！”朋友们纷纷问小娜看上男友哪里了，放着那些追求她的成功人士不要，却选择了这样一个一穷二白的毛头小子。小娜说：“他诚实稳重，因为农民出身，踏实肯干，愿意吃苦。只要他肯努力，就一定能够创造幸福的生活。最重要的是，他非常爱我，愿意为我付出所有。我宁愿要他身上仅剩的10元钱，也不愿意要富豪众多资产的九牛一毛。如此优秀的男人，并非每个女人都有机会拥有，我很幸运！”

从品格以及对爱情的态度方面来说，小娜对男友的要求很高，因为她要求男友为自己付出全部，而且还要求男友拥有优秀的品质；从金钱方面来说，小娜对男友的要求很低，不要求他有房子有车子，更不要求有存款和高薪。这说明了小娜非常自信，相信自己能够和所爱的人一起创造幸福美好的生活。幸福不属于如此聪慧的女人，还能属于谁呢？

心理小提示

女人，可以对于男友的品质和对爱情的态度提出高标准严要求，但是最好不要苛求男友拥有雄厚的经济基础。毕竟，感情需要经营和积累，人生同样也需要经营和积累。只要假以时日，一个真正优秀的男人必定会给你幸福的生活。从这个意义上说，女人既要对男人有高要求，又不能对男人要求太高！

第4章 情投意合的秘密，相互吸引的心理原理

男女两性之间的话题是人世间永恒的唱响。其实，男人和女人之所以相互吸引、情投意合，是有一定的心理原理的。假如你不知道如何能够更加吸引自己所爱的人，那么，你就应该多多了解男女之间的秘密，这样才能拥有美好的爱情。

近水楼台先得月——接近原理

古人云，近水楼台先得月，这句话非常能说明恋爱之中的接近原理。虽然苏轼在《水调歌头》中写出了“但愿人长久，千里共婵娟”这句流传千古的绝唱，但是，却无法改变遥远的距离对爱情的巨大杀伤力。在一个征婚交友类节目中，主持人曾经问一个有着异国恋长达7年之久的男人如何看待异国恋，在分离的漫长时间里感情发生了怎样的变化。这个男孩非常坦诚，他告诉主持人和在场的女嘉宾，在刚刚分开的时候，他与恋人之间的思念的确非常浓郁，几乎每天都要打几次电话。然而，在分离了一年多之后，他们之间的思念渐渐地变淡了，虽然还会给对方打电话，但是却成为了一种习惯。时间长了，这种习惯也不复存在了。他们最终因为异国恋相距遥远而选择了分手。有人说，时间就像一把利剑，把浓烈如酒的感情渐渐变淡。其实，遥远的距离更是一把利剑，把曾经真挚而炽烈的感情变得不温不火，最终烟消云散。毋庸置疑，假如一个人非常喜欢过单身生活，那么他一定不会选择婚姻。所以，但凡选择婚姻的人，都是不喜欢寂寞的人。在欢喜的时候，他们需要有一个人与自己分享；在悲伤的时候，他们需要有一个人帮自己分担；在无聊的时候，他们需要有一个人与自己聊天；在平淡的日子里，他们需要有一个人与自己嬉笑打闹。一旦时间与空间拉开了他们之间的距离，使一些需要变成不可能，那么，婚姻也会随之失去意义。尽管爱情是一种崇高的感情，但是它也并不是不食人间烟火的。只有依附于现实，爱情才有意义。真正精神意义上的恋爱，是很难长久维持的。可以想象，假如《泰坦尼克号》中的杰克没有在爱情最美丽最绚烂的时候使爱情定格，那么，他们的爱情将会以何为依托？除非露丝能够放弃奢华的生活，与杰克浪迹天涯。

要想爱一个人，首先要接近他，使他感受到你的存在，并对你的存在习以为常。只有先进入对方的生活，才能逐渐走进对方的心灵，否则一切都将成为镜中花、水中月，无所依托。在爱情之中，无一幸福甜蜜的时刻不是由亲密接触的两个人创造出来的。回忆那些使自己刻骨铭心的时刻，你会发现爱情原来需要灵与肉的交融，需要灵魂与灵魂无间的契合。说到爱情是灵与肉的交融，不得不提到性爱在婚姻生活中的重要作用。很多人都曾经关注和研究过无性婚姻，事实证明，除非是因为生理方面的原因确实无法进行夫妻生活，否则，性在婚姻生活中占据着至关重要的地位，对夫妻之间感情的润滑起着不容忽视的作用。相爱的人都会有这样一种体会，在性爱的过程中，彼此间的距离似乎更近了，似乎心与心紧紧相贴。而作为正常的夫妻，假如长期不过性生活，必然会使两个变得疏远。这也是接近原理对于感情的重要性的一个例证。

许文和张鸣同时喜欢上了大学同学李霞。不过，许文的条件更优越一些，因为他和李霞在同一所学校当老师。对此，张鸣却不介意。他对李霞展开了猛烈攻势，每到周末，不是约李霞看电影，就是和她一起逛公园。对此，许文一笑置之。他很少在周末的时候约李霞，因为他知道张鸣只有周末才能从百里之外赶来和李霞相聚。平日里，许文已经下足了功夫，根本不担心张鸣这个“远水”能够解得了李霞的“近渴”。每个工作日，许文都会贴心地把早点放在李霞的办公桌上。上周学校组织教职工出去游玩，一路上，许文更是对李霞呵护备至，很多教师都打趣他们俩是一对儿。一次，李霞生病了，许文在第一时间知道了这个消息，他大半夜背着发高烧的李霞去了社区诊所，还守在李霞身边，看着她打吊针，彻夜未眠。等张鸣得知这个消息的时候，李霞的病早已经好了。经过一番慎重的考虑，李霞最终决定和许文在一起，因为她和张鸣之间隔着好几百里地。距离实在是太远了而且，他们的工作比较稳定，想要换工作很难。最重要的是，在日常点点滴滴的生活之中，李霞深刻地体会到了许文对她的关心和照顾，也感受到了许文心底浓浓的爱意。

他们两个人可以朝夕相处，形影不离，不管什么时候，只要李霞需要，许文就会出现在她的面前。

许文的成功无疑验证了爱情中的接近原理。因为与李霞同在一所学校，许文很轻松地追到了李霞，如愿以偿。由此可见，要想走进一个人的心灵，首先要接近她，只有这样，你才有更多的机会表现自己，也更容易使对方习惯有你陪在身边的日子。

心理小提示

爱一个人就要接近她，这样才有更多的机会展现自己！

一日不见如隔三秋——频率原理

和接近原理的出发点相同，频率原理指的是爱人之间约会和相见的频率。凡事都有度，相见的频率太低，无疑会拉开两个人之间的距离，不符合上文所述的接近原理。但是，相见过于频繁也会产生一个问题，那就是使彼此之间因为过于了解而心生厌倦。在现实生活中有一种非常奇怪的现象，那就是有很多交往了六七年甚至是七八年的恋人在准备结婚的紧要关头却选择了放弃。除了恐婚这个原因之外，更主要的原因是他们在频繁的交往过程中，对对方逐渐产生了厌倦心理。通俗地说，因为交往过于频繁和密切，他们在恋爱的白热化阶段经历了原本属于婚姻生活的七年之痒，因此无疾而终的分手成为了必然。对于经历了爱情马拉松的情侣来说，这真是一件非常遗憾的事情！要想避免这种情况的发生，就要把握好恋爱过程中的交往频率。古人还说过，一日不见，如隔三秋。在爱人之间，适当的短暂的分离也许是一件好事，能够使人们记起平时不曾注意到的爱的细节，在思念的催化作用下，爱情反而像一杯烈酒一样越发浓烈。

在生活中，很多女人一旦与自己心爱的男人确立了恋爱关系，就会不顾一切地想要和自己所爱的男人在一起，而不管男人是否需要独立的空间，是否需要一段时间去认真思考这段感情。其实，这种无畏的纠缠很容易把处于纠结之中的男人吓跑。其实，这种情况下，应该适当地采取欲擒故纵的策略。当然，这也是需要有限度的，不然就会事与愿违。总而言之，不管你是男人还是女人，在恋爱的过程中，都要避免经历婚姻的七年之痒。只有适当地保持新鲜感、陌生感，才能对对方产生吸引力，使对方迫不及待地想与你走入婚姻的殿堂。

玛丽和约翰已经恋爱7年了，在这7年的时间里，他们对彼此都已经有了一定程度的了解，而且也非常亲密。但是，使约翰非常纳闷的是，玛丽从来不会持续和约翰在一起太长的时间。虽然很多同龄的情侣都像夫妻一样生活在一起，但是，玛丽和约翰之间却保持着一定的距离。他们时而亲密地相聚，时而分开。有的时候，玛丽还会进行长途旅行，与约翰分开长达一两个月的时间。尽管约翰不理解玛丽为什么不和自己一起进行长途旅行，他却深刻地感受到了自己对玛丽刻骨铭心的思念。有时候，他们在一起也会吵架，但是一旦分开，约翰满脑子想的都是玛丽的好：玛丽给他准备美味可口的早餐，玛丽为他准备清洁舒适的床单，甚至玛丽不在家的时候，约翰都不想看自己最爱看的电影，因为他已经习惯了和玛丽一起感受好莱坞大片的独特魅力。每次，当玛丽以各种各样的借口离开家的时候，约翰都会觉得玛丽是自己生命中必不可少的伴侣。而且，在分离之后相聚的很长一段时间里，他们都怀着失而复得的心情珍惜对方，吵架的频率也降低了很多。在有了属于自己的房子之后，约翰迫不及待地向玛丽求婚，恳求她成为自己最美丽的新娘。

玛丽是个聪明的姑娘，她无疑知道一日不见、如隔三秋的道理。正是因为她的若即若离，才使得约翰无比地思念她，无比坚定地想要娶她为妻。其实，不仅热恋中的情侣适合使用这种相处技巧，结婚之后的夫妻也可以适当地分离，使爱情在思念之中变得更加浓烈。

心理小提示

爱情需要经营，当你在用心经营爱情的时候，千万不要忘记了把握好交往的频率。只有适宜的频率，才能酝酿出最浓醇甘甜的爱情美酒！

恍如隔世相见恨晚——期望原理

每个人都会在心底里有过无数次想象过自己未来爱人的形象，当你见到他的时候，会突然有一种怦然心动、恍如隔世的感觉。其实，并非你们在前生真的相识，而只是因为他符合你心目中勾勒的完美爱人的形象。就这样，你们一见钟情。从某种意义上来说，人们在心目中描摹未来爱人的形象符合恋爱中的期望原理。情窦初开的少男少女们开始幻想着有朝一日自己将会与一个怎样的人相爱相守，尤其是女孩，在爱情方面，她们的生理和心理都比男孩更加早熟。如此一来，当遇到自己心目中的那个人的时候，女孩往往更容易被爱情冲昏头脑，对一切不管不顾。

其实，少女最初对爱人的想象往往是虚幻的、脱离现实生活的、不符合实际的。大多数少女都会把自己想象成灰姑娘或者是白雪公主，期待着那个命中注定的白马王子骑着白马翩然而至。但是，在生活中她们却发现这个白马王子迟迟不来，一旦来了，必然会受到对其日思夜想的少女的热烈迎接。不过，再怎么浪漫和美好的爱情终究要回到现实生活中来，当琐碎的生活使爱情的光环渐渐消退，彼此相爱的人需要更加用心地经营才能维持一段美好的感情。因此，在看到一个恍如隔世的爱人的时候，在欣喜之余，我们也应该保持冷静，看看对方是否真的是自己要寻找的人。婚姻是关系到一生的大事，必须慎重对待。恋爱可以重来，但是婚姻的重来却要付出很多代价。

在看到风的第一眼，小雪就惊呆了，他简直和她想象中的一模一样，高大帅气，风流倜傥，而且桀骜不驯，就像是一匹野马。小雪唯一不知道的是，他是否如自己曾经无数次设想的那样温柔地对待自己所爱的女人。在经过一段时间的相处之后，小雪发现风的确是自己要寻找的那个人，而且，他为人处世也是自己喜欢的风格。因此，小雪义无反顾地嫁给了风，成为了自己梦想中的幸福女人。

惠的运气则没有小雪那么好。她在和一个男人一见钟情之后匆匆结婚，最终却发现对方并非如自己心目中所想的那样。最后可想而知，在无数次争吵之后，他们遍体鳞伤地分手了。

第一个事例简直就像童话故事一样美好，这也注定了它在现实生活中发生的概率微乎其微。一个人无论再怎么优秀，也无法百分之百地符合另一个人的心意。对于关系最为亲密的爱人而言，彼此只要能够符合对方百分之七十的心意，就可以称得上是心有灵犀了。在现实生活中，大多数的爱人都是在交往之中不断磨合，最终达成和谐，与此同时，仍然保留了自己的很多独特之处。在第二个事例中，惠显然是并没有认清楚那个人就嫁给了他。当然，两个人婚姻的失败肯定不会仅仅是一方的原因，也许两个人都是好人，但是却不合适。有的时候，两个人虽然脾气都很臭，但是在一起却情投意合，相处得很好。这就是感情的神奇之处。当你遇到自己一见如故的人时，千万要保持冷静，用心地了解对方，了解自己内心的渴望，这样才能避免犯和惠一样的错误。

心理小提示

有眼缘并不意味着能够融洽地相处，毕竟生活会牵涉方方面面的事情，所以，在享受一见钟情的喜悦的同时，也应该慎重地对待婚姻。

夫妻相怎么回事——相似原理

在生活中，我们经常会听到“夫妻相”这个说法，意思就是说某对夫妻越长越像，越来越像一家人了。其实，这种说法是有科学依据的。首先，夫妻之间朝夕相处，每天看对方的次数比看自己的次数还多，因此，无形之中就形成了一种心理暗示。其次，夫妻之间往往有着很多共同之处和相似之处，只有建立在相似基础之上的夫妻才能更好地相处，不管是为人处世，还是人生观、世界观、价值观，夫妻之间都一定有着某些共通之处，这就决定了他们在生活中的心态有着一定程度的相似。古人云，面由心生，心理上的共通自然也就很容易导致夫妻之间形成相似的神态、情绪等，日久天长，给人的感觉就会越来越像了。甚至有一家美国的科研机构发现，不仅是人与人之间相处久了会越长越像，即使是人与狗之间，经过长期的相处也会出现这种情况。为了作为例证，这个研究机构还公开列举了很多主人和自己的宠物狗的合影照，真是不看不知道，一看吓一跳。这就更加充分地验证了长期朝夕相处的夫妻越长越像的现象。根据夫妻之间越来越像的理论，由此衍生出夫妻的相似原理。

随着心理学家对其的关注程度日渐提高，夫妻相已经不限于是一种民间的说法，而是登上了心理学的殿堂。心理学家经过研究发现，“性格、喜好相似的人更容易和谐地生活在一起，而并非人们之前所说的夫妻之间应该性格‘互补’”。因此，人们在择偶的时候更倾向于选择和自己有着相似的观点和处世风格的人。对于这种使人惊奇的现象，英国的研究人员推测，这种现象的发生主要是因为人的潜意识里存在着“生物裙带”关系，这种关系常和个体的家庭环境有着密切的关系。它能够使人更愿意信任和自己相貌相似的人。从某种意义上来说，一见钟情的爱情可以用这种在信任他人方面的倾向性来解释。换一个角度来说，很多夫妻或是情侣之所以身体上的某些特征越来越相像，或许是从刚刚接触对方的时候就感觉非常熟悉而易获得好感所致。这仅仅是针对外貌进行的分析，此外，还有相似的教育经历、家庭背景、兴趣爱好等很多相似因素，都会使夫妻的心灵越来越契合，从而导致面部的表情和神态也越来越相似。如今，夫妻之间的相似现象已经成为一种社会现象，使很多心理学专家将其作为研究对象进行深入的思考和研究。当然，这种研究对于人们学习如何更好地与自己所爱的人交往是很有好处的。

每个人见到赵娟和甲斐的时候都说他们两个人很有夫妻相，尽管赵娟和甲斐并不觉得彼此有多么相像。不过，赵娟和甲斐两人却是一见钟情。他们在第一次见面的时候就互相有好感，不久便坠入爱河。后来，赵娟无意间发现甲斐居然和她的爸爸非常像，都是一样清瘦矍铄的身材，都戴着眼镜，显得文质彬彬的，而且，他们的职业也是相同的，都是教书匠。这也许是赵娟和甲斐一见钟情的原因吧！自从发现甲斐和自己的爸爸很像之后，赵娟就相信了人们评价她和甲斐的夫妻相之说。自己是爸爸的女儿，甲斐又和爸爸很像，那么自己和甲斐之间也必然有着某些相似之处了。

很可能连赵娟自己也不知道，自己找到了一个与自己非常相似的人作为爱人，作为丈夫。他们之所以一见钟情，恰恰是因为甲斐非常像赵娟的爸爸，从而使赵娟对他产生了莫名的亲近感。因为这些相似之处，他们的感情发展得也很顺利，赵娟很快就与甲斐步入了婚姻的殿堂。

心理小提示

也许，人们的潜意识里都在寻找与自己相似的爱人，享受那种一见如故、一见钟情的感觉，只是很多人并没有意识到自己的这种倾向而已。相似的爱侣之间有着更多的共同之处，交往起来自然也更加和谐融洽！

取长补短更加完美——互补原理

和相似原理相对应，夫妻之间还存在着互补原理。曾经有人把夫妻

的类型归结为两大类，一类是相似型，一类是互补性。所谓互补型，是指夫妻之间存在很多差异，而且这些差异正好可以相互弥补，取长补短，使夫妻之间的结合更加完美。例如，有的女人非常胆小怯懦、优柔寡断，那么她就需要找一个比较强势的、喜欢拿主意的男人帮助自己做一些大的决断；有的女人本身就非常强势，喜欢自己拿主意，而且喜欢操持别人的生活，那么她最好找一个性格比较温和随性的男人，假如夫妻双方都很强势，结果可想而知；有的女人非常细心，心胸狭窄，那么就要找一个心胸开阔的男人共度一生，否则双方都斤斤计较，那日子就没法过了；有的男人性格豪放，花钱大手大脚，就要找一个精打细算的女人过日子，假如两个人都像个大漏斗一样，如何生活呢？诸如此类的互补还有很多，包括性格上的、为人处世上的、感情上的等。当然，互补并非是绝对的，即使是互补的夫妻，也需要有一定的相似之处，这样才能产生共鸣，达成一致。这种取长补短是建立在相似基础上的彼此弥补，目的是在一致的生活目标下，用自己的长处弥补对方的短处。不管是纯粹的相似还是纯粹的互补，都是不可取的，只有兼顾这两个方面的考量，既相似，又有共鸣，且互补，扬长避短，才能使爱情的发展更加顺利，生活更加美好。

当然，互补更多的夫妻在相处的时候比起相似更多的夫妻来往往需要更多的磨合。可以想象，夫妻二人假如都是急性子，那么做起事情来必然比较合拍。但是，假如夫妻二人一个是慢性子，一个是急性子，那么急性子的肯定受不了慢性子，如此一来，难免会发生矛盾。要想更好地相处，慢性子就要有意识地提高自己的速度，急性子的就应该下意识地放慢节奏，稍微等一下慢性子，这就是夫妻的磨合。只有在磨合好的情况下，性格互补的夫妻才能取长补短，共同创造美好的生活，否则会很容易因为接连不断的矛盾和纠纷而分道扬镳。

张娜和马玉是典型的互补型夫妻。当初，他们之所以能够走到一起，完全是因为他们有着共同的兴趣爱好——打羽毛球。他们俩也是在羽毛球场认识的，随着一起打羽毛球次数的增多，他们最终携手走入了婚姻的殿堂。但是，生活和羽毛球场上的挥汗如雨、尽情发挥还是有着很大的不同。直到走入婚姻之后，张娜才发现在球场上充满速度与激情的马玉在生活中是个不折不扣的慢性子。然而，张娜却是个急性子。每天早晨上班的时候，张娜都会不停地催促马玉快点儿，他们之间不知道为此发生了多少争执。

一次，张娜偶然和闺蜜说起这件事情，闺蜜问："他上班迟到吗？"张娜想了想说："虽然磨叽，但是好像没有迟到过。"闺蜜说："那不就结了，只要上班不迟到，不被扣工资，你管他快还是慢呢？！"张娜想想也是，每个人都有自己的行为习惯，自己又何必没事找气生，非要马玉符合自己的节拍呢？自此之后，张娜很少催促马玉了，而马玉呢，看到老婆站在一边安安静静地等着自己，也会主动加快速度。

假如张娜始终火急火燎地催促马玉，他们之间肯定会经常发生争吵，必将成为感情不和的导火索。幸好张娜在闺蜜的提醒下及时地改变了自己，这样一来，马玉也主动地改变了自己，使他们之间的关系更加和谐融洽。

心理小提示

绝对的互补是不存在的，互补应该建立在相似的基础之上。在相处的过程中，夫妻之间还应该不断磨合，这样才有利于婚姻和家庭的幸福。

情人眼里出西施——外表的吸引力

早在2500多年前，《诗经》有云："关关雎鸠，在河之洲。窈窕淑女，君子好逑。参差荇菜，左右流之。窈窕淑女，寤寐求之。"窈窕淑女，是每个人都梦寐以求的。不过，上帝在造人的时候总是根据自己的心情改变人物的形象。当上帝生气的时候，他造出来的人难免会缺少几分美感；在上帝勃然大怒的时候，他造出来的人甚至会缺胳膊少腿；只有当上帝心情大好的时候，他才会耐心细致地造人，赋予男人英俊和帅气，赋予女人美貌和智慧。这就决定了人世间的众生相，人们不是千篇一律的美丽，总有些人的相貌不尽如人意。然而，外表有多重要呢？很多人因为自己没有靓丽的外表而感到自卑，殊不知，丑小鸭也能变成白天鹅，所以，要对自己有信心。美是全方位的，单纯的相貌上的美丽只能刺激人们的视觉，无法撼动人们的心灵。对于相貌平平的人而言，女人应该充实自己的心灵，提高自己的修养，使自己由内而外散发一种独特的气质；男人应该提高自己的能力，追求事业上的成功，因为成功的男人会有与众不同的独特魅力，能够征服那些美貌的女人。也有些人因为有了美丽的外表而自视甚高，以为美丽的容貌能够换来一切。殊不知，不管是男人还是女人，都无法依靠外貌得到自己想要的一切，不管容貌是美是丑，终究还是要靠实力来说话。

综上所述，人们不应该根据一个人的外表来判断一个人，更不应该因为自身的长相而妄自菲薄或高傲自大。归根结底，美应该是由内而外散发出来的，因为外表的美丽只能维持短短十几年的时间，人生却是漫长的。尤其是女人，当自身的容貌不是那么出众的时候，应该去尽力充实自己的心灵。不是有人曾经说过吗，女人不是因为美丽才可爱，而是因为可爱才美丽。而且，古人有云，情人眼里出西施。只要你拥有一颗善良的心，得体的言谈举止，有属于自己的独特魅力，就一定有生命的另一半爱上你。此时，被你的人格魅力所深深吸引的他一定会因为深爱着你而看到别样美丽的你，从而被你深深地吸引，这也就是情人眼里出西施的印证。

王晶从小就特别自卑，因为她觉得自己长得一点儿也不漂亮。她喜欢读书，不像别的女孩子那样喜欢跳舞，因为她觉得自己没有有魅力的容貌和妙曼的身材吸引观众的眼光。因为饱读诗书和古今中外的名著，王晶最终成长为一个秀外慧中的女孩子，书中的精华之气赋予她独特的书卷气，使她显得非常安静，让人百看不厌。

直到读大学的时候，王晶依然没有意识到自己独特的美丽。她总是一个人安安静静地坐在阅览室里畅游书海，直到全校最帅的男生高权对她展开了猛烈的攻势，她才意识到原来自己这只丑小鸭也能够吸引男生的主意，而且是全校女生都暗恋的男生。虽然高大帅气的高权身边不乏美女，但是他却对安静内敛的王晶情有独钟，他说王晶是从书中走出来的美女，无人能及。甚至全校著名的校花丽娜公开质问高权，为什么不选择自己，而选择默默无闻的王晶，高权仍然不为所动，他告诉丽娜，王晶在他心目中是最美丽的无可替代的女神。王晶开始非常犹豫，但最终还是接受了高权的热烈追求。在爱情日益变得深厚的同时，王晶也变得越来越自信、越来越美丽了。最终，在爱情的滋养下，在高权欣赏的目光中，王晶蜕变成了一只白天鹅。

美丽并不意味着女人就一定能够拥有幸福的归宿，相反，因为她们过于高傲，不愿意放低姿态，所以很难人见人爱。相反，那些相貌平平、谦逊温和的女人反而更受男人欢迎，因为她们从来不高傲，总是以谦恭的姿态对待别人。和这样的女人恋爱，男人会觉得无比放松。而且，因为她们的真性情，从来不矫揉造作，男生之所以爱上她们，更多的是被她们的内心所吸引，从而情人眼里出西施，逐渐感受到她们由内而外散发的美丽。这种爱情往往更加持久、更加真挚。

心理小提示

用美丽的外表来拴住男人的心是不可取的，毕竟，青春转瞬即逝。不管是谁，都应该充实自己的心灵，使自己散发出由内而外的独特魅力，这样才能更加长久地拥有爱情。

一见钟情——首因效应

在现实生活中，一见钟情确实存在，而且是众多的处于恋爱季节的男人和女人心目中无限渴望的浪漫邂逅。所谓一见钟情，顾名思义，就是见第一面的时候就爱上了对方。不过，一见钟情又分为单方的和双方的。单方的有可能变成单相思，而双方的一见钟情则意味着幸福美满。因此，大多数人所说的一见钟情指的都是双方的。提到一见钟情，就必须与第一次见面紧密相关。既然是第一次见面，就和第一印象有着不容忽视的密切关系。毋庸置疑，假如初次见面的两个人没有对彼此形成良好的印象，也就根本不可能发生一见钟情的奇迹。

在心理学中，有一个首因效应，这个效应在爱情中也同样适应。那么，何为首因效应呢？所谓首因效应，用通俗的话来说，就是人与人在第一次交往的时候给对方留下的印象，而且，这个印象将在对方的头脑中占据主导地位。因此，首因效应也叫第一印象效应，它是指当人们初次与某物或者某人接触的时候，心中会对其留下非常深刻的印象，在社会认知过程中，人们总是通过“第一印象”而形成对客体以后的认知。第一印象不仅持续的时间很长，而且对人们的影响很大，因此，第一印象的好坏在很大程度上决定了最终对于事物整个形成的印象。其中，首因是指第一次认知客体在脑中留下的印象。所谓首因效应，概括起来说，就是个体在社会认知过程中，通过“第一印象”对客体以后的认知产生的影响作用。由此可见，在原本陌生的两个人初次见面时所形成的第一印象是至关重要的，它往往意味着你们能否拥有一个好的开始甚至未来。毫无疑问，一见钟情的双方都对对方有着良好的第一印象。这就提醒人们，要想博得一个女人的欢心，就一定要重视和她的第一次见面。假如第一印象不好，以后就很难有好的发展。

在朋友的牵线搭桥之下，李渡已经初步了解了亚南的一些情况。他觉得亚南的条件很好，而且在朋友中的口碑也不错，照片上的她眉清目秀，应该就是自己想要找的人。有了初步印象和意向之后，李渡一反往日不喜欢相亲的态度，变得非常积极。为了给亚南留下良好的第一印象，李渡从朋友那里了解了很多关于亚南的信息，如亚南有什么兴趣爱好、喜欢穿什么风格的衣服、倾向于什么口味的饭菜等。在得知亚南喜欢吃西餐之后，李渡把约会地点定在了西餐厅。那天，他穿了一套黑色的西装，在整个约会过程中就像一位绅士，把亚南照顾得非常周到。而且，李渡还专门了解了亚南喜欢看的一些大片，在摇曳的烛光之中，他所说的每一句话都使亚南由衷地表示赞同。就这样，李渡赢得了亚南的芳心，如愿以偿地使亚南对他产生了好感。约会结束后，当朋友问亚南对李渡的感觉时，亚南甜蜜地笑了，她说："他就像一位绅士，非常得体，言语高雅。"

李渡之所以能够第一次约会就博得亚南的芳心，完全是因为他在约会之前就做足了功课，充分了解了亚南的喜好，把自己表现得和亚南心目中的绅士一样，使亚南无可挑剔。从李渡初次约会成功的经历中，我们不难得出一个结论，即要想使约会取得成功，给对方留下良好的第一印象是非常重要的，这也正是首因效应在恋爱中的体现。

心理小提示

要想有一见钟情的奇遇，除了偶然的邂逅之外，假如是有准备的约会，就一定要引起充分的重视，这样才能马到成功，俘获对方的芳心。不管是对于男人还是对于女人而言，首因效应的作用都是非常大的。

用真心和持之以恒的付出感动对方——相互原则

虽然一见钟情的浪漫和美好是人人都憧憬的，但是，在现实生活中，更多的爱情是日久生情的。细心观察的人会发现，即使一个人刚开始的时候并不特别喜欢一个人，在长期的交往过程中，只要一方始终真心地对待对方，愿意为了对方而付出，那么对方就很容易被感动，并且由此衍生出爱情。其实，这也符合爱情中的相互原则，即当一个人对另一个人好的时候，另一个人就会理所当然地觉得自己也应该对对方好。这种爱情非常平实，虽然不那么轰轰烈烈，但是却静水流深，只要能够有时间保证，彼此之间的感情就会越发深厚，长久维持。

现代社会生活节奏越来越快，人们变得越来越忙碌，因此，爱情也随之走入了方便面时代，越来越多的人追求更容易得到的感情，而失去了耐心和细致。其实，面对你所爱的人，只要对方不讨厌你，只要你有足够的耐心，只要你体贴入微地关心对方，那么，日久天长，对方肯定会被你的真心和诚意所打动，甚至假如某一天你不在身边他会很不习惯。如此一来，爱情就会成为水到渠成的事情。

当朋友们听说美丽高傲的文文决定嫁给各方面都很普通的阿维的时候，不禁都瞠目结舌。在大家的心中，他们俩根本不是一路人，假如说文文是天上的白天鹅，那么阿维简直就是地上一抓一大把的癞蛤蟆。他们的结合，告诉大家一个真理：只要精诚所至，蛤蟆也能吃到天鹅肉。刚开始的时候，阿维只是文文的同事，他既不高大，也不英俊，没有任何出奇之处。不过，他是真心喜欢文文的，因为每个人都很喜欢文文，她美丽大方，心地善良，待人和气。虽然文文对阿维并没有特别的好感，但是，因为他性格温和，当阿维开始向文文献殷勤的时候，文文并没有表示拒绝，只是告诉阿维他们可以成为很好的朋友。大多数男人听到自己所喜欢的女人对自己这么说的时候，通常会很沮丧，但是阿维却很高兴。他想，只要文文没有拒绝我，也不讨厌我，我就有机会。就这样，在漫长的几年时间里，阿维始终不愠不火地陪伴在文文的身边，其间，他甚至还见证了文文与另一个男人的分分合合。每当文文因为感情或者工作上的问题而烦恼的时候，就会下意识地去找阿维倾诉自己的烦恼。在文文的心里，阿维就像是她与之可以无所不谈的闺蜜。就这样，3年过去了。3年之后的某一天，阿维突然人间蒸发了。失去了阿维的陪伴，文文突然觉得心里没了着落。她非常迷茫，万分焦急，几乎打遍了所有朋友的电话寻找阿维。几天之后，心急如焚的文文意识到了一件事情，自己是爱阿维的。在这3年的时间里，阿维无微不至的照顾和无怨无悔的付出已经融入了文文的生命，只是阿维陪伴在身边的日子里她始终没有感觉到而已。在终于联系上阿维的一刹那，文文不禁哭着大声喊道："你这个坏蛋，你去哪里了？你赶紧给我回来！"阿维笑了，他知道自己的一切付出都是值得的。果然，重逢之后，他们很快就确立了恋爱关系。而文文在阿维面前就像是一只温顺的小猫。在爱情的种子萌芽之后，文文加倍地对阿维好，他们几乎成了朋友们人人羡慕的情侣。

阿维之所以能够追到文文，就是因为他始终真心地爱着文文，并且为她无怨无悔地付出。当阿维离开之后，文文才意识到自己早就爱上了这个潜伏在她身边的见证了她恋爱经历的男人。因为阿维对她好，所以她已经习惯了，并且也在爱情的促使之下对阿维好。由此可见，癞蛤蟆也能吃到天鹅肉，只要你是一只有耐心有真爱愿意付出的蛤蟆。

心理小提示

对于善良的女人来说，你对她好，她也会对你好。因此，人们说爱情是相互的，是需要耐心和真爱的浇灌的。

罗密欧就是喜欢朱丽叶——爱情的逆反心理

众所周知，大多数人都有逆反心理，即与其他人的意志相悖而行。因为爱情在人们心目中的至高无上的地位，所以，当爱情遭到来自外界的反对时，人们的逆反心理会表现得尤为强烈，这就是爱情逆反心理。所谓爱情逆反心理，是指恋爱者在面对改变爱情动机的外力时，反而更强化了原有爱情动机的心理反应。爱情逆反心理的表现多种多样，有对立逆反、高压逆反、赌气逆反、过昵逆反等。这也就解释了为什么当父母反对子女婚姻的时候，非但无法把子女与自己所爱的人拆开，反而使他们之间的联系更加紧密的原因。

爱情是一种非常神奇的感情，在没有外力的情况下，它的发展往往更加从容，更加随心随性。但是，一旦有了外力的阻挠，相爱的人反而突然之间生出了非君不嫁、非卿不娶的决心和勇气。从这个意义上来说，外力的阻挠不仅无法实现预期的目的，反而更有可能成为一种反作用力，导致事与愿违的结果。

凯普莱特家族和蒙太古家族历来不和，总是发生械斗。

罗密欧是蒙太古家的儿子，英俊帅气、品行端正。一天，他无意间听说自己心仪已久的一个女孩准备去凯普莱特家赴宴，因此，他和朋友戴上面具混进了凯普莱特家的宴会场，以便能够见到这位女孩。但是，在这次宴会上，他看到了凯普莱特家美若天仙的独生女朱丽叶，他们一见钟情。罗密欧难以抑制自己心中的感情，向朱丽叶表达了自己对她的爱慕之情，朱丽叶也对罗密欧心生好感。但是，当得知彼此的真实身份之后，罗密欧还是无法摆脱自己对朱丽叶深深的爱慕之情。当他在思念的驱使下翻墙进入凯普莱特的果园时，恰巧听见朱丽叶正在窗口深情地呼唤他。

次日，朱丽叶到附近的修道院找到了神父，请求他见证自己与罗密欧的婚礼。神父想到子女的姻亲也许能够化解两家的宿仇，就答应担任他们婚礼的见证人。就这样，罗密欧与朱丽叶在神父的见证下举行了婚礼。当天中午，罗密欧遇到了朱丽叶的堂兄提伯尔特。提伯尔特挑衅罗密欧，并且要与其决斗，尽管罗密欧不愿意决斗，但是他的朋友却认为罗密欧的怯懦显得很丢脸，因此就主动要求和提伯尔特决斗。结果是令人遗憾的，罗密欧的朋友在决斗中被提伯尔特杀死了。罗密欧怒火中烧，不假思索地拔剑为朋友报仇，杀死了提伯尔特。

城市的当权者决定驱逐罗密欧，并且下令说假如他敢回来就处死他。朱丽叶得知此事后特别伤心，因为她深爱着罗密欧。罗密欧不愿意离开，经过神父的劝说，他才勉强同意暂时离开。当晚，他人不知鬼不觉地爬进朱丽叶的卧室，和朱丽叶一起度过了新婚之夜。次日清晨，罗密欧就不得不开始了流放生活。罗密欧刚刚离开，贵族帕里斯伯爵就来向朱丽叶的父亲求婚。凯普莱特非常满意帕里斯伯爵，把朱丽叶与他的婚礼安排在了下个星期四。

朱丽叶惊慌失措，赶紧向神父求助。神父给了她一种非常神奇的药，只要把它服下去，人就会像死了似的，不过，42小时后就会渐渐苏醒过来。神父答应朱丽叶会派人给罗密欧报信，并且不久就会挖开墓穴，以便能够帮助她和罗密欧一起远走高飞。朱丽叶依计行事，在婚礼的前一天晚上服了神父给的药，这样一来，次日的婚礼就变成了葬礼。神父派人以最快的速度找到罗密欧，告知此事。但是，罗密欧却提前知道了朱丽叶的死讯。他在夜深人静之时来到朱丽叶的墓穴旁，杀死了阻拦他掘开坟墓的帕里斯伯爵，在亲吻了朱丽叶之后，他就喝了事先准备好的毒药，倒在朱丽叶身旁死去。等神父赶来的时候，罗密欧和帕里斯伯爵全都已经死了。此时，朱丽叶渐渐地苏醒过来。见到心爱的罗密欧死在了自己的身边，她也不想活了，她拔出罗密欧的剑刺向自己，倒在他的身上死去。最终，两家的父母知道了罗密欧和朱丽叶之间发生的感人肺腑的爱情故事，他们不由得幡然悔悟。从此以后，两家消除了世世代代的积怨，为了纪念罗密欧和朱丽叶，他们还在城中为他俩铸了一座金像。

假如没有世代的宿仇成为罗密欧和朱丽叶之间巨大的阻力，他们的爱还会如此的坚决和义无反顾吗？在现实生活中也是如此。很多父母，越是想左右子女的婚事，就越是发现子女根本不听劝。其实，爱情应该是两颗心的自由的飞翔，作为父母，应该尊重孩子的意愿，让他们充分享受爱的权利和自由。

心理小提示

人们常说，困难像弹簧，看你强不强。你强它就弱，你弱它就强。但是，爱情却和困难截然相反，遇到强劲的阻力时，爱情会以百倍的力量反弹回去，因为它是约束的反叛，它喜欢充分的自由！

第5章

理解男人的思维，把握他的心理规律

在婚姻生活中，很多女人抱怨男人有了心事和烦恼不向自己倾诉。其实，男人原本就是喜欢沉默的动物，作为女人，要想了解男人，就要多动动心思，想办法读懂男人的思维，体味男人的心理规律。只有这样，才能走进男人的心灵深处，使彼此之间的感情更加深厚融洽。

我不喜欢被人命令——受到尊重的需要

男人是一种自尊心很强的动物，他们表面看起来大大咧咧的，其实非常顾及自己的面子。假如你当着很多人的面使一个男人颜面尽失，那么这个男人一定会像保护自己的生命一样维护自己的尊严，他会尽全力反驳你。即使是和自己最爱的人，男人也同样抹不下面子来。很多时候，尤其是在心爱的女人面前，他们反而更在乎自己的面子，因为面子在男人的心目中比生命还重要。在西方很多国家，始终都有决斗的风俗，究其原因，决斗其实也是男人挽回自己的面子的一种方式。假如你了解男人爱面子的心理特点，你就应该在说话或做事时要顾及他的面子。结婚之前，男人不能在自己所爱的女人面前丢面子，结婚之后，男人最忌讳的就是女人当着自己哥们儿的面扫自己的面子。

在生活中，男人为了维护自己的面子，最讨厌被女人命令做某件事情。正是因为这个原因，很多女人或者撒娇，或者是因为强势，总是在不知不觉间对男人发号施令，殊不知，这就犯了男人的大忌。有的时候，即使是女人不经意间流露出来的命令的语气，也会使男人大动干戈。其实，在有需要的时候，女人完全可以换一种方式向男人求助，通常情况下，男人都是很喜欢帮助楚楚可怜的女人的。同一件事情，用命令的语气说出来会使男人心生不悦，用请求的语气说出来男人听了则非常高兴，感觉自己英雄有了用武之地，实现了自己的人生价值。因此女人要了解男人的这种心理，在说话的时候采取一种皆大欢喜的方式，不仅达到自己求助的目的，也可避免男人因为被命令而心生不悦，甚至怒火中烧。这也是两性相处的技巧之一。

苏西的老公浩铭是出了名的好老公，每到刮风下雨的天气，肯定会在下班时间守候在店门口，准备迎接苏西。当好友问苏西是如何使浩铭这么体贴的时候，苏西笑了笑说，他哪有那么自觉，都是我主动请求他来接我的。这个回答显然无法使好友满意，她有点纳闷地说："我有的时候也会打电话让我老公来接我啊，但是他总是找各种各样的理由推脱，可不像你老公这样逢叫必到啊！"苏西神秘地问："你是如何打电话的呢？给我模仿一下。你必须注意，问题很可能就出在你打电话上面。"好友更加疑惑不解了："是我打电话有问题吗？你听着，我说：'今天下雨了，还有四级大风，你下了班来接我吧。'"听了好友的叙述，苏西哈哈大笑起来："你就这么说？要是我，我也不愿意来接你。你听听我是怎么说的。"说着，苏西拿出了电话，准备给好友来个现场演示："老公，你忙吗？中午吃的什么饭？哦，那你累不累啊？如果不累，我有个不情之请。我今天有点儿感冒了，浑身无力，特别请求你心疼一下你的老婆，过来接我下班。不过，假如你很忙就算了，我还是可以坚持的。我想说，我真的很想你，想在一下班的时候就看到你。"听了苏西的电话，好友不禁说："你真肉麻，我可说不出这么肉麻的话，都老夫老妻了！"苏西告诉好友："其实，你不肉麻也没有关系，但是你要让你老公感觉到你是在请求他帮你的忙，而不要让他觉得是在接受你的命令和调遣。没有男人喜欢被命令，即使是心爱的女人也不行，知道吗？"

次日下班的时候，好友的老公果然站在单位门口等她，看到苏西时，好友对着苏西笑了笑，笑容里充满了感激。

有的时候，因为男人强烈的自尊心，女人必须调整自己说话的方式和语气，使男人心甘情愿地受到驱使。假如硬邦邦地给男人发号施令，除了被拒绝外，即使男人勉强接受了你的命令，也会心中窝火。既然改变是如此简单，作为女人，何乐而不为呢？就像男人要满足女人喜欢男人表达爱情的心理一样，女人也应该体察男人的心理，满足男人自尊的需要。

心理小提示

常言道，会说说得人笑，不会说说得人跳。即使是在普通的人际交往中，我们也应该注意说话的方式方法，更何况是在自己心爱的男人面前呢？他要求尊重，我们就应该充分给予他尊重，正如他无限地满足你爱的需求一样。

我只能一心一意地做事情——单轨思维

所谓单轨思维，是指在同一时间之内只能处理一件事情。所谓多轨思维，是指可以在同一时间之内做好几件事情。众所周知，男人和女人有着很多不同，这种不同不仅体现在生理方面，也表现在大脑的结构上，反映到现实生活中，就是思维方式的不同。具体来说，男人的思维属于单轨思维，女人的思维则属于多轨思维。细心的人可以发现一个现象，即男士开车的时候很少聊天或者是说话，顶多听听音乐，但是女性则可以一边开车，一边和身边的人聊天。再举一个更为典型的例子。以前，很多女人都喜欢织毛衣。她们可以一边织毛衣，一边看电视，甚至还会时不时地和身边的人聊上几句。这种一心三用的事情，在男人身上是绝对不可能出现的，因为男人的思维方式和大脑构造决定了男人一次只能一心一意地做一件事情。

如此不同的大脑结构注定了男女之间天生就有很多不协调和不一致的地方，这就要求男人和女人在相处过程中必须好好地磨合，更多地妥协、包容和体谅对方。其实，在生活中，很多女人因为不了解男人是单轨思维而与自己的老公发生冲突。既然意识到两性之间存在着如此大的差异，而又必须生活在同一个屋檐下，或者是在一起工作，女人就应该了解男人的这个特性，更加体谅和包容男人。很多一心两用或者是三用的事情女人做起来总是得心应手，但是男人却心有余而力不足。

结婚之后，刘倩和陆毅生活得很幸福，唯一美中不足的是刘倩发现陆毅这个人比较懒惰。为什么这么说呢？有事实为证。有的时候，刘倩正在火急火燎地做饭，而陆毅则在专心致志地玩游戏，有时实在忙不过来，刘倩也会让陆毅帮着择菜。每当这个时候，不管刘倩的声音分贝有多高，陆毅都听耳未闻。次数多了，刘倩难免有意见，凭什么我回家之后要做饭，他却以不做饭为借口连菜都不择呢？这也太不公平了！一次，刘倩实在压不住心中的怒火，拿着锅铲就跑到了陆毅面前，质问他为什么要装作听不见。陆毅一脸无辜地抬起头来，说："你说什么？"刘倩怒气冲冲地把自己的话又重复了一遍，陆毅看到刘倩生气了，赶紧解释说自己真的没有听见。但是刘倩却不听陆毅的解释，因为她都已经喊了三遍了，他怎么可能听不见呢？然而，当刘倩再次喊陆毅帮忙的时候，陆毅还是纹丝不动，非得等到刘倩拿着锅铲走到他面前，他才会有所反应。时间长了，刘倩不禁开始怀疑，陆毅是否真的没有听见？为了解开心中的谜团，刘倩上网查了很多资料，最终发现，男人在做一件事情的时候是特别专心的，尤其是在做自己感兴趣的事情时，他们很有可能听而不闻。了解了这一点，刘倩终于意识到陆毅并非在撒谎，也并非在偷懒，他的确是沉浸在游戏之中而没有听见刘倩的喊声。此后，每次刘倩需要帮忙的时候，就会走到陆毅的面前告诉他。果然，他们再也没有因为这件微不足道的小事而生气，因为陆毅总是有求必应，非常勤快！

这个事例中的情景相信在很多家庭都曾经上演过。女主人总是埋怨男主人装聋作哑。尤其是在男人看电视或者打游戏的时候，即使你把一件事情对他讲上三遍，他也未必能够听到你究竟说了些什么。明智的做法是在他们闲暇的时候说，只有这样，他们才能一心一意地听你所讲的内容。

心理小提示

只有了解男人每次只能做一件事情的心理特点，在生活中，女人才能更好地与男人交流，更融洽地与男人相处。

我不是故意疏忽你的——不在状态

前文所说的是男人因为单轨思维而听而不闻的状态，接下来讲述男人因为单轨思维而视而不见的状态。男人一次只能做一件事情，如今，我们已经深刻地了解了男人的这个心理特点，那么，男人对你的视而不见也就是可以理解的了。很多时候，男人总是陷入深沉的思考之中，再加上男人的确没有女人那么心细，所以，很多时候，即使你换了一个新发型，穿了一件新衣服，男人也许要过很长时间才能发现。即使是在他做一件事情的情况下，他也可能表现出闻所未闻的状态，原来，他是真的没有看见，没有发现。

男人的大脑构造决定了他们在做一件事情的时候必然是全身心投入的，一般不会受到外物的打扰。而且，很多时候，他们因为沉浸在自己的世界里，对外界事物反应非常迟钝。女人则恰恰相反，即使是在专心致志地做着一件事情，她们也可以耳听八方、眼观六路。不管外界有什么响动或者是变化，她们都能非常敏感地觉察到。而且，男人本身就比较粗心，女人则心思细腻，这也可以解释男人为什么总是处于不在场状态。所谓不在场状态，是指人确实在现场，但是却因为神游物外而对当时的情景充耳不闻。在生活中，很多女人不了解男人为什么对自己如此漠视，其实，他们并非是漠视身边的女人，而只是自己过于专注罢了。

慧娟对一件衣服心仪已久，而且也在老公蒋亮面前絮叨了好几次。因为衣服比较昂贵，慧娟始终没有下决心去买。一天吃晚饭的时候，她又和老公说起了这件事，她老公说，想买就买吧，不就是件衣服吗，再贵，只要喜欢也是值得的。听了老公的表态之后，第二天一大早，慧娟就兴冲冲地去商场买回了那件五千多元的皮羽绒服。回到家后，她迫不及待地把衣服穿在身上，就等着老公下班回家之后向他展示了。然而，蒋亮下班回家之后，就开始上网看股票行情，根本没有注意慧娟穿了新衣服。眼看着夜幕降临了，蒋亮才闷声问慧娟："老婆，晚上吃什么？"谁想，慧娟没好气地说："想吃什么自己做，爱吃什么吃什么！"蒋亮非常纳闷地问："谁得罪你了？我上班走的时候还好好的，下班之后我好像没说错话、做错事吧！”慧娟更生气了，恶狠狠地说：“懒得理你！”见此情景，蒋亮只好关掉电脑，去哄老婆。他安抚了慧娟很长时间，才恍然大悟地说：“老婆，你穿新衣服啦，真好看！看样子，不仅好看，一定也很暖和，我的宝贝老婆冬天可不冷了！”听了老公的赞赏，慧娟的脸色稍有缓和，她埋怨说：“你都回家多长时间了？我在你眼里难道就是空气吗？”蒋亮赶紧解释说：“我下班回家的时候一心想着看股票，所以忽视了你，不过，我可不是故意的。你看，我盯着股票行情，就刚刚那一会儿工夫就挣了好几百块呢！”慧娟见老公的道歉是真心实意的，这才原谅了他。

女人非常关注自己，因此也希望自己所爱的人能够关注自己。假如做妻子的改变了发型或者是穿了新衣服，然而，老公却没有及时发现、及时赞美，那么女人的心里就会觉得很失落。毕竟，女为悦己者容，假如心爱的人不欣赏自己，那么自己的美丽还展示给谁看呢？因此，作为男人，应该更加细心一些，及时给予妻子更多的赞美和鼓励。这样一来，妻子才有更大的动力进行自己的美丽事业！

心理小提示

男人有时候会处于不在场状态，这只是因为他们过于专注一件事情，再加上他们没有女人那么敏感。作为妻子，应该理解男人的这种状态是有其生理原因的，并非是故意为之。作为丈夫，男人应该多多关注自己所爱的女人，满足她心理上想要得到赞美和欣赏的需求。

男儿有泪不轻弹——压力心理

千百年来，尤其是在重男轻女的旧社会，男人在拥有至高无上的地位的同时，也承担了巨大的压力。一个男人，往往承载着整个家族的希望，同时也肩负着照顾妻儿的重任。但是，长期以来，男人显然已经习惯了承受这种巨大的压力，他们总是把自己的心装得满满的，总是希望自己能做得更好。男人都争强好胜，都爱面子。即使家人没有给他压力，他自己也会对自己提出出人头地的要求，希望自己能够成就一番伟业。从这个意义上来说，男人的压力更多地是自己给自己的。

在生活中，不管一个男人是高大魁梧，还是矮小瘦弱，他们都同样不会轻易哭泣。是的，除了年幼的男孩，在成年男性的世界里，哭泣几乎被他们彻底地遗忘了。然而，科学家经过研究发现，哭泣是一种很好的宣泄，是疏导情绪的一种重要的方式。哭泣还能排出毒素，使人感到浑身轻松。那么，作为一个从来不哭的男人，如何宣泄自己的内心，释放自己的压力呢？他们选择了默默地承受。他们不愿意对朋友说，因为他们认为哥们儿是在一起分享快乐的，而不是分担痛苦的；他们不愿意对父母说，担心父母会着急上火；他们更不愿意对自己心爱的女人说，因为不愿意让自己的爱人担忧；他们不愿意对孩子说，因为他们想给孩子一个幸福的无忧无虑的童年……这就是男人，外表看起来大大咧咧、粗心大意，实则心细如发，想保护和照顾好每一个自己所爱的人。因此，他们心甘情愿地扛起了所有的压力和烦恼。

其实，在现代社会，提倡男女平等，既然男人和女人要实现地位上的平等、经济上的平等，那么自然也可以实现人格上的平等、需求上的平等。所谓需求，有很多种，维持生命所需的食物和水是每个人都需要的，此外，还有很多心理营养素，能够帮助人们更好地缓解压力。既然女人能够放开自己和男人一样在社会上奋力拼搏，男人为什么不能够敞开心扉尽情释放自己的感情呢？刘德华曾经唱过一首歌《男人哭吧不是罪》，这首歌把男人在压力之下沉重的内心世界演绎得淋漓尽致。其实，作为新时代的女性，已然变得足够智慧和勇敢，能够与自己所爱的男人一起奋斗，一起经历生活的风风雨雨。作为男人，没有必要再顾虑重重，而要尽情地释放自我。谁说流泪的男人没有男子汉气概，也许，流泪的男人更有真性情。

张杰在工作上遇到了很大的困难，他非常苦闷，但是却没有对任何人说。每天回家之后，妻子看着他愁眉不展的样子，心里非常着急。但是，张杰不说，妻子也没有主动去问，因为她觉得张杰不想说必然有他的理由。因为压抑的情绪无处排解，张杰开始失眠。看到丈夫辗转反侧、夜不能寐的样子，妻子非常担心。有一天，妻子灵机一动，准备了很多张杰爱吃的菜，并买了张杰最爱喝的竹叶青。看到妻子高昂的兴致，张杰暂时放开自己的重重心事，和妻子一起享受起美食和美酒。妻子很反常，以往她总是提醒张杰不要喝多酒，以免伤身体。但是今晚，她却一个劲儿地劝酒，直到两个人都喝得有点儿高了，她还在深情款款地给张杰倒酒。朦胧的醉意中，张杰打开了话匣子，开始向妻子倾诉内心的烦恼和工作上的不顺心。喝着喝着，听着妻子温软的话语，张杰突然鼻子一酸，泪流不止。妻子从来没有看到过丈夫流泪，但是，她丝毫不感到震惊，而是温柔地把张杰的头揽在自己的怀中，轻声细语地应和着张杰。她感到很欣慰，因为这正是她今天晚上准备这次盛宴的目的。她知道丈夫的心里藏着很多事，只是怕她担心而不愿意说出来，所以他才想出了让丈夫喝点儿酒宣泄不良情绪的妙招。哭过之后，张杰昏昏沉沉地睡了，一觉醒来，他觉得心里轻松了很多，就像一个装得满满的垃圾桶被倒干净了一样。他依稀记得妻子昨晚所说的话："放心吧，不管发生什么事，我都会陪伴在你身边的。"如今的他，非常释然，以轻松的心态面对工作中的波折，反而顺利地渡过了难关。

有的时候，即使是一个始终坚强的男人，也需要在自己所爱的女人怀中放肆地大哭一场。假如长久地把压力压抑在自己的心底，那么就会郁结成结，最终造成更加恶劣的后果。张杰是幸运的，因为他有一个聪慧和善解人意的妻子，能够帮助他释放自己。当然，释放压力的方式有很多，应该根据每个人的性格特点和婚姻的具体情况来进行，而不要盲目地效仿他人。

心理小提示

古人说，男儿有泪不轻弹，今人说，男人哭吧不是罪。其实，不管是哭还是不哭，都应该以身体和心理的健康为准则。每个男人都有权利选择最适合自己的方式宣泄情绪，这样才能以更好的姿态面对未来的生活。

男人也需要安全感——安全心理

在这个充满诱惑与崇尚金钱和权力的时代，大家都要为生存而奋力拼博。无论是男人还是女人，在生顾虑只要是有生命的，在生存的战斗中就都是平等的。同样的道理，既然女人口口声声说自己需要安全感，并且要求男人赋予她们这种安全感，那么男人当然也有理由宣称自己需要安全感，因为它已然不是女人的特权，更不是女人从男人身上索取的专利。在恋爱和婚姻的过程中，男人和女人是完全平等的个体，需要彼此给予安全感。

如今，随着经济的发展，人们对于物质的要求越来越高，很多女人在找男友的时候总是把安全感放在第一位，只不过，她们对安全感的定义非常宽泛，不仅要有优秀的品质，而且还要有雄厚的经济实力。残酷的是，越来越多的女人把雄厚的经济实力当成了安全感的第一要素。这就导致了一个奇怪的现象，很多年轻漂亮的甚至是高学历的女孩子，不愿意和那些与自己年龄相当的年轻小伙子谈恋爱，反而一个个都急不可耐地投入了半大老头子的怀抱，只因为这些半大老头子有着雄厚的经济实力。这样一来，在女人获得所谓的安全感的同时，我们不由得要想一下，那些年轻小伙子的安全感从何而来，那些有幸被这样眼界很高的女孩子看中的半大老头子的安全感从何而来？一个没有安全感的男人，如何会全心全意地去爱一个女人呢？假如一个女人无法给自己的男人以安全感，也就注定了这个女人无法得到这个男人全心全意的爱。

在一帆风顺的生活中，很难看出恩爱的夫妻能否同甘共苦。然而，一旦遇到生活的挫折，我们就可以看清楚一个人的真面目，即其能否与你同甘苦共患难。相爱的两个人在爱情的滋润下卿卿我我，然而，大难来临的时候，谁是那个可以与你一起承担灾难的人？有人说，夫妻好比同林鸟，大难来临各自飞。毫无疑问，这样的婚姻是没有安全感的。很多女人要求男人在危急时刻奋不顾身地救自己于水火之中，殊不知，男人也有脆弱的时候，他们也希望自己可以在女人温暖的怀抱中埋头痛哭，发泄自己心中的抑郁和愤恨。

大利今年54岁了，和前妻离异了，有一个27岁的儿子，已经大学毕业参加工作了。一个偶然的机会，大利认识了现在的妻子琼。琼今年36岁了，比大利整整小18岁。刚开始的时候，大利真是不敢相信琼会和自己结婚，因为琼是个老姑娘，曾经眼光很高。但是最终，琼还是嫁给了大利。大利是北京人，琼是天津人。琼比大利个子还高一些，不过，她有些驼背，长得也很壮实。大利和前妻离婚的时候，他把房子和孩子一起都给了前妻，自己净身出户。和琼结婚的时候，大利手中只有十几万元钱，每个月还要寄给孩子抚养费。很多人都不理解琼为什么要嫁给这样一个男人，但是琼说她觉得他年纪大，又离过婚，应该懂得珍惜。然而，这个理由还是难以排解很多人心中的困惑，包括大利自己。

结婚之后，大利的父亲支援了他们40万元钱，大利把这些钱和自己的积蓄凑在一起，买了一套房子。不过，大利并没有像大多数大男人那样疼爱小媳妇，而是把这个房子写在了自己的名下。到他们的孩子都好几岁的时候，大利开玩笑似的对琼说："不是我信不过你啊，只是你看看，我马上就变成老头子了，而你还这么年轻。我就怕等我老了，你带着孩子把房子一卖就消失了。等我老了不能动了，我一定会提前把房子过户给你和孩子的。"

从大利和琼的婚姻来看，尽管我们无从得知"独在异乡为异客"的琼嫁给大利究竟是出于怎样的心理，但是很显然，大利心里还是很缺乏安全感的。由此可见，女人们在追求使自己心仪的男人的时候，也应该注意给予男人足够的安全感。这样一来，男人才能够全心全意地爱女人，无怨无悔地为女人付出。

在婚姻生活中，其实远远不止需要人格和精神上的平等，而且也需要经济上的独立和平等。只有纯粹的爱情，才能够使男女双方如沐春风，爱情也才会更加浓醇。对于男女双方而言，都要坚定地相信对方就是那个能够与自己相伴一生的人，给予对方足够的安全感，这样的婚姻才能够稳固。

心理小提示

男人也需要安全感，女人在要求男人给予自己安全感的同时，也应该给予男人安全感。

男人为什么不爱逛街——时限心理

每逢节假日，大多数商家都会抓住这个大好机会，大力促销。假如你去商场里看一看，就会发现女人们摩肩接踵，人山人海。不过，细心的人很容易发现，大多数拎着大包小包的购物袋血拼的女人，一般都是和女伴一起的，很少有女人和男人一起去商场血拼的。通常情况下，在家庭生活中，都是由女人包揽了购物的重任，这也是商场中女人比男人多得多的原因。另外，最主要的原因是，男人不喜欢像女人那样漫无目的地逛街，男人的目的性是很强的。一般，假如男人需要买什么东西，他们进入商场之后往往会直奔目标，见到合适的就马上买下来，而不是像女人那样即使看到满意的也会货比三家。从根本上来说，这是因为男人都有时限心理。所谓时限心理，是指男人是一种目标明确、讲求效率的动物。自原始社会以来，男人就承担着外出狩猎的任务，他们总是直接奔向猎物的所在，争分夺秒地俘获猎物。由此一来，他们养成了不爱磨蹭的生活习惯，不管干什么事情，都讲求高效率。比起男人来，女人的主要工作就是在家里操持家务，照顾孩子，做一些琐碎的事情。长此以往，养成了她们生活中慢节奏的习惯。

在恋爱时期，男人还会勉为其难地陪着女人逛街，但是真正等到结婚之后，愿意陪女人逛街的男人就少之又少了。他们大多数选择在休息区等候，或者索性留在家里呼呼大睡、上网等。还有的男人和男人在一起喝茶，女人则结伴去逛街。这也算是一种合理的安排。了解了男人的这种心理之后，女人就不应该再强迫男人必须陪自己逛街，毕竟，男人是否愿意陪一个女人逛街和男人是否爱一个女人完全是两码事。

在恋爱期间，每次小南一提出去逛街，张明总是屁颠儿屁颠儿地就跟着去了。为此，小南多次向女友们显摆自己的男友张明是天底下唯一一个愿意陪女人逛街的男人。然而，结婚之后，这种情况突然发生了转变。每当小南想去逛街的时候，张明就会主动奉上自己的信用卡，但是却找各种各样的理由拒绝小南让他一起逛街的要求。为此，小南多次提出反对意见，但是张明就像死猪不怕开水烫一样任由小南威逼利诱，就是不为所动。

后来，小南几次三番地在张明面前唠叨说，你看看，丽丽的男友每次都全程陪伴。张明迫不得已，只好问道："丽丽的男友这次去吗？"小南夸张地说："当然去啊，作为一个新时代的好男人，怎么能不陪自己的老婆逛街呢？！"见到丽丽的男友之后，张明和他一起心不甘、情不愿地陪着小南和丽丽逛了半天，吃完午饭之后，小南和丽丽仍然意犹未尽，张明赶紧提议，他要和丽丽的男友去休息区打台球。这样一来，可以帮小南和丽丽看着上午血拼回来的东西。见状，丽丽和小南答应了，毕竟，买的东西有人看不用提着还是很好的。就这样，张明和丽丽的男友打了一下午的台球，丽丽和小南则美滋滋地逛了一下午的街。他们终于找到了这样一种比较好的方式，男人休闲，女人购物。

很多女人总是把男人是否愿意陪自己购物和是否爱自己等同起来，其实，这是完全不正确的。男人天生不喜欢像女人那样漫无目的地逛街，这一点是无法改变的。女人应该了解男人的这种心理，不要强人所难。

在生活中，两个原本陌生的男女相知相恋，最终结为夫妻生活在一起，需要磨合的地方本来就很多，我们更不应该因为一些小事情发生争

执。只有相互理解和宽容，夫妻之间才能更好地相处。

心理小提示

男人不爱逛街主要是因为男人的时限心理，对此，女人应该正确理解和对待，不要把这个问题再衍生到其他方面的问题上。

我要自己承担责任——责任意识

时下，越来越多的女孩子在寻找人生伴侣的时候都会提到责任心这个词。确实，对于女人来说，即使男人再怎么事业有成，腰缠万贯，假如对女人没有责任心，也是不会对女人负责任的。因此，不管女人是想找一个普通人当老公，还是想找一个腰缠万贯的男人做老公，首先，这个男人都应该有责任心。没有责任心的男人是不可靠的。其实，即使女人不要求男人有责任心，男人本身也会有一定的责任心。在生活中，有一种情况非常常见，那就是一个男人原本是非常爱玩的，但是，一旦结婚成了家，尤其是在有了孩子之后，他们就会突然之间长大了，变成了一个有担当的男子汉。这里所说的责任心主要是指对家庭的责任。不仅如此，男人对于工作和事业同样也有责任心。他们的事业心很强，在工作中，即使上司没有对他们提出特殊的要求，他们也会尽力完成自己的工作。这主要是男人的责任意识在起作用。

在男女两性之间，提到的责任心主要是指对家庭的责任，这是一个男人最基本、最重要的责任。在这个充满诱惑的世界里，到处都是灯红酒绿，到处都是闪烁迷离的花花世界，男人们因为在外打拼，所以总是面临很多的诱惑和陷阱。此时，只有一个有责任心的男人才能够克制自己的欲望，对自己的感情负责。不管社会如何发展，“执子之手，与子偕老”的爱情仍然是人人都向往的，而一个对家庭负责的男人首要的责任就是对彼此之间的感情负责。除此之外，男人的责任心还体现在养家糊口方面。一个男人，不管做什么工作，都应该承担起养家糊口的重任。在家庭生活中，大多数男人在遇到困难的时候，不会主动对自己的老婆说。这主要是因为他们想自己承担所有的责任，而不愿意自己心爱的女人跟着担惊受怕。这种大男子主义的行为主要是男人的责任意识在起作用。其实，很多时候，女人应该了解男人有这种意识，从而避免抱怨男人有了为难的事情不对自己说。

最近，小丽发现祖强的心情特别不好。他每天回到家里都钻进书房里，一个人坐在那里苦思冥想。有时候，他还会半夜里起来抽烟。小丽不知道发生了什么事情，心里非常着急。她问过祖强几次，但是祖强都支支吾吾地搪塞过去了，不肯说。

一天，祖强很晚才回家，小丽不由得生气了。她劈头盖脸地问："你最近在忙些什么呢，连家都不知道回了？"祖强看上去很累，淡淡地说："没什么，以后你别等我了，早点儿睡吧！"小丽火冒三丈，说："自己先睡？我能睡着吗？我连我老公每天在干什么都不知道，我还睡什么睡？"听到这里，祖强忙安抚小丽说："放心吧，我一没违法，二没乱纪，我只是想让你和儿子过得好一些。"小丽根本不听祖强的搪塞，继续质问祖强："你今天必须告诉我你在外面都干了什么，要不，咱们就别睡了！我可不愿意提心吊胆地过日子。你也别拿我和儿子当挡箭牌！"祖强无奈地看着小丽，只好向小丽坦白："我失业了，怕你担心着急，所以一直没有告诉你。最近，我找了个在大排档帮忙的活儿，这样一来，我白天可以出去找工作，晚上可以少挣点儿贴补家用。等到有了正式工作，我就会把这份临时的工作辞掉的。"听了祖强的话，小丽脸上的怒气不见了，随之而来的是接连不断的泪水，她直埋怨祖强："你失业了？这么长时间你怎么从来没有说起过呢？"祖强淡淡地说："我是男人，要是这点儿事都沉不住气，那我还算男人吗！"小丽心疼地看着祖强："那你也不用去大排档啊，咱家有积蓄，我还有工作。你慢慢找工作就是了，晚上就不要去大排档了！"祖强说："我是男人，养家糊口是我的责任，你不用管这些了，我会处理好的！"想着祖强在大排档辛苦奔忙的情形，小丽无比心疼。她想：自己再也不能无端地怀疑祖强了，他是一个有担当有责任感的

男人！

在这个事例中，祖强之所以一直没有告诉小丽自己失业的事，一是怕小丽着急，另一方面是想自己一个人承担起家庭的责任。男人就是如此倔强的动物，他们总是想要一个人扛起所有的让人为难的事情，而不愿意让自己心爱的女人和孩子受到半点儿委屈。当男人承受着巨大压力的时候，最需要的就是女人默默的支持。因此，女人应该了解男人的心理，给予他们想要的精神上的鼓励和支撑。

心理小提示

男人想自己承担起所有的责任，女人应该默默地支持和鼓励他们。

男人需要沉默——橡皮筋理论

每个月，女人都有情绪不那么正常的几天，焦躁、失眠等会接踵而来。殊不知，不仅女人会有情绪烦躁的时候，男人有时候也会情绪低落。两性之间，对于男性而言，一味的亲近或者是疏远都是不可取的，他们像橡皮筋一样，应该保持一定的弹性。例如，细心的女人会发现，男人的亲密周期是非常有规律的，总是处于“亲密——疏远——亲密”的循环之中。即使一个男人再怎么深爱一个女人，他也不会每时每刻地与这个女人亲密接触。很多时候，他们会把彼此之间的距离无线拉长，就像橡皮筋一样，只要不超过限度，他们最终还会顺利地反弹回来，再次与女人开始近距离的接触，直到再次拉长弹回为止。究其原因，这是因为男人需要沉默。每当男人沉默的时候，他就会不自觉地疏远自己心爱的女人，躲到一个人的地方冷静下来，整理自己的思绪。

男人这种奇怪的橡皮筋似的亲密周期，给女人造成了很多困扰。通常，女人总是误解男人抽身而出的意思，因为，假如女人采取抽离的方式，那么大多数是因为她们不相信男人能够真正了解她的感觉，当她受伤害或者害怕再次受伤害，抑或是他做错了事令她失望的时候，她才会采取抽离的方式。虽然男人的抽离也有上述的一部分原因，但是，他们的抽离更多的是一种常态，即：即使女人没有错，他也会在情绪需要调整的时候抽离。他也许非常爱她、特别信任她，然而这些都无法阻止他突然抽离。从心理的角度来说，男人之所以抽离，主要是为了满足独立与自主的心理需求。他抽离出去后，又会立即弹缩回来；有时候，当他彻底分离后，他会忽然觉得自己需要爱，因而再次恢复亲密关系。他会积极主动地给予女人爱，并且还会主动接受自己需要的爱，男人弹缩回来的时候，他会主动恢复已经拉开的亲密关系，而不再需要重新熟悉。作为女人，要想更好地与男人相处，就不要在他想抽离的时候死缠烂打，而是要给予他足够的时间和空间调整自己。记住，橡皮筋是会自己弹回来的！

玛丽和约翰已经结婚几年了。有一天，玛丽突然向约翰提出了离婚，而约翰则不同意，他对自己的婚姻很满意，希望能够与玛丽白头到老。想不到的是，玛丽离婚的想法非常坚定，她说："恋爱的时候，他说尽了甜言蜜语，说要和我一生一世都在一起。但是，几年下来，我知道他根本不爱我，他对我一点儿感觉都没有。自从结婚之后，我始终都想和他说说自己的心里话，但是，他却总是厌烦地掉头走开，要不就是听若未闻，让我一个人在那里唱独角戏。在我心里，他就是一个冷酷的人，丝毫不关心我的感受！有的时候，他明明前一秒还对我非常热情，但是后一秒就又冷若冰霜。我想要一个活生生的丈夫，而不要和这样一个冷冰冰的木偶生活在一起。除了离婚，我没有别的选择！"听了玛丽的话之后，心理医生知道问题出在哪里了。他非常平静地问玛丽："除了忽冷忽热之外，他还有其他令你不满意的地方吗？"玛丽想了想说："没有。但是，这一点就已经让我无法忍受了！"心理医生依旧不慌不忙地说："作为女性，每个月你会有那么几天觉得情绪烦躁、不愿意和身边的人过多交流吗？"玛丽沉思片刻，迟疑地说："但那是生理原因导致的呀！"心理医生笑着说："是的，女人的生理周期非常明显，但是，男人其实也有生理周期的，尽管他们的身体并没有什么明显的表现。""男人也有生理周期？"玛丽惊讶得合不拢嘴。心理医生详细地为玛丽讲述了男人的情绪周期，并且告诉玛丽，只要她认真地观察，就会发现约翰的情绪周期还是比较明显的。

在心理医生的建议下，通过细心的观察，玛丽果然发现约翰也是有情绪周期的。每到那几天，他就不怎么想说话，凡事都提不起兴致来，只想一个人待着。不过，她再也没有埋怨过约翰了，而是给予了约翰足够的时间和空间，让他一个人好好地静一静。

在这个事例中，玛丽之所以觉得约翰忽冷忽热，正是因为玛丽不了解男人也是有情绪周期的。身体是一个非常复杂的系统，生理上的很多变化会引起情绪上的变化，同样，情绪上的变化也会引起生理上的变化。不管是男人还是女人，一定要多多了解彼此的生理和心理特点，这样才能更好地相处。

心理小提示

男人就像橡皮筋，弹开了，自己还会主动弹回来。

我的袜子呢——空间思维

顾名思义，所谓空间，就是无所谓答案的问题。通俗地说，也叫自言自语，只不过自言自语的内容是提问。而所谓的空间思维，其实就是自己问自己一些问题，而不希求别人给出答案。在生活中，很多男人习惯于这种空间思维。他们总是自言自语，自己问自己，而并不特别希望身边的人能够给出答案。最常见的空间莫过于找东西的时候。男人的方向感很好，但是却似乎天生缺乏空间感，家里的东西放在哪里，如何把东西收拾整齐，他们总是记不住，这就导致他们总是要到处寻找自己乱丢乱扔的东西，诸如袜子、领带、手套等小零碎。当然，他们知道这些东西是自己随手乱放的，所以他们根本不寄希望于能够通过询问别人得到答案。尽管如此，他们仍会念念有词地说："我的袜子呢？我的袜子呢？我的袜子到底去哪里了？"

从另一个方面来说，空间思维意味着男人是一种喜欢思考的动物。其实，不仅仅是在找东西的时候，即使是在思考某些问题的时候，他们也擅长自言自语地提问。例如，"这件事情这么做的胜算有多大？""这两种方法哪种更合理、效果更好？"当然，他们未必会把自己思考的过程说出声来，而是选择在心里进行综合的权衡。当男人一边找东西或者思考问题一边自言自语地提问的时候，有些女人会火冒三丈，劈头盖脸地来一句："你的袜子自己脱的，你问谁呢？！"或者说："这件事情是你造成的，你问我怎么办我怎么知道？"如此挑衅的语气，难免会引发一场争吵。其实，面对男人的空间，最好的办法就是听若未闻。因为男人的本意并非从你这里找到答案，而只是安慰自己的心灵，启发自己的灵感。

最近，赵亚和江华几乎每天早晨都会吵架。起因非常简单，就是因为江华总是在早晨起床的时候找不到袜子，而他又总是一边找袜子一边问赵亚："奇怪，我的袜子呢？"每当看到江华早晨像个没头苍蝇似地找袜子，赵亚气就不打一处来。她总是反问江华："你问谁呢？袜子是谁帮你脱的？连袜子都找不着，真不知道你长没长脑子！"每当这时，江华就会火冒三丈，因为他本来就因为找不到袜子着急，赵亚的质问无异于火上浇油。江华总是烦躁地回答江华："我又没问你，关你什么事？"如此一来，一个美好的早晨就会在你一句我一句的争吵中消耗殆尽，他们其中的一个因为上班比较早，甚至还会迟到，被扣工资。因为这个简单的问题，他们之间的矛盾越演越烈。终于有一天早晨，在大吵之后，赵亚气鼓鼓地回了娘家。妈妈听了他们吵架的理由之后，忍不住哈哈大笑起来："哎呀，你们非要吵着结婚，你们俩可都还是孩子呢。你看看，就因为这个问题，你们吵得无休无止，还跑回娘家来了！"赵亚万分委屈地说："烦死人了，每天早晨不是找袜子就是找领带，要不就是找手机，简直不让人活！跟个苍蝇似的嗡嗡嗡嗡的，屡教不改，还不许人说。"妈妈笑着安慰女儿说："过日子哪有不磕碰的。其实，他又没问你袜子在哪里，你就让他慢慢找去呗。我告诉你，男人都一样，平时不爱说话吧，有的时候还就喜欢念念有词，你爸爸年轻的时候也是这样的，而且，现在老了还变本加厉了呢！”赵亚听了妈妈的话后，改变了自己的急躁脾气。偶尔在听到江华口中念念有词地找东西时，她要是知道就会拿给他，要是不知道，就由着他慢慢悠悠地把家里翻个底朝天。

一个男人和一个女人各自成长到二十几岁，然后突然人生实现了交集，相识、相知、相爱，其中还有一部分男女走进了婚姻的殿堂，一个锅里吃饭，一张床上睡觉。如此一来，难免会有磕磕绊绊的时候。在这种情况下，我们应该了解对方的生活习惯和心理特点，这样才能更好地与对方相处。因为成长背景、教育经历和价值观念的不同，很多人还有很多属于自己的生活习惯，在搭伙过日子的时候，也应该悉数告诉对方。这样有利于双方更好地相处，减少矛盾。

心理小提示

当男人在找袜子的时候，女人不妨装作没看见、没听见。假如每天都找不到袜子，男人自然就会成熟起来，把袜子放到一个容易找到的地方。当男人在自言自语地思考问题的时候，如果女人无法给出合理的解答，那么不如装作没听见，男人会自己寻找到答案的。

爱的距离有多远，让男人对你牵肠挂肚

相爱的两个人可以变得像一个人一样，你中有我、我中有你；有的时候，也会疏远得就像天边遥远的星星，可望而不可及。作为女人，应该想方设法地缩短爱的距离，运用爱的技巧，使男人不由自主地贴近你，对你牵肠挂肚。

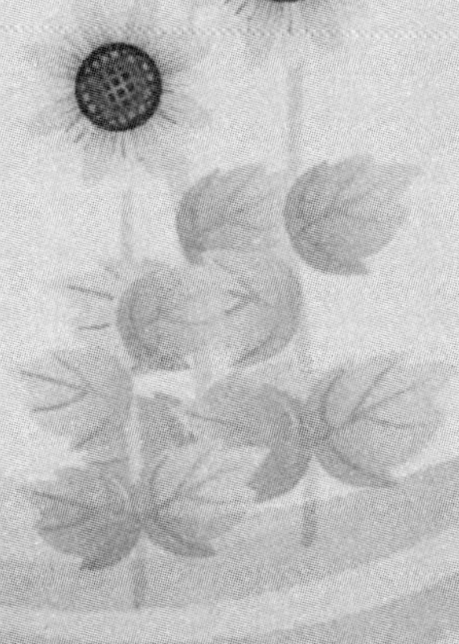

男人为什么喜欢“坏”女孩

常言道，男人不坏，女人不爱。其实，这句话不仅适用于男人，也同样适用于女人。其实，这里的“坏”是有特定涵义的。有很多男人，看着那么多温柔贤淑的女孩子不喜欢，偏偏喜欢那些叛逆的、自私的、任性的坏女孩。这是为什么呢？好女孩对此更是不理解，为什么那些在你眼中自私自大、脾气暴躁，而且还有一大堆坏习惯的坏女孩永远都比你更能吸引男人的目光？看着自己心仪的男人频繁地与这些坏女孩约会，你难免会抓狂。然而，你所不了解的是，坏女孩能够给予男人很多刺激，使他们在激情澎湃之余无形中年轻了很多。

首先，坏女孩喜欢直话直说。很多小家碧玉和大家闺秀从小就受到很多贤淑的教诲，她们谨言慎行，从来不做不守规矩的事情。虽然这样的女孩子很有大家风范，或者是比较温和善良，但是她们就像平静的小溪，无法把男人这个调皮的鱼儿用激流带到大海中去。其次，坏女孩对男人来说要追到她更有挑战性，从而激发起男人的征服欲。众所周知，几千年前，男人就从事狩猎工作，他们的主要任务就是驯服那些野兽，这样，他们才能实现自身的价值。如今，虽然男人再也不用去原始森林里狩猎了，但是他们却需要给自己寻找新的猎物。在男人眼中，女人就是一种猎物。假如一种猎物得来全不费功夫，那么男人还能感受到征服的快感吗？毫无疑问，他们需要更有挑战性的任务。最后，坏女孩都比较自我，更能吸引男人。人的审美是非常奇怪的，再好看的东西，假如天天看，心中必定感到厌烦。而在众多的好女孩中，极富个性的坏女孩无异于清新的野花，使人在欣赏温室里的花朵倒感到厌烦的时候，不由得眼前一亮。如此想来，男人当然喜欢有挑战性和吸引力的坏女孩了。

陈沛最近让父母大为恼火，甚至父亲还要和他断绝父子关系。原来，父母托人给陈沛介绍了个女孩子，是个小学教师，为人大方、善良谦和，一看就是典型的贤妻良母型。但是，陈沛却大呼没有感觉，自己给自己找了个时尚摩登的女友。这个女孩子不仅没有正经工作，而且满头红发，对陈沛爱答不理的。看着那个当老师的女孩子对陈沛一往情深的样子，再看看陈沛自轻自贱地去追求那个摩登女孩，父母不由气得浑身发抖。妈妈更是咬牙切齿地骂道："贱胚子，看着这么好的女孩不要，非要去倒追那个画得跟个鬼似的小狐狸精！"对此，不管父母怎么说，陈沛始终坚持自己的想法。当好友问陈沛为什么非要和父母对着干的时候，陈沛坦诚地说："那个当教师的女孩子，思想非常保守，连手都不让拉。而且，总是一副逆来顺受的样子，我一看到她就倒胃口，丝毫没有欲望和她谈情说爱。相反，我找的那个女朋友就像是个小辣椒一样，敢爱敢恨，她对我好的时候简直能把命给我，一旦生气了，我就不得不使出浑身的招数来哄她开心。"

最近，马蕴面对着两个女人的追求。一个如火，一个似水。如火的女孩子叫倩，为了追求马蕴，她敢说敢干，不仅公开表示马蕴是她的男友，而且还整天地给马蕴准备好吃的、好喝的。有的时候，她还会明目张胆地到马蕴的单位来，向马蕴表白自己的一片爱意。相比之下，雅的表现则逊色很多。她虽然和马蕴是一个单位的，但是却为人低调，非常内敛。她从来不敢公开追求马蕴，甚至不敢和同事们谈论马蕴。就这样，虽然近水楼台先得月，但是马蕴还是被倩给追到了。古人云，男追女，隔座山，女追男，隔层纱。倩之所以能够追到马蕴，正是因为她有一种天不怕地不怕的霸气。尽管，如今人们总是说缘分到了，水到渠成。实际上，缘分也是需要我们去争取的。

男人喜欢坏女孩的理由有很多，因为每个人的审美观点、言行准则不同，所以，一个人眼中的坏女孩也许就是另外一个人眼中的好女孩。正所谓情人眼里出西施，有些男人明明知道一个女人的脾气不好，爱耍小性子，也有可能会心甘情愿地被那个女人"虐待"。

心理小提示

在爱情和婚姻中，不管是男人还是女人，都没有必要掩饰自己的本性。婚姻是一辈子的事，要想使男女双方都更加清楚地认识对方，我们就应该尽情地展示自己。坏女孩也完全不用担心，因为并非所有的男人都喜欢中规中矩的好女孩。

“三不”女人牢牢抓住男人的心

男人和女人之间的爱情能够保持的时间非常短暂，剩下的，就是情感的经营。如何把原本短暂的虚无缥缈的爱情经营到生活的实处呢？如何使那个曾经对你充满激情的男人对你始终牵肠挂肚呢？作为女人，要想永远地拴住男人的心，必须动动脑筋。也许有的女人会用美貌吸引男人，其实，这是下下策，因为美貌是无法长久的，短则几年，长则十几年，一旦美貌烟消云散，爱情和婚姻的根基也就摇摇欲坠了；有的女人想用温顺的性格和卓尔不凡的才气吸引男人，然而，找爱人并非是找百依百顺的老妈子，也不是要找一个成天在自己耳边念经的唐僧；聪明的女人会用更加历久弥新的东西吸引男人——与众不同的气质和魅力。只有这种经久不衰、历久弥新的东西，才能使男人安心地留在自己的身边。具体地说，具有独特魅力的女人大多数都是“三不”女人，即“深藏不露、飘忽不定、捉摸不透”。这种女人才是最让男人魂牵梦绕，甚至是牵肠挂肚的。

男人和女人原本是不认识的，只因为缘分，才相识相知。他们从全然陌生，到逐渐了解，很多女人毫无保留地把自己彻底呈现在男人面前，使男人对她的了解比对自己更加深刻和透彻。如此一来，就像人们所说的左手握右手一样，必然会失去吸引力。而“三不”女人则完全不同，她们不会把自己彻底地袒露在男人眼前，这样一来，她们在男人面前才能保持神秘感；他们更不会使男人觉得自己就像是笼子里的小鸟儿，再也不会离开笼子了，使男人放心大胆地出去采摘野花，从而使男人就像初恋一样对自己患得患失；她们不会把自己所有的心思都告诉男人，每个人在考虑问题的时候都有自己的出发点，假如被男人彻底摸清了思路，那么，她还有什么招数能够使自己牵动男人的心呢？夫妻之间的相处，一是以深厚的感情作为基础，另一方面是以相互之间的吸引力作为基础。聪明的“三不”女人恰恰知道这两点。

在曾经火暴荧屏的港剧《金枝欲孽》中，尔淳之所以能够从海选中突出重围直至入宫，就是因为她有一套与众不同的“驭帝术”。她坚信，皇上和所有男人一样，想讨好皇帝，只要用讨好普通男人的方法就可以了。百依百顺无疑见效甚快，但却是最愚蠢的，因为皇上不久就会感到索然无味。相比之下，若即若离反倒显得更加聪明，使向来呼风唤雨的皇帝可望而不可即。这其中，让皇帝求之不得是最厉害的招数。其实，不管是若即若离也好，求之不得也好，从本质上来说，就是在男人面前摆“迷魂阵”，使男人始终在心里对自己保持一定的神秘感，无法彻底地看透你。尔淳深谙此道，她不仅是这么想的，也是这么做的。每次，当皇上主动接近她的时候，她并没有像大多数宫女那样感恩戴德，而是对皇帝漫不经心，由此施展“欲擒故纵”术。在勾心斗角、争风吃醋的皇宫内院，皇帝们早就已经厌倦了万千佳丽主动送上门的良好服务，因此，尔淳的反其道而行之，欲拒还迎、欲说还休，反而吊起了皇上的胃口。在不知不觉之中，皇帝就被这个心计颇深的小丫头灌了“迷魂汤”，别看皇上是九五之尊，但是最终仍然乖乖就范，任其摆布，彻底拜倒在她的石榴裙下。

从某种意义上来说，一个男人开始进入一段全新的感情时就像一个小男孩初次打开一盒新的拼图似的。假如他打开一看，发现拼图不用拼就已经是完整的图案了，那么他一定会感到很没意思；反之，假如这个拼图必须让孩子自己动脑、想象、部署，最终才能把那些小块拼到一起，那么，男孩的大脑就会兴奋异常。

一个深藏不露、飘忽不定、捉摸不透的“三不女人”深谙此道，她们总是能够让男人领略到水中望月的朦胧的美感，从而不停地追求这美的来源。大家都知道法国女星苏菲·马索，几乎每个男人都深深地迷恋她。这是为什么？关键原因就在于苏菲·马索身上有一种非常神秘的气质，而且，她的脸上总是带着那种无辜而又迷茫的表情，既像一株无语凝噎的寂寞梧桐，又像一座神秘莫测的卢浮宫，使男人不由自主地想要揭开罩在她身上的那层神秘的面纱，一探真相。

心理小提示

所谓三不女人，就是指深藏不漏、飘忽不定、捉摸不透的女人。对于男人，这种女人具有最大的吸引力。

得不到的真的是最好的吗

对于那些手到擒来的东西，人们总是不知道珍惜；对于那些求之而不得的东西，人们反而都觉得是最珍贵的。这是为什么呢？这是因为，在求之而不得的过程中，人们在心中无限放大了某些事物的美好，从而对其产生越来越强烈的渴求。与此相反，对于轻易可以得到的东西，人们总是因为得来得太容易而不在乎，也因为近距离的接触充分了解了某些事物，最终产生厌烦的心理。这个道理是非常浅显的，不仅在恋爱方面，即使是在日常生活中，也屡见不鲜。很久以前，就曾经流传着这样一个故事，一个父亲给了孩子一元钱，孩子丝毫不珍惜地就花掉了。后来，父亲让孩子自己去挣一元钱，孩子历经千辛万苦才挣到一元钱，他怎么也舍不得花，每天都放在贴身的口袋里。假如把女人比喻成这一元钱，那么你一定要成为男人千辛万苦挣来的一元钱，而不要成为男人不费吹灰之力就得到的一元钱。对于得来不易的东西，人们总是倍加珍惜，这是亘古不变的真理。

其实，得不到的东西未必就是最好的。很多时候，人们之所以觉得得不到的东西是最好的，是因为自己在心里无限放大了那个东西的优点，而忽视了它的缺点。在日复一日的想念之中，人们因为自己的愿望没被满足，就无数次幻想着那个求之不得的东西的美妙，最终在欲望的驱使下做出疯狂的举动来。在这种情况下，一是要控制自己越发强烈的渴望，理智地考虑求之不得的东西是否真的如想象般的那么好；另一方面也可以通过其他渠道实现自己的愿望，从而打破自己对于求之不得的东西的渴望。很多人都看过《泰坦尼克号》，杰克之所以以那种美好而又崇高的形象在露西的心目中永远地活着，就是因为他在一次意外之中失去了宝贵的生命，在露西的心目中留下了自己最光辉高大的形象。假如杰克还活着，因为生活背景的差异和阶级的差异，也许露西未必能够和杰克白头到老。这个爱情故事之所以能够在人们的心目中激起千层波澜，恰恰是因为这个凄美爱情的戛然而止。

一天夜里，新婚不久的小夫妻俩突然醒来，两人都感到非常饿，因此，他们起床把家里仅剩的食物全部吃掉了，然而，那种饥饿的感觉还是非常强烈，无法抵御。

显而易见，这是一种不正常的饿，妻子说："从小到大，我从来不曾这么饿过。"

此时，"我"情不自禁地说："以前，我抢劫过面包店。"

妻子听到这话之后马上集中注意力，不愿善罢甘休，问道："抢劫面包店是怎么回事？"

原来，年轻的时候，"我"曾经和一个最好的哥们儿去抢劫面包店，只是为了面包，而不是为了钱。

抢劫出人意料的顺利，面包店老板丝毫没有反抗。但是，作为交换的条件，他邀请两位年轻人陪他听瓦格纳的音乐。两个年轻人显然迟疑了，不过，他们最终还是答应了。归根结底，如此一来，他们明目张胆地"抢劫"面包，就变成名正言顺的"交换"了。

因此，在陪面包店老板一起欣赏了瓦格纳的音乐后，两个年轻人"如愿以偿"地拿着面包走了。

但是，"我"和伙伴非常震惊，连续几天都在讨论到底是抢劫好，还是交换面包更好。从理性的角度来说，两个人都觉得交换更好，毕竟没有触犯法律。然而，从直觉的角度来说，“我”感受到自己的内心深处发生了一些重要但不明晰的变化，“我”隐隐约约地觉得还是应该用刀子直接威胁店老板，然后直接抢走面包，而不应该进行所谓的“交换”。

最重要的是，这不仅是“我”一个人的感觉，“我”的伙伴也有同样的感觉。后来，两个人莫名其妙地失去了联系。

当我对妻子讲述这件事的时候，“我”非常遗憾地说：“虽然事情已经过去很久了，但是我们始终觉得这其中存在着一个很大的错误，而且这个错误就像一个符咒一样在我们的生活中留下了一道黑暗的阴影……无疑，我们是被诅咒了！”

妻子莫名其妙地说：“不仅你被诅咒，我觉得连我也被诅咒了。”

她觉得，这次之所以会莫名其妙地感觉到强烈的饥饿感，正是因为这件多年以前的事情。为了化解这种饥饿感，为了彻底破解这个诅咒，他们就必须去完成当年没有完成的愿望——真正地再去抢劫一次面包店。

最后，新婚的小夫妻俩开着车、拿着妻子很久以前就准备好的枪和面具，真真正正地去抢了一次面包店——一家连锁的麦当劳门店。

这个故事是日本小说家村上春树在短篇小说《再劫面包店》中写的。初看起来，也许会觉得简直有些莫名其妙。然而，细细思索，不难领悟到其中蕴含的寓意，即未被实现的愿望具有强大的力量！正是因为如此，在现实生活中，很多人陷入那个所谓的魔咒无法自拔。其中，最典型的莫过于初恋的魔咒。很多年轻的恋人因为曾经的第一段感情，在若干年之后，还在幻想着初恋情人无穷的魅力。但假如得到了呢？也许就没有这么多美妙的遐想了。在现实生活中，我们应该勇敢地打破这个魔咒，不要被没有得到的幻想束缚自己的灵魂。

心理小提示

得不到的未必是最好的，只要你的心里足够理智和清醒！

要想知道他的心，不妨“欲擒故纵”

所谓欲擒故纵，是三十六计中的第十六计。意思是说，故意先放开对手，使其放松警惕，充分暴露自己，然后再把他活活捉住。这样一来，就能够轻松制敌。有人说，爱情也是一场战争。在爱情的博弈中，男人和女人总是纠结于谁先追求谁的问题。如此一来，要想在爱情中占上风，就要使用一些小小的计谋。在爱情中使用欲擒故纵，往往有着出人意料的效果，能够在爱情中吊足对方的胃口，迫不及待地向所爱的人表明心意。而且，欲擒故纵是一个屡试不爽的招数，一经使用，就能够产生很好的效果。

很多时候，爱情的双方也许彼此暗暗有着好感，但是却不好意思直接表白自己的心意，因此，要想使处于朦胧中的爱情变得明晰起来，欲擒故纵无疑是个很好的方法。使用欲擒故纵的人能够使对方按捺不住，从而表白心意，主动追求自己。

张杰和莉娜是大学同学，虽然他们彼此都对对方有好感，但是却始终不好意思挑破这层窗户纸。眼看着大学毕业在即，一段朦胧的爱情即将宣告结束，莉娜不由绞尽脑汁地想出了一个很好的方法。

一天，张杰正在图书馆看书，突然发现莉娜和一个男生有说有笑地走进了图书馆。莉娜和那个男生的关系非常亲昵，她一边看书，一边还时不时地和那个男生交头接耳，窃窃私语。几天之后，班级里的同学都开始议论张娜和那个男生的关系，说他们是同乡，从小青梅竹马。看到此情此景，眼见着自己心仪已久的女孩子的芳心已属于其他的男孩子，张杰的心中如百爪挠心，不知道该如何是好。经过左思右想之后，张杰想：“眼见毕业在即，与其痛苦，不如向莉娜敞开自己的心扉，假如能感动莉娜，自己就能够如愿以偿；假如被莉娜拒绝了，即将天各一方的他们也不会太尴尬。”如此想来，张杰不顾一切地给莉娜写了一封热情洋溢的信，信中无所顾忌地向莉娜表明了自己的心迹。拿到张杰的信之后，莉娜不由得暗暗得意。她约张杰到学校附近的咖啡厅见面，并且带上了那个高高大大、英俊帅气的男孩。见到张杰之后，莉娜笑着介绍说：“这是我的表哥，在咱们同城的医科大学读研究生。”看到莉娜狡黠的笑容，张杰突然之间明白了什么。不过，他并没有埋怨莉娜对他使用了欲擒故纵的计谋，反而非常感谢莉娜催使他表白了自己的心意。毕竟，纯美的爱情可遇而不可求，每个人都应该毫不犹豫地抓住属于自己的爱情。

因为莉娜使用了欲擒故纵的计谋，使得张杰在临近毕业的时候终于鼓足勇气向莉娜表白了自己的心意。反之，假如莉娜不使用欲擒故纵的计谋，也许这一对彼此有好感的人儿就要从此天各一方，无缘相见。由此可见，在恋爱中使用一些善意的计谋是很有必要的，能够促使有情人鼓足勇气表达自己的爱情，从而使这个世界上多了一对美好的眷侣。

心理小提示

假如你被爱情困扰着，不知道对方的心意，或者是不好意思主动向对方表白自己的心意，那么你不妨使用欲擒故纵的方法，这样能够使对方乖乖地缴械投降。

距离和神秘感是爱情的保鲜剂

人们常说，距离产生美。其实，神秘更是能够产生大美。很多原本彼此倾心的恋人在走入婚姻殿堂几年之后就变得兴趣索然，主要就是因为双方之间没有保持适当的距离，导致摸着对方的手就像是摸着自己的手一样，全然没有任何神秘感。如此一来，爱情就失去了新鲜感。

在传统婚姻中，两个原本陌生的男人和女人一旦结婚，就亲密相处，在同一个屋檐下生活，在同一个锅里吃饭，在同一张床上睡觉，甚至出入都成双成对。刚开始的时候，这种形如一人的亲密总是使旁观者无比羡慕，然而，随着时间的流逝，夫妻之间越来越了解，越来越熟悉，因而渐渐地失去了激情。大多数夫妻都追求默契，然而，默契并非是形式上的熟悉和了解，而是心灵上的共鸣。通常情况下，往往一个眼神、一个手势，抑或是还没有形之于外的某个心念，都能够令对方心领神会，并且产生共鸣，这才是默契。相比之下，假如对方看到你的举动，就知道你接下来要说什么话；看到你的表情，就知道你随后会做出哪些举动，对方对你比对他自己还了解，那么，你们之间虽然有了形式上的默契，却失去了心灵之间的距离感和神秘感，因此也就失去了彼此间的吸引力。对于婚姻而言，假如吸引人们在一起的神秘力量消失了，那么婚姻生活也会随之枯竭和干涸。

随着相处时间越来越长，大多数夫妻在变得越来越亲密、越来越默契的同时，也产生了审美疲劳。由此可见，新时代的夫妻关系，除了要有默契之外，为了保持彼此之间的吸引力，也应该保持一定的距离，这样才能产生神秘感，使对方百读不厌。

每年，郝梦都会离开丈夫，独自一人进行一次长途旅行。对此，身边的好朋友们都很不理解，他们问郝梦："人家去旅游，都千方百计地想和老公一起去，只有你非常奇怪，非要一个人去进行长途旅行。你就不怕你老公心里有想法？"郝梦笑了笑说："他能有什么想法？这可是我们结婚之前就说好了的，每年都要分开一段时间。"朋友们更奇怪了："人家夫妻都巴不得每分每秒地在一起，你却在结婚前就说好了每年都要分开一段时间，你可真是个怪人啊！"郝梦神秘地笑了笑，说："你们懂什么？！知道吗，距离产生美。每次分离，我们都是在思念之中度过的，相见之后，会经历一种重逢的喜悦。这是我们为婚姻保鲜的秘诀！"朋友们认真一想，才发现郝梦说的果然很有道理。因为郝梦和老公的感情真的很好。大多数年轻夫妻都会吵架，但是他俩却几乎从来不吵架，尽管不像传说中的那么相敬如宾，最起码也是好言好语的，从来没有脸红脖子粗过。看到郝梦的婚姻，很多朋友纷纷效仿。果然，在久别重逢之后，很长一段时间内，他们都沉浸在重逢的喜悦和新鲜感之中，吵架的次数大大减少，亲密和缠绵的次数大大增多。

毫无疑问，郝梦非常聪明。她虽然因为分离而使自己和老公沉浸在思念之中，但是这份别样的思念也成为了他们的爱情保鲜剂。一次次的离别，使他们的爱情始终能够处在一种久别重逢的喜悦和神秘感之中。他们谁也不知道，分离之后将会有怎样的重逢。其实，女人们都应该学习郝梦的做法。当然，未必每个人都有条件出去长途旅行，与丈夫在时间和空间上拉开距离，但是，除此之外，还有很多方法可以为婚姻和爱情保鲜，拉开彼此之间的距离，给彼此一个独处的机会。例如，可以培养自己的兴趣爱好，不过，不要强求自己所爱的人也必须和自己一样从事同一项活动。为什么不各自保持自己的兴趣爱好呢？这样一来，双方不仅可以经历短暂的分离，而且还会有不同的体验，从而能够与对方分享。再如，做周末夫妻。尤其是在大城市，如今，周末夫妻越来越多。因为大城市的生活半径比较大，所以夫妻俩万一在不同的地方工作，每天回家就会成为一个沉重的负担。假如能够各自在单位附近居住，到周末的时候再相聚，那么无形中就会有恋爱的感觉，这样也能为爱情保鲜，使双方保持神秘感。

当然，每对情侣都要根据自己的实际情况安排自己的生活，凡事都有个度，长久的两地分居是不可取的，每天纠缠在一起也是不明智的。聪明的女人会安排自己的生活，认真经营自己的爱情和婚姻。

心理小提示

人的精神世界是一块富饶而又肥沃的园土，需要相对独立的私人空间。这个空间不仅仅包括物理的空间，也包括心灵的空间。假如缺少这个空间，爱情就会在逼仄狭窄的空间里窒息，无法自由成长。因此，聪明人知道为爱情留出空间，在对方心目中保持一份神秘感。

矜持的美丽

现代社会，尽管女人已经走向社会，和男人一样在各行各业中打拚，然而，女人独特的美丽——矜持依然使大多数男人怦然心动。不管时代怎么变，很少有男人喜欢强悍的、泼辣的女人，相反，大多数男人都喜欢矜持的女人，因为矜持的女人有一种别样的美丽。

中国有着五千年的历史和文明，在这种丰厚的历史风韵的滋养下，东方女性具备了一种独特的美丽——矜持。矜持的女人含蓄婉约、清灵淡雅。矜持的女子，富于韵味、温柔高雅、心境平和。纵观历史长河，在历代才女之中，美丽而有才情的女子莫不保持所固有的矜持，她们闲愁，但是不失风雅；她们高傲，但是不失尊贵，她们拥有独到的思想和睿智，总是能够吸引男人的目光，流芳百世。从某种意义上来说，矜持还是一种高贵的品德。矜持的女人内心沉稳庄重，言行举止中表现出端庄的品质。矜持的女人不怒而威，总是给人一种神圣不可侵犯的感觉。只有在自己所爱的人面前，她们才会变得像轻灵的百灵鸟儿，一展美妙的歌喉。

从社交的角度来说，矜持是一门学问。不够矜持，往往给人轻浮的感觉，使人觉得有失体统；过于矜持，则未免显得高傲，目中无人。因此，要想运用好矜持的独特魅力，必须把握好矜持的度，既不要不及，又不要过犹不及。在爱情之中，比起那些主动开放的女孩子来，矜持的女人往往更能够打动男人的心，使男人百般呵护和疼爱她们。矜持是一种沉稳，在爱情的惊涛骇浪中，矜持的女人能够以静制动，以不变应万变。

杜鹃各个方面的条件都比苏西好。杜鹃长得非常漂亮，不管走到哪里都能够赢得男人的注目，相比之下，苏西则相貌平平，虽然比较清秀，但是绝对不是那种能够惹火男人的美人儿；杜鹃性格爽朗，在公司里是一个地地道道的“大红人”，她非常擅长交际，不管和谁都打得火热，而苏西则默默无闻，就像一株含羞草，从来不会像杜鹃那样在别人面前无所顾忌地哈哈大笑；杜鹃的家庭背景很好，父亲是一家银行的行长，母亲是一家公司的财务主管，而苏西的父母都在农村生活，除了淳朴，几乎没有任何的优点可以拿出来炫耀。也许是因为父母的遗传，苏西就像是野地里的一颗狗尾巴草，丝毫不引人注意。然而，让杜鹃万分恼火的是，她所喜欢的林峰居然喜欢上了灰姑娘苏西。一年多来，尽管杜鹃极尽能事，对林峰展开了猛烈的攻势，但是林峰却丝毫不为所动，反而绞尽脑汁地追起了默默无闻的杜鹃。林峰是这家公司的董事长的儿子，是公司里所有未婚女孩的梦中情人，一则是因为林峰高大英俊，才华出众，另外，林峰的家世也是为人所瞩目的。苏西简直不敢相信自己能够得到林峰的喜爱，因为他们简直就是两个世界的人。苏西是很踏实本分的一个姑娘，她不像其他女孩子那样做着嫁入豪门的梦，而只想与自己所爱的并且爱自己的人踏踏实实地共度一生。为此，她几次拒绝林峰，同时，她不卑不亢，对工作尽职尽责。也许正是这份淡定和矜持吸引了林峰，林峰反而觉得苏西就是自己始终在寻找的美丽善良的灰姑娘，于是他绞尽脑汁地想办法博得苏西的好感，苏西却始终理智地告诉自己——他不是你要找的人。古人云，精诚所至，金石为开。也许是林峰的真诚感动了上天，一个偶然的机会，林峰终于使苏西相信，他就是她苦苦寻找的那个与她彼此相爱的、值得她托付一生的人。就这样，王子和灰姑娘举行了盛大的婚礼，但是杜鹃却始终不知道自己输在了哪里。

在生活和工作中，尽管女人的地位得到了提高，但是男人依然占据着主导地位。作为女人，必须记住的是，不管一个男人多么强势，都不希望被女人倒追。追求自己所爱的人，是男人的权利，也是男人心目中一项神圣的使命。在此过程中，他们感受到征服的乐趣，觉得实现了自己人生的价值。因此，女孩子应该含蓄矜持一些，千万不要以猛烈的攻势吓跑自己心目中的白马王子。

心理小提示

大多数男人都喜欢小鸟依人型的女人，这样他们才能够感受到自己的坚实。作为女人，一定要矜持，要给男人追求自己所爱女人的权利和机会。

娇羞的女人惹人爱

虽然社会越来越开放，但是男人对于女人的欣赏品味并没有发生太大的改变。在逢场作戏的时候，大多数男人都喜欢开放的女人，借此一饱眼福。然而，真正涉及爱情的时候，男人的态度是非常认真严肃的，几乎每个男人都喜欢娇羞的女人，而不喜欢过于开放的女人。娇羞，使女人就像是一朵含苞待放的花朵，沾着清晨欲滴的露珠，释放出无尽的风情，惹得男人无限怜爱。相比之下，开放的女人就像是一朵盛开之后即将凋零的花朵，虽然灿烂，但随之而来的就是凋落。娇羞的女人给男人无限的遐想，使男人憧憬着她的绽放；开放的女人让男人兴趣索然，因为接下来就是无可挽回的凋零。对于女人而言，要想给自己定位，使自己成为充满诱惑和吸引力的花骨朵，就要学会成为一个娇羞的女人，而不要成为一个即将凋零的女人。

在炎热的夏季，越来越多的裸露充斥着男人的视觉感官。在大饱眼福的同时，男人不禁开始困惑，到哪里去寻找他们心目中“犹抱琵琶半遮面”的女神。这就是男人的矛盾之处，他们眼中想看到更多的裸露，心里却想着能够有一个娇羞清纯的女子与他共度一生。因此，作为女人，必须清楚地知道男人想要什么，必须知道自己是想做男人眼中的秀色，还是想做男人生命中永不凋零的花朵。

张扬是公司里最受欢迎的单身男士，因为他有着挺拔的身材和英俊帅气的面孔，最重要的是，他还是公司里最年轻的工程师，这使得无数未婚的女孩子都对他暗暗倾心。

小菲是公司的人力资源主管，年轻漂亮，性格热情奔放。大多数同事都说小菲和张扬是天生的一对，渐渐地，小菲动了心，开始主动追求张扬。然而，小菲的猛烈攻势并没有使张扬动心，反而是一个文静内向的女孩子走进了张扬的心灵。她叫芊墨，性格文静，平时不太爱说话。正是她的沉静内敛，使张扬下定决心一定要追到她。刚开始的时候，芊墨始终表示拒绝。不过，张扬很有毅力，终于使得芊墨开始接受他。和芊墨正式开始交往之后，张扬更加领略到芊墨的美好。假如说小菲是一团熊熊燃烧的烈火，不但要把自己烧成灰烬，也要把她所爱的人烧成灰烬，那么芊墨就像一条静静流淌的小溪，环抱在鲜花和绿草之中，使人心旷神怡。和小菲的直来直去不同，芊墨说话总是富于无限的韵味，给人以遐想的空间。张扬不由得庆幸自己明智地选择了芊墨！

小菲的条件虽然很好，但是却败给了芊墨的不胜娇羞。一个男人，不管他的能力是强还是弱，都愿意找到一个可以让自己疼爱和呵护的女人。男人不需要强势的女人，更不需要开放的女人，而是喜欢用心地小心翼翼地呵护自己心底最珍惜的那个女人！

梁辰鱼在《浣纱记·游春》中写道：“一段娇羞，春风无那，趁晴明溪边浣纱。”和开放的女人比起来，娇羞的女性更容易拨动男人心底里的那根情弦。聪明的女人知道把自己变成一朵含苞待放、不胜娇羞、惹人怜爱的花苞，使男人无限疼爱她们。

心理小提示

虽然社会在变化，但是人们对于美好事物的欣赏不会改变。时光荏苒，岁月流转，最美的仍然是人们心底里的纯真和美好！

第7章

剖析婚恋本质，完全把控男人的欲求

在婚姻生活中，男人对于婚姻的欲求和女人对于婚姻的欲求是不一样的，这主要是由男人和女人的生理和心理特点决定的。要想了解婚姻中的男人有怎样的渴望，我们不仅要了解婚姻，而且还要了解男人对于婚姻的理解和需求。这样一来，夫妻之间才会更好地相处，感情生活才会幸福美满。

婚姻是女人的归宿

在原始时代，女人所肩负的最主要的责任就是留守在家中照顾孩子、操持家务；在封建社会，女人的社会地位很低，几乎没有主宰自己命运的权利，她们所有的希望都寄托在婚姻上，一旦结了婚，她们就以夫为纲；现代社会，女人的地位提高了，女人也像男人一样走上了社会，开始了全新的生活，然而，即便如此，天生的筑巢功能还是使女人在工作之余更多地牵挂自己的家庭。不管时代怎么变迁，也不管女人的社会地位是低还是高，女人的心中始终希望自己能有一个圆满的婚姻，有一个幸福的家庭，这才是女人最终的归宿。

在生活中，很多相貌平平没有什么突出之处的女人往往生活得很幸福，反倒是那些处处争强好胜、能力突出的女强人容易成为孤家寡人，感情生活难得一帆风顺。究其原因，是因为相貌平平的女人把更多的心思放在家庭上，用心经营自己的婚姻，而女强人更多地关注事业的发展，往往忽略了自己的婚姻。从性格方面来说，女强人大多比较强势，她们习惯了在外面呼风唤雨的日子，殊不知，一个男人不管是强悍还是怯懦，都希望有一个小鸟依人的妻子。因此，这也就间接导致了女强人很难与自尊心强、爱面子的男人更好地相处。其实，要想得到幸福的婚姻也很简单，即对于一个女人而言，不管是有权还是有势，只要回到家里，都要把自己当成一个普普通通的小女人，一个温柔可爱的妻子。这样一来，幸福才会如约而至。对于大多数女人来说，不管拥有多少金钱和多高的权位，假如没有幸福的婚姻，没有美满的家庭，他的人生也是不完满的。和男人天生就喜欢追逐事业的成功不同，很多女强人都是被逼无奈才成为了事业上的强者，实际上，在她们的心底里，依然渴望着有一个疼爱自己的男人和一个活泼可爱的孩子环绕膝旁。对于一个女人而言，任何成功都无法取代婚姻和家庭在她心目中的位置，那是她永远的归宿。

杨庆玲无疑是一个非常成功的女人，她是一家规模很大的民营企业的老板，事业有成，春风得意。然而，她始终不快乐，因为她没有一个完整幸福的家庭。起初，杨庆玲从很小的一家门店干起，那时，她有一个可爱的儿子和一个疼爱她的老公。然而，为了让家人过上更好的生活，杨庆玲每天都起早贪黑地工作，一个偶然的机会，她把自己的事业越做越大，渐渐地忽略了老公和孩子。等到她意识到这个问题的时候，老公已经找到了新欢，与一个非常普通的离过婚的女人恋爱了。知道这件事之后，杨庆玲什么都没有说，她知道，虽然她给家人创造了很好的生活条件，但却忽略了还要给他们爱和关注。

离婚之后，杨庆玲更是把自己所有的时间和精力都投入到工作中去。日久天长，她习惯了一个人的生活。然而，随着年岁渐长，她觉得内心深处越来越空虚，这么多的财富、这么大规模的企业，有什么意义呢？她回到家之后，一个人守着空空荡荡的别墅，内心感到无比的凄凉。杨庆玲把公司交给了副总打理，自己则进行了一次长途旅行，她想安安静静地想一想如何度过自己的余生。旅行回来之后，她就像变了一个人似的，开始关注自己的感情生活，变得有女人味儿了。一个偶然的机会，杨庆玲认识了一个大学教授。他的爱人去世了，孩子在国外，如今一个人生活。杨庆玲觉得和这个教授非常投缘，他们在一起，总是有说不完的话，而且很开心。她勇敢地迈出了自己人生的一步，和这个教授确定了恋爱关系。经过一段时间的恋爱，他们走入了婚姻的殿堂。尽管已经不是激情澎湃的年轻人了，但杨庆玲还是觉得自己的心理发生了很大的变化，她变得有血有肉了，她的人生变得丰盈了。

显然，杨庆玲的事业非常成功，但是，因为没有完整的家庭，她始终觉得自己的人生是残缺的。直到有了新的爱情，走入了婚姻和家庭，她才觉得自己重新变成了一个有血有肉的女人。成功的女人尚且如此，更何况普通的女人呢？作为女人，不管在人生的道路上走多远，都要有

爱，有自己所爱的人和爱自己的人陪在身边，都要有一个幸福美满的家庭做后盾。

心理小提示

婚姻是女人最终的归属，一个成功的女人，必然有着幸福和美的家庭。

为什么婚后的女人总是缺少安全感

结婚之前，女人往往非常享受男人向其大献殷勤的感觉，享受被男人追求的感觉。然而，一旦结了婚，女人和男人之间的地位就会发生微妙的变化。结婚之前，男人总是提心吊胆，担心自己好不容易追到手的女朋友会有什么变化，而结婚之后呢？男人感觉就像把自己心爱的女人关进了保险箱，有婚姻作为保障，他们的心里感到踏实多了。和男人的感觉完全相反，结婚前，女人觉得自己是自由自在的风筝，被男人小心翼翼地牵着，生怕一不小心撒手跑了。而结婚之后，她们难免会觉得自己受到了冷落，因为恋爱期间的呵护备至、殷勤周到越来越少见了。一旦走入婚姻，女人就要承担起大部分的家务活动，而男人呢？除了有一个固定的吃饭、睡觉以及娱乐休闲的场所之外，在没有孩子之前，他们的生活几乎没有太大的改变。即使有了孩子，大部分家庭也是由女人来承担抚育孩子的重任。因此，婚姻除了使男人的肩上多了一份责任之外，带给男人更多的是滋润的生活。比起男人来，女人步入婚姻之后生活中琐碎的事情无形中多了很多，她们承担了大部分家务劳动，而且还要养儿育女，照顾丈夫，甚至还要照顾老人。看着男人就像是断了线的风筝一样在广阔无垠的世界中游荡，女人难免会缺乏安全感，担心男人的安全问题，担心婚姻的稳固问题，担心孩子的成长问题，担心家庭的收支平衡问题……如此种种，使得

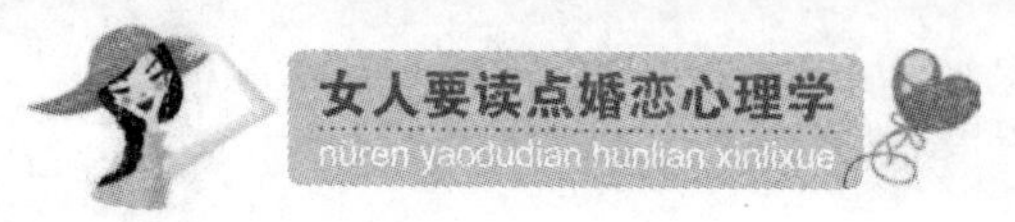

女人极度缺乏安全感。

其实，并非所有的女人婚后都缺乏安全感，关键在于女人如何协调自己和家庭之间的关系，如何协调工作和生活之间的关系。很多女人都很痴情，她们觉得既然结婚了，那么每个人的所有都应该归于家庭，这样才是一个完整意义上的家。因此，在不知不觉之中，她们为家庭付出了很多，而且还有一部分女人为了家庭而放弃了自己的工作和事业，放弃了自己的兴趣爱好，放弃了自己的美好前程。这是爱的奉献吗？对于女人来说，这并非一个明智的选择。人类无产阶级导师马克思曾经说过，经济基础决定上层建筑。在家庭生活中，这个道理同样适用。不管是谁，假如依赖于别人生活，必然会失去自我，成为别人的附属品。作为女人，要想有独立的自由，要想有自己的人生，就一定要有属于自己的工作或者是事业。虽然爱情能够使男人在短时间内心甘情愿地养活自己心爱的女人，但是生活的压力却会使人们不堪重负。日久天长，没有经济来源的女人必然失去自己在家庭中的地位和在男人心目中的位置，与此同时，她们必然失去安全感，成为彻底的附属品。因此，要想有安全感，女人首先应该独立自强。

张茜和杜威是大学同学，大学毕业工作两年之后，他俩走进了婚姻的殿堂。张茜非常聪明能干，有一份很好的工作，但是，怀孕之后，因为张茜的身体比较虚弱，所以杜威强烈要求她辞职回家，专心养育孩子。左思右想之后，张茜放弃了那份令自己满意的工作，成为了一名全职家庭主妇。起初，杜威非常感谢张茜，毕竟她为这个家牺牲了很多。然而，日久天长，随着孩子的成长，家中每日的开销也越来越大，杜威感受到自己身上沉甸甸的担子，开始变得急躁起来，脾气也越来越坏。

一天，孩子不小心摔坏了张茜新买的手机，杜威马上大吼起来："你这个孩子，怎么把妈妈新买的手机摔坏了呢？你知道这要花多少钱，你这个败家子儿！"张茜看到两岁多的孩子被吓得哇哇大哭，赶紧说："坏了就坏了，再买一个。孩子这么小，他哪里知道什么呀？""再买一个，说得倒轻松。你天天在家里待着，哪里知道挣钱是多么艰难的事情呢？"杜威怒气难消。听了杜威的话，张茜的心中充满了委屈，也很不安。她知道，杜威已经开始抱怨了，抱怨沉重的家庭负

担，抱怨自己没有经济来源，要靠他养活。随着时间的流逝，张茜心中的不安全感越来越强烈，因为担心杜威在外面寻开心，她有的时候甚至会半夜起床查看杜威的手机。张茜知道，自己的心病越来越严重了。好不容易到了孩子3岁的时候，张茜毫不犹豫地把孩子送到了幼儿园，她自己则出去找了一份工作。虽然一切都要重新开始，工资也不高，但是她的心里却很踏实。她知道，自己又找回了自己，可以再次以树的形象与杜威并肩而立。

果然，张茜上班之后，家里多了一份收入，杜威的心情也好多了。张茜的心里松了一口气，只有在这种情况下，他们的婚姻才能在良性的轨道里运转。

因为张茜没有收入，所以一家三口的消费都需要由杜威来承担，尽管他刚开始的时候非常感谢张茜为了家庭牺牲了自己的事业，但是日久天长，也难免心生埋怨。幸好，张茜是一个新时代的女性，她知道自己的不安全感来自哪里，也知道如何使自己充满信心，重获安全感。因此，她把3岁的孩子送到幼儿园，坚决果断地回到了工作岗位上。总而言之，女人要想有安全感，就必须自立自强，实现经济上和人格上的双重独立。只有这样，女人才能以树的形象与男人比肩而立，而不会成为男人的附属品和沉重负担。

心理小提示

安全感是自己给自己的，而不是从别人那里得到的。不管是男人还是女人，都应该牢牢地记住这个道理。

当男人成为父亲

一个男人，不管他已经多大年纪了，在没有成为真正意义上的父亲之前，他始终都是一个大小孩。他玩心很重，缺乏家庭责任感，处理事情的时候总是过于急躁，容易犯顾头不顾尾的毛病。然而，一旦一个新生命用纯真无邪的眼睛看着他，他即刻之间就会长大成人。他知道，从今天开始，一个孩子将在他的怀中、他的后背上、他的肩上茁壮地成长，直到长大成人，渐行渐远。这个幼小的生命是他的生命的延续，在他的关爱和呵护之下，成为顶天立地的男子汉或是亭亭玉立的大姑娘。因此，不需要别人再教诲什么，他开始拼命地工作，努力地充实自己，以便能够成为孩子的依靠和榜样。在男人成为父亲的那一刻，这个男人就开始了真正意义上的成熟。

人生的道路是漫长的，一个幼小的生命从在襁褓之中开始，就需要依赖父亲不断成长；当他开始认识和探索这个世界的时候，父亲就像是一株遮风挡雨的树为他撑起一片天空；当他开始叛逆的时候，父亲仍然无怨无悔地为他无意间犯下的错误埋单；甚至有一天，孩子飞远了，父亲就会留在家中守望。为了孩子，他曾经挺直的脊梁也已经弯曲了。每一个父亲都是从儿子成长起来的，每一个儿子都终有一天要成为父亲，在生命的轮回之中，人类代代相传做父亲的真意。有人用山来形容父亲，说父亲是沉默不语的大山，能够给予孩子们最大的安慰；有人用海来比喻父亲，说父亲的胸膛比大海更加宽阔，给子女们一片放心撒欢的地方。其实，父亲是一本厚重的书，需要儿女用一生去读。在这个世界上，有慈爱的父亲，有严厉的父亲，有为子女付出一切的父亲，也有看起来非常吝啬的父亲，不管是哪一类父亲，他们的心中装得满满的都是对子女的爱。因为爱，他们严格要求自己的孩子；因为爱，他们在孩子犯错误的时候使劲揍孩子的屁股；因为爱，不管孩子走到哪里，他都会遥遥地守望。父爱无声，大爱无言。父亲的爱是沉默的，不同于母亲唠唠叨叨的爱；父亲的爱是疼痛的，不同于母亲甜甜蜜蜜的爱。然而，正是因为有了父亲的爱，我们才能找到自己人生的方向，才有在逆境中奋起的勇气。

早在初中时期，佘亮就是县城里有名的小混混。他不好好学习，每天都带着几个跟班的在学校附近的小胡同里拦截低年级的同学要钱，为此，他被学校开除了。小小年纪离开了学校，佘亮更像是撒欢的兔子，不知道应该蹦到哪里才好。他跟随社会上的小青年混日子，不务正业，成为了家里的心腹大患。不管父母如何哭泣、哀求，佘亮还是我行我素，丝毫不为所动。

到了结婚的年纪，佘亮和一个同样没有工作的女孩结了婚。刚开始的时候，他们简直就不像夫妻，而像是一起亡命天涯的匪徒，在家里和在外面都没有人能管得了他们。然而，一切都在女孩怀孕之后戛然而止。当佘亮得知自己即将当爸爸的时候，他愣住了。这么多年来，不管父母多么伤心，他始终无所顾忌地瞎混，如今，毫无准备的他却突然要承担起做父亲的责任，佘亮沉默了好几天。突然之间，他给自己找了一份工作，在台球厅当看场子的服务员。尽管这份工作难登大雅之堂，但是父母还是万分高兴。因为没有积蓄，在妻子快要分娩的时候，佘亮不得不向父母要钱送妻子去医院。当看到一个嗷嗷待哺的小生命呱呱坠地的时候，佘亮竟毫无理由地泪流满面。从此之后，他将不再为自己的自由随性而活，而是要为这个弱小稚嫩的生命而活。看到孩子的一刹那，佘亮下定决定一定要努力工作，给孩子创造最好的生活条件。

不仅是父母，包括所有的亲戚朋友，都惊讶地发现当了父亲的佘亮简直变了一个人，他每天天不亮就起床去批发水果和蔬菜，然后再赶到小区门口的菜场里摆摊。晚上，直到12点的时候他才收摊，回家之后，就亲亲孩子，然后昏昏沉沉地睡去。虽然大家都劝他不要太拼命，日子还长着呢，但是佘亮却还是像打了鸡血一样亢奋。他不知道累，他告诉人们，只要看到孩子，只要抱起那个柔软的身体，他就浑身充满了力量。

这么多年来，父母苦口婆心、流尽眼泪都没有换回来的儿子突然之间就长大了，而这一切都要归功于那个刚刚降生的还不会说话的襁褓中的婴儿。这就是父爱的力量。为了孩子，父亲愿意改变自己，愿意付出一切，愿意辛苦一生。

其实，作为爱人，你无须担心自己的老公不够成熟、不够有担当，最简单的方法就是为他生一个孩子，使他成为父亲。这样一来，他就会在一夜之间长大，成为一个成熟的、有责任心的、充满父爱的男子汉。

心理小提示

当男人成为父亲的时候，他就真正地长大了、成熟了！

适合自己的人才是最好的

关于择偶，每个人都有自己不同的标准，例如，有人喜欢个子高的，有人喜欢比较胖的，有人喜欢有钱的，有人喜欢有真爱的，有人喜欢大方的，有人喜欢英俊的……总而言之，假如让一百个女人描述自己心目中的理想男人的模样，这一百个女人一定能够描述出一百种类型的男人。那么，究竟哪种类型的男人是最好的呢？其实，这个问题没有明确的答案。不能说哪种男人就是最好的，对于选择人生伴侣的女人而言，适合自己的人就是最好的。举例来说，在追求金钱和享乐的女人眼中，有钱的大富豪无疑是最合适的结婚对象；但是，在注重爱情和精神交流的女人心里，自己所爱的并且也爱自己的男人才是理想的结婚对象，而不管他是穷还是富。这就是所谓的最好，每个人都有自己的一套标准，每个人都坚持自己的选择，不愿意被他人品头论足。

人们常常用鞋子来比喻婚姻。确实，灰姑娘的水晶鞋是她的两个姐姐剁掉脚上的一块肉也无法穿上的。因为，那双鞋子只适合灰姑娘。婚姻也是如此。有位名人曾经说过，这个世界上没有完全相同的两片树叶，同样地这个世界上也没有完全相同的两个人。尤其是在面对爱情的时候。爱情是人类最美好最柔软的感情，它能使人内心深处最柔软的地方也不由得悸动起来。正是因为如此，每个人对于爱情的理解和看法都是不同的。在寻找人生伴侣的时候，我们完全没有必要遵从七大姑八大姨的意见，唯一需要听从的就是我们的内心。只有倾听自己心灵深处的声音，我们才能准确地找到自己想要的是什么。一个风光无限的男人，假如不适合你，也不是

理想的结婚对象。一个别人眼中不那么完美的男人，只要适合你，对你而言，就是最好的人生伴侣。

大红离婚了，原因是她的丈夫在发达之后投资拍摄电视剧，和剧组中的一个三流演员好上了。为此，和丈夫同甘共苦到今天的大红深受伤害，整整10年，她没有再谈恋爱，因为前夫留在他心里的伤疤还在。10年之后，在母亲的介绍下，大红认识了梁锦。梁锦是一个非常优秀的男人，看上去踏实稳重，非常可靠。大红的母亲很心仪这个未来女婿，总是催促大红和梁锦结婚。

在筹备婚礼的时候，大红的前夫突然出现了。原来，他被那个演员骗走了所有的财产，如今孤身一人，无比凄惨。在看到前夫的一刹那，大红的心里猛地一揪。她原本以为自己已经从前一段感情中走了出来，直到此刻，她才意识到自己始终都没有忘记前夫，尽管他曾经残忍地背叛了自己。看着前夫穷困潦倒的样子，大红拿出了自己的积蓄给他，并且让他好好生活。因为做了很多年的生意，前夫有了资金之后，很快就开了一家服装店，并且开始赢利。看着大红，前夫万分后悔，他跪在大红面前请求她的原谅，并发誓说这辈子再也不会干任何对不起大红的事情了。看着大红痛苦的样子，母亲知道她并没有对前夫死心，因此更加着急地催促大红和梁锦结婚。做母亲的，永远也忘不了自己的女儿当初被抛弃时要死要活的样子。然而，大红迟疑了。她知道，梁锦的确是一个不可多得的好男人，但是她和梁锦在一起的时候却从来没有过怦然心动的感觉。梁锦喜欢文学，喜欢吃西餐，但是大红却喜欢打麻将，喜欢吃被梁锦称为是垃圾的路边摊。在前夫的再三哀求之下，大红取消了和梁锦的婚礼，回到了前夫的身边。面对母亲不理解的质疑，大红很平静地说："妈，我已经40多岁了，我知道我想找什么样的人。梁锦是很好，可是他不适合我。"复婚之后，前夫非常珍惜大红，她的脸上，终于又露出了久违的笑容。

一个优秀的男人，未必就是适合你的结婚对象；一个不那么优秀的男人，未必就不是适合你的结婚对象。上帝造人的时候，把原本是一体的男人和女人变成了两个独立的个体，自此之后，在茫茫人海中，男人和女人就开始了寻找。有的人很幸运，找到了最适合自己的另一半；有的人则很不幸，终其一生也没有找到属于自己的另一半，只好找个人凑合着像奄奄一息的火苗一样乏味地度过一生。不管是男人还是女人，千万不要只盯着表面的浮华，而要问问自己的内心：他，是我要找的人吗？

水晶鞋好看，但是穿起来却没有布鞋舒服，是穿着美丽的水晶鞋每走一步都疼痛钻心，还是穿着舒适的布鞋随心所欲地畅游人间，享受夫唱妇随的乐趣，这取决于你的选择。

心理小提示

人的一生是漫长的，我们必须穿着适脚的鞋子，才能走得更远！

男人对于婚姻的真实需求

对于婚姻，女人想要得到安全感，得到纯真的爱情，得到幸福的家庭，那么男人呢？男人究竟想从婚姻中得到什么？自古以来，社会就赋予了男人非常重要的角色，尤其是在家庭生活中。尽管时代变迁，时至今日，人们依然认为男人是家里的顶梁柱。如此一来，男人未免生活得很累。其实，他们也需要休息，也需要像女人一样有一个心灵的安慰和依靠。细心的人容易发现，那些单身的男性下了班总是三五成群地去喝酒、唱歌，但是，一旦结了婚，他们和哥们儿在一起混的频率就会明显降低。等到适应婚姻生活的节奏之后，大多数居家男人下班之后都会急急忙忙地赶回家，在下班的路上给爱人、孩子带点儿稀罕的小礼物。到家之后，他们就会卸下一天的伪装，换上家居服，舒舒服服地倚靠在沙发上，或者和儿子嬉笑打闹一番，或者给闺女讲个白雪公主的故事，还可以闻着厨房中妻子做的饭菜的香味踏踏实实地看会儿电视、喝喝茶。和单身生活比起来，婚姻生活未免显得过于平淡，然而，正是这种平淡，牵动着一个个已

婚男人的心。

从体格上来讲，大部分男人都是威武有力的，女人需要男人的保护，男人恰好有了用武之地；从感情上来说，男人的感情远远没有女人那么细腻，他们是粗线条的，因此，男人的感情不需要女人慰藉。男人想要的是什么呢？当代社会，大多数男人的一个非常明显的感觉就是累，因此，他们需要一个安静、温馨、整洁、舒适的家供自己休息。在这里，没有尔虞我诈，没有勾心斗角，有的只是爱，可以让他们放心地享受生活的平静和美好。男人对于婚姻的需求看起来简单，实现起来却很难。这牵涉生活的方方面面，只有一个用心经营婚姻的女人才能用平淡的生活牢牢地拴住男人的心。干净整洁的家、美味可口的饭菜、永远干净的马桶、餐桌上永远摆放着的餐巾纸、马桶边永远都有的如厕纸、干干净净的孩子、平整温暖的床铺、光洁如新的地板……这一切的一切，生活的方方面面的舒适和贴心，才能使男人对家产生眷恋的感情，产生深厚的依赖。而一切，都离不开女人对家的操持。

累了一天回到家之后，志铭最想做的事情就是坐在沙发上，闻着厨房中飘出来的香味，听着妻子在厨房里演奏的锅碗瓢盆交响曲，喝着妻子泡的香茶，静静地看一会儿电视。以前，他是个夜猫子，每天下班都和狐朋狗友出去喝酒唱歌。刚结婚的时候，妻子要求他早点儿回家，他还不乐意呢。如今，谁想让他下班不回家，去唱歌喝酒，他反倒觉得是种负担。孩子放学之后，志铭也会和孩子玩一会儿。他们父子俩就像是长不大的孩子，尽情享受着妻子无微不至的照顾。

一次，因为母亲生病，妻子带着孩子回到了千里之外的娘家。志铭下班之后看着空荡荡的家，突然想要落泪。没几天，家里光洁如新的地板就落满了灰尘，马桶也变得脏兮兮的。吃着外卖，志铭无比想念妻子炖的排骨汤。寒冬的夜晚，远远地望着家里橘黄色的灯光，志铭似乎嗅到了沙锅中汩汩地唱着欢快歌儿的汤，那其中满满的都是妻子的爱，那时，他就会产生一种迫不及待地想要飞回家的感觉。妻子不仅善良贤惠，而且非常聪明、善解人意。当志铭有了烦心事的时候，第一时间就想和妻子叨唠叨唠，似乎只要对妻子说了，妻子温和平静的安慰就会马上解决问题一样。

这就是一个男人对于婚姻的需求：一个爱自己的女人、一个干净可爱的孩子、一个整洁如新的家、一个永远都飘着美食的香味的厨房、一个烦恼的时候可以尽情倾诉的知心好友、一个激情时刻能够如干柴烈火般的情人……而这一切的一切，都是妻子给予的。作为女人，要想经营好自己的婚姻，就要兼具各种角色，成为男人的知心好友、男人的母亲、男人的妻子、男人的情人……只有这样的一个女人，才能够把婚姻经营成让男人永远不舍得放弃的珍宝，把家变成男人永远的温馨港湾。

心理小提示

男人对于婚姻的需求就是一份安宁、一份来自心底的平静和美好。

婚姻中没有绝对的公平

社会观念刚刚开放的时候，女人们都在为争取自己的地位的提高而努力。因此，如今的女性终于有机会走入社会，像男人一样工作，和男人平起平坐。甚至，女人的地位在某些时候比男人还高，不是人人都提倡女士优先吗！不过，总的趋势还是平等了，现代社会终于在真正意义上实现了男女平等。不过，这种平等仅限于生活和工作。在婚姻之中，男女之间的绝对公平是不存在的。

在现实生活中，很多恋人都不喜欢结婚，一则是担心婚姻是爱情的坟墓，另外一个重要原因就是，原本和和睦睦的爱情，一旦涉及建立一个新的小家庭，你付出得多还是我付出得多的问题就会浮出水面。也许有人会说，相爱的两个人是不会计较这些的。确实，感情好的夫妻很少因为举办婚礼而争吵。但是在真正走入婚姻生活中之后，使他们之间口舌不断的琐碎问题还有很多。有些小夫妻，因为都很年轻，在父母身边的时候都是

衣来伸手、饭来张口的主儿，所以，一旦步入婚姻，家务活儿谁来干就是个问题。相当一部分小夫妻因为谁做饭谁刷碗的问题而三天两头地吵架，还有一些小夫妻因为谁洗衣服谁拖地的问题而掰扯不清。在过来人眼中，这无疑是可笑的，但是对于现代的小夫妻中，家务的问题是必须解决的问题。很多夫妻在多次争吵之后轮流值班做家务，然而，假如遇到加班等情况，难免会饿别人的肚子。其实，婚姻中没有绝对的公平，对于相爱的两个人而言，不管是谁做家务谁挣钱，都是对这个家的贡献。夫妻之间如果分得那么清楚，自然是无法和谐相处的。

李大海和妻子周丽都是从事销售工作的，平日里非常忙碌。有了孩子以后，周丽的父母专程从老家赶来帮他们带孩子，夫妻俩这才得以继续工作。孩子5岁的时候，因为家中的奶奶需要照顾，周丽的父母不得不回老家了。如此一来，就面临着谁带孩子的问题。经过再三权衡之后，夫妻俩一致决定由周丽辞职带孩子，李大海则继续奋斗，为了家庭的美好而努力。夫妻俩进行了很好的分工，周丽的职责就是带孩子，操持家务；而李大海呢，则面临着更加沉重的生活负担，所以他必须加倍努力地工作，难免会工作时间长一些，回家晚一些。

在这种周到的考虑和安排之下，虽然周丽成为了全职家庭主妇，但是李大海始终认为周丽为这个家做出了更多的牺牲和付出。而周丽呢，看到李大海劳累的样子，也心疼不已，总是变着花样地给老公增加营养。他们俩之间非但没有过任何抱怨，反而都觉得对方为家庭做出了更多的牺牲。

假如天下所有的夫妻都能像李大海和周丽一样互相体谅、互相理解，那么这个世界上幸福的家庭就会更多一些。其实，从经济方面来讲，李大海的贡献无疑更大，因为他是整个家庭的经济支柱；但是从照顾家庭和孩子方面来讲，周丽的贡献显然也不小，因为假如没有她，家就会变成乱糟糟的猪窝，孩子也没有人教育和管教了。正是因为他们俩之间默契地配合，彼此都认可对方的付出，他们的家庭生活才会如此的幸福、和谐。

心理小提示

家庭是夫妻双方共同的心血结晶。人的能力和特长是不一样的，只要尽力而为，家庭中就不应该讲求绝对公平的付出，毕竟两个人是因为相爱才走到一起的，相爱的人们之间不应该斤斤计较付出的多少。

婚姻就像白开水，平淡之中见真情

不管多么轰轰烈烈的爱情，最终都要归于平淡的生活。很多人说婚姻就像白开水，在最初的激情退却之后，会变得索然无味。其实，白开水不是无味，而是真味。当你口渴的时候，即使是再好喝的饮料和纯粹的果汁，也无法解决你的口渴。只有白开水能够缓解你的口渴，让你喝得酣畅淋漓。婚姻也是如此，只有在平淡之中，才能表现出真情来。有的时候，人们能够在危难之中团结一致地共同抵御外敌，战胜困难，但是到了平淡的生活中，能够经得起岁月打磨的真情却不多见。古人云，患难见真情，其实，患难终究会过去，短暂的激情是可以维持的，反倒是平淡，像是一把钝剑，使人感到迟缓的疼痛。

要想得到幸福的婚姻，就要坦然接受平淡的生活。尽管生活并非是一帆风顺的，但是总体而言，在人的一生之中，还是坦途更多一些。在生活中，大多数普通人都过着千篇一律的日子，每天睡觉、吃饭、上班，偶尔休闲、娱乐。就这样，有些人难免会抱怨生活了无滋味。有很多女人在情窦初开的年纪都非常向往拥有琼瑶爱情小说中的爱情，那么轰轰烈烈，爱得死去活来。然而，生活不是演戏，假如每天都是干柴烈火，相信人们很快就会化为灰烬了。其实，在一生之中，人不管如何折腾，都是为了获得心灵的宁静平和。稳定的婚姻生活恰恰能够给人以灵魂的安宁，使人无比踏实。

一直以来，小敏都想过一种浪漫的、有情调的生活，但是，她的老公李刚却是一个沉稳内敛、不善表达的人。每次到了结婚纪念日或是小敏生日的时候，小敏都非常渴望李刚能给她一个意外的惊喜。然而，李刚却总是会忘记那些特殊的日子，让它们平平常常地过去了。一个偶然的机会，漂亮的小敏认识了一家公司的老总。虽然这个老总已经成家了，但却总是对小敏献殷勤，使小敏感到怦然心动。和那个木讷的老公比起来，这个老总是那么的年轻有为、风度翩翩，最重要的是，他送的每一件礼物都是小敏心仪已久的，比小敏亲自去挑选的更合她的心意。最终，小敏向李刚提出了离婚，她告诉李刚自己不想就这么平平淡淡地过一生。

在去办理离婚手续的路上，也许是因为心情不好吧，沉默不语的李刚总是唉声叹气。小敏就是看不惯他这种窝囊的样子，因此不由地说："你看看你，还像个男人吗，就从来没有见你说过一句痛快话！"说着，小敏不屑一顾地"哼"了一声。李刚的情绪更加低落了。在十字路口，突然之间，一辆拉着渣土的大车闯了红灯，冲着他们飞奔而来。情急之中，李刚下意识地打轮、刹车，然而，灾难还是发生了。小敏不知道自己是如何进医院的，醒来之后，她看到爸爸妈妈守在自己的身边。看着爸爸妈妈哭红的眼睛，小敏想了很久才想起来车祸发生之前的事情。她问："李刚呢？"听到小敏的话，妈妈哭泣着出了病房，爸爸告诉小敏，在危急关头，李刚为了保护小敏，自己成了植物人。当时，只要他向反方向打轮，按照常规的下意识打轮，那么，现在昏迷不醒的也许就是小敏了。保险公司的人说，他打轮的方向很奇怪，一般人在危险关头总是下意识地保护自己，但是，李刚的做法截然相反。

得知事情的真相之后，小敏突然意识到，李刚才是这个世界上最爱自己的人。虽然他不会说花言巧语，也不会给小敏买贴心的礼物，但是他愿意以自己的生命为代价去保护小敏。而那个所谓的老总呢？得知小敏因车祸受了重伤之后，他换了手机号，再也没有和小敏联系过。在小敏的精心照顾下，经历了半年之久，李刚终于苏醒了。他醒来的第一句话就问："小敏呢？小敏没有受伤吧！"

这就是爱情，平淡如一杯白开水，但是却最解渴。平淡不是乏味，而是婚姻的真味。一场车祸，使小敏认清了李刚的心。这个沉默寡言的男人，虽然不会用花言巧语表达自己的心，但是却在用自己的生命爱着小敏。小敏很庆幸自己没有错过李刚，不然，她这一生再也不会找到真爱自己的男人了。

心理小提示

当你抱怨婚姻平淡如白开水的时候，不如想一想，只有白开水才能映衬出你们之间的真情和深爱。

真爱具有神奇的力量

在这个世界上，什么是最强有力的？不是那些被称为庞然大物的大象，也不是那些现代化的钢筋铁臂，而是爱。爱，看不见、摸不着，但是却能够深深地扎根于人们的心灵，使心中有爱的人们创造生命的奇迹。很多时候，当大多数人都已经放弃和绝望的时候，是爱的坚持产生了神奇的力量，它能够召唤希望，赶走死神。

假如没有爱，人就是一具躯壳，人世丝毫不值得留恋；假如没有爱，草木就会枯萎，因为缺少滋养；假如没有爱，人就会变得越来越冷漠，人与人的关系会恶化，使这个世间充满暴戾之气。正是因为有了爱，人们才变得有血有肉，才变得充满感情，人世间也变得使人留恋；正是因为有爱，草木才有情，枯木才逢春；正是因为有爱，人与人之间才变得有了丝丝缕缕的联系，彼此关心，互相照应。在爱人之间，爱情之花开得无比娇艳，它不同于人世间的一切感情。爱情，有着刻骨铭心的深度，有着地久天长的长度，有着无怨无悔的广度。相爱的人，愿意为对方付出自己的一切，哪怕是宝贵的生命；相爱的人，从来不会放弃，即使身陷绝境，他们也愿意为了爱而坚持再坚持。在生活中，有很多爱情的传奇可歌可泣，震撼人心。正是因为有了这些美好的爱情故事，世界才变得更加美好，变得充满奇迹。

张绕科自小父母离异，后来跟随父亲从新疆迁到甘肃临泽县农村，两年之后，父亲也去世了。从此之后，他就吃百家饭、穿百家衣，好不容易才读完了高中。1987年年底，张绕科应征入伍。到部队之后，他勤奋努力，考上了军校。

1994年春节，25岁的张绕科回到阔别已久的家乡看望乡亲们。一个偶然的机会，县幼儿园教师杨灵霞向他抛出了“绣球”。在此之后，他们鸿雁传情，最终于1996年组建了家庭。结婚之后，他们不仅生活幸福，而且彼此的事业也发展得非常顺利。然而，一夜之间，灾难却降临到这个家庭。1997年11月26 日，一个大雪纷飞的夜晚，杨灵霞在学校宿舍不幸煤气中毒，经过医院全力抢救，在昏迷9天之后成为了一个毫无知觉的“植物人”。

在灾难面前，张绕科对妻子不离不弃，他下定决心：即使再苦再难，也要治好妻子的病。

张绕科变卖了家中所有的东西，并且借了很多外债，带着妻子四处治病。不管多么远，只要有一丝希望，他就会毫不放弃地带妻子去。一次，他带着妻子千里迢迢地赶到了广州的一家医院。医生告诉他，要想住院治疗，必须先交几十万元押金。对于负债累累的张绕科而言，几十万元无异于天文数字。开了些药之后，他不得不带着妻子踏上了回家的路途。

因为妻子大多数的脑细胞都已经死亡了，所以她每天都得躺在床上，而且还大小便失禁。张绕科就像照顾一个新生婴儿一样悉心照顾自己的妻子。为了帮助妻子恢复智力，他还对着妻子说一些两个人之前生活中美好的事情。功夫不负苦心人，有一次，他送妻子到县里医院复查，习惯性地问妻子有没有来过这个地方，想不到妻子的嘴唇居然动了动。这使张绕科欣喜若狂，他的妻子苏醒了，能说话了。

他开始变得信心百倍，把自己下一步的目标定在让妻子会走路上。无数次，他扶着妻子站起来，又摔倒。尽管别人都劝张绕科不要再守着一个活死人过日子了，但是张绕科的心意非常坚决，他要永远守着妻子，照顾妻子。

现在，杨灵霞的病情明显好转，可以说一会儿话，走上几步路。张绕科用自己心中的真爱创造了一个奇迹。他坚信，只要不离不弃地坚持下去，自己一定能够创造出更多的奇迹。

假如心中没有真爱，张绕科就无法坚持下去，假如没有张绕科的坚持，杨灵霞就会变成纯粹的植物人，没有任何清醒的希望。婚姻是两个人漫长一生的陪伴，不仅需要客观物质条件，更需要一份真爱、一份坚持、一份不离不弃。假如不是心中有真爱，张绕科又怎么可能数10年如一日地照顾杨灵霞呢？这也告诉无数在爱情中彷徨的女人们，要想拥有一份稳固的婚姻，一定要心中有真爱，只有彼此真心相爱的人，才会在大的灾难面前不离不弃，相依相守。

心理小提示

婚姻必须以真爱为基础，只有真爱才能创造生命的奇迹。

第8章

选择真命天子，抓住他能让你幸福的潜质

在寻找自己的人生伴侣时，几乎每个女人都瞪大了双眼。要知道，人生伴侣是相伴一生的人，漫漫的人生路途是否能够与幸福同行，就在于能否寻找到自己的真命天子。其实，并非每一个男人都是现成的好男人，在寻找人生伴侣的时候，我们完全可以寻找能够“培养”成好男人的男人，抓住他能让你幸福的潜质。

什么样的男人是好男人

对于什么样的男人是好男人，每个女人心目中都有自己的标准。对于好男人的标准，每个人都有属于自己的定义，从某种意义上来说，这和女人的人生观、价值观和世界观是紧密相联的。崇尚爱情的女人往往不注重物质方面的需求，她们更渴望得到的是怦然心动的感觉和轰轰烈烈的感情。相反，崇尚物质享受的女人往往把注意力集中在男人的经济能力上，她们希望自己能够找到一个钻石王老五，为自己提供衣食无忧的生活和奢华的物质享受。注重人品的女人在寻找人生伴侣的时候，首先会对对方提出品质方面的要求，如要诚实守信、要孝敬父母、要有责任感等。注重精神享受的女人渴望与自己的爱人进行心与心的沟通，她们情调高雅，希望男人能够与自己一起欣赏高雅的音乐，去看名家画展，进行灵魂与灵魂的碰撞与融通。如此看来，就像一千个人的眼中就有一千个哈姆雷特一样，即使是同一个男人，也会给不同的女人留下完全不同的印象，从而使这些女人对这个男人做出完全不同的评价。

最近《江苏卫视》热播的征婚交友类节目《非诚勿扰》就形象地说明了这个问题。在一个男生出来之后，24个女生会根据自己的初步印象做出不同的选择。在介绍男生的3段VCR播放过程中，这些女生还会不断地做出选择，是为这个男嘉宾留灯还是灭灯。在不断选择的过程中，我们可以发现，有些男生总是能够博得女嘉宾的一见钟情，即使其他女嘉宾明确表示不喜欢这种类型的男生，也不妨碍对其一见钟情的女嘉宾与其牵手成功。但是，有些男嘉宾，尽管非常优秀，最终却孑然一身地下台，只能把希望寄托在电视机前的单身女性身上，希望她们可以给自己发邮件，取得联系。这是为什么呢？这就是每个女人对于男人不同的要求和标准导致的。在台上的24个女嘉宾中，有些女嘉宾已经30多岁了。其中有个女嘉宾甚至一度着急起来，在被男嘉宾拒绝之后，她说："以前，都是我一直在挑挑拣拣。如今，我都这么大的年纪了，我想要找到一个男嘉宾把我牵走。"不管从哪个方面来说，对于女人而言，都很难一下子找到一个自己百分百满意的男性。要知道，人们对自己还会有很多的不满意呢，更何况是对一个陌生的男人呢。所以，作为女人，在寻找自己的真命天子的时候，只要七八分满意就好。归根结底，好男人是培养出来的，而不是天上掉下来的。其实，只要坚持原则性的问题，女人们完全可以容忍一些男人身上不那么致命的缺点或者是不合心意的地方，在彼此的交往过程中，不断地磨合，直到变得融洽。

在和皮特交往的过程中，梦清深受困扰。梦清是一个非常本分的女孩子，她为人善良谦和，对待工作认真负责。当然，皮特的本质也还是很好的。不过，他却有一个不是缺点的缺点，即可能是因为长得帅吧，他的身边总是围绕着一大堆喜欢他的女孩子。糟糕的是，皮特总是不会拒绝这些女孩子，他总是非常委婉地表示自己已经有女朋友了。尽管梦清心里知道皮特对自己很好，但是她却总是因为其他女孩子对皮特的暧昧而与皮特发生争吵。在结婚之前，皮特送一个因为被自己拒绝而喝醉酒的女孩子回家，梦清知道后，与皮特大吵了一架，分手了。女友们都对梦清轻易放弃这么一个高大帅气的男友表示不理解，但是梦清的态度却很坚决，她说她不能容忍自己未来的丈夫身边整天都围绕着一大群女人。

后来，那个对皮特爱得死去活来的、因为被皮特拒绝而喝得酩酊大醉的女孩子和皮特恋爱了。她非常爱皮特，觉得皮特简直就是自己心目中的完美男人。对于梦清曾经无法接受的皮特的女人缘，她却引以为豪。她说："有这么多女人喜欢我爱的男人，说明我慧眼识珠；有这样一个优秀的男人爱我，说明我是天底下最幸福的女人。"

在梦清心目中的近乎完美而略带瑕疵的皮特，在这个女孩的眼中却是绝对完美的爱人。从这个事例中我们不难看出，对于好男人的标准，每个女人的定义都是不一样的。即使是十恶不赦的人，说不定也会有一个女人

死心塌地地爱着他，把他当成可遇而不可求的好男人。因此，对于好男人的标准，每个女人都应该遵从自己的内心，遵从爱的感觉。当然，作为一个人，最基本的道德品质是应该具备的，除此之外，还要再加上每个女人自己的定义。这样才会变成女人心目中的完美男人。

心理小提示

对于好男人的定义，每个女人的心目中都有自己的标准。假如用一个宽泛的概念来定义好男人，那么，能够使自己心爱的女人满意的男人就是好男人。

挑老公，要浪漫更要现实

在情窦初开的年纪，每个女人都会对爱情有无限美好的憧憬，甚至还会情不自禁地做着一个瑰丽浪漫的梦。的确，爱情是美好的。早在少女时代，女孩们就开始无数次地在心中幻想着自己的爱情，幻想着自己的白马王子。在爱情的愿景中，没有一个女人不想让自己成为公主，从而得到王子全心全意的爱和呵护的。然而，假如说爱情是漂浮在空中的，如梦似幻，那么，婚姻就是落在地上的，必须脚踏实地，接受生活的琐碎。当一个男人是你的男友的时候，他也许可以无限度地满足你的要求，满足你对爱的憧憬；但是，当一个男人变成你的老公的时候，在承受巨大的生活压力的同时，他还能够始终用温软的细语对待你吗？生活，锅碗瓢盆总有相互碰撞的时候，夫妻之间没有不吵架的。

在初尝爱情甜美滋味的时候，很多女人对爱的幻想是不切实际的，她们觉得，只要有了爱情，就能够拥有一切。其实不然。爱情，远远不是生活的全部。生活，不仅需要爱情的支撑，还需要方方面面的条件，如衣食住行，如柴米油盐。这一切，都要有物质的支撑。一味地为了爱情而嫁

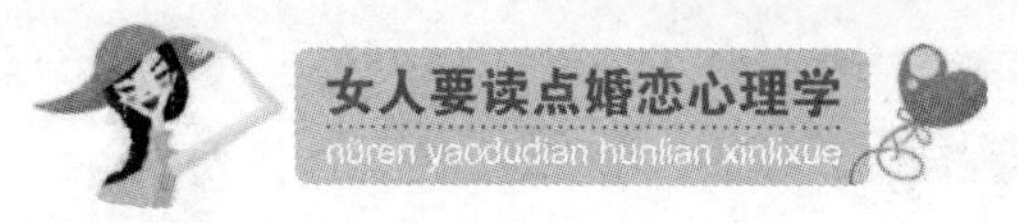

给一个身无分文的浪荡之子，在享受浪迹天涯的潇洒人生的同时，也要承受缺衣少穿、风餐露宿的艰辛。古人云，巧妇难为无米之炊。假如人们每天都在为了吃住而发愁，还有什么心思谈情说爱呢？即使是再好的感情，也会在为生活愁苦的过程中消耗殆尽。由此可见，爱情可以虚无缥缈，但是幸福的婚姻却要有一定的经济基础。作为女人，在挑选老公的时候，固然要有感觉、要来电，要找一个浪漫的男人，但更重要的还在于，也要找一个符合现实生活的好男人。一个男人，仅仅会浪漫是不够的，因为浪漫只是一种内心的感受，下班回家的路上采摘一朵野花戴在妻子的头上是浪漫，情人节的晚上送一枚草编的戒指给女友也是浪漫，然而，浪漫只是一时一地的心情，而不是一生一世的责任。好男人，不仅会浪漫，而且能够勇敢地承担起家庭的责任，照顾好自己的妻子儿女，使他们有一份安稳无忧的生活。在遭遇困境的时候，好男人应该能够挺身而出，顶天立地，为家人遮风挡雨。好男人不会让自己心爱的女人流泪，不会让自己的女人和孩子吃了上顿没下顿。要想找到一个好男人，作为女人，在寻找人生伴侣的时候就要考虑得更加周全，这样才能给自己寻找到一生的幸福。

爱情是虚的，婚姻是实的，这个道理小曼很久之前就已经知道了。尽管如此，处于恋爱季节的她还是义无反顾地投入了玉林的怀抱。玉林是一个退伍军人，高大英俊，不过，他没有稳定的工作，因为眼高手低，他根本看不上复员之后政府给安排的工作。但是，玉林却很会讨女孩子的欢心。每到下班的时候，他就会穿着一身洗得发白的军装在小曼工作的纺织厂门口等她，骑着自行车带着小曼穿行在林荫大道上。知道小曼喜欢吃辣，他就费尽心思地学会了制作四川泡椒的方法，使小曼吃上了自己爱吃的四川泡椒。每到节假日的时候，他不是带着小曼去爬山，就是陪小曼一起去看电影。他会精心为小曼准备一份生日礼物，而且是使小曼非常感动的礼物。在那个青涩的年纪，尽管父母反对，尽管玉林没有稳定的经济来源，小曼还是不顾一切地和玉林结婚了。

然而，在新婚之后的甜蜜和新鲜感过去之后，小曼渐渐地开始对玉林不满起来。尤其是在孩子出生之后，他们几乎是三天一小吵，五天一大吵。原来，玉林不管对什么工作都不满意，要么嫌工资低，要么觉得工作太累，甚至还会嫌弃工作不够体面。在短短的3年时间里，他频繁地

换工作，几乎连自己都无法养活。看着嗷嗷待哺的孩子，小曼不由得心急如焚。虽然父母总是隔三差五地给小曼一些钱，但是作为已经结婚成家的人，小曼每次拿着父母的钱都会觉得烫手。为此，她对玉林越来越不满意。而玉林呢？因为始终郁郁不得志，他还养成了喝酒的坏习惯，待在家里不挣钱不说，还总是发酒疯，打老婆骂孩子。如此一段时间之后，小曼终于下决心离婚了。她万分后悔地对父母说："爸爸妈妈，我很后悔没有听你们的话，嫁给了这样一个扶不上墙的阿斗。"

因为被和玉林在一起的浪漫感觉遮蔽了双眼，小曼嫁给了玉林。然而，爱情也许只需要浪漫，但是婚姻却更加现实。要想拥有幸福的婚姻，除了要有浪漫的爱情之外，还要有脚踏实地的实干精神。支撑一个家需要付出很大的心力、精力、财力和物力。作为女人，在决定与一个男人共度一生的时候，既要注重浪漫，更要注重现实。

心理小提示

婚姻不仅需要浪漫的爱情，更需要脚踏实地的实干精神。作为女人，要想得到幸福的婚姻，除了要注重浪漫，更要注重现实。

千万不要错过能与你共度一生的男人

在相爱的时候，在因为爱情而步入婚姻殿堂的时候，每一对爱人想的都是在一起一生一世、地久天长。然而，在真正走入婚姻之后，一些彼此相爱的人得到了自己想要的幸福，一些彼此相爱的人却走到了陌路，最终成为最熟悉的陌生人。众所周知，爱情的保鲜是有一定期限的，而且这个期限很短，也许只有几年甚至是几个月的时间。所以，想让一个男人因为爱情而与一个女人终身相守，无疑是不现实的。那么，女人如何才能够让

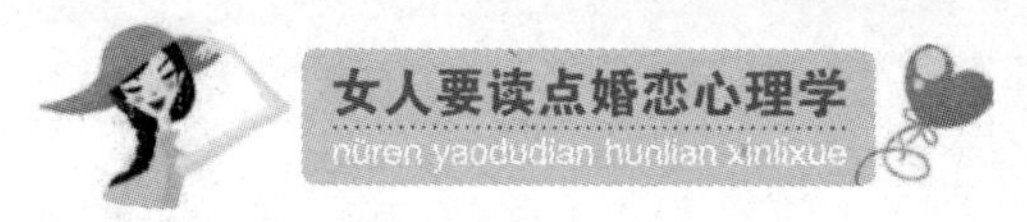

自己的婚姻天长地久呢？最重要的是要找一个有责任感的男人。

对于一个男人来说，最重要的就是责任感。不光生活中需要责任感、工作中需要责任感，爱情中也同样需要责任感。当激情退去，爱情逐渐在岁月的磨砺中转变为亲情，只有有责任感的男人，才会守着家，守着自己生命中最重要的人，度过漫长的一生。对于女人而言，青春是易逝的，就像花朵一样，经历了漫长的孕育，盛开的时节只有那么短短的几天。所以，一旦遇到了能够与自己共度一生的男人，女人千万不要错过。爱情讲究缘分，尽管男人和女人原本是一个共同体，但是在茫茫人海之中要想找到命中注定的属于自己的另一半却并不容易。一旦遇到了，就要好好珍惜。有的时候，一旦错过，就会懊悔一生。

黄爱丽是班级里品学兼优的好学生，虽然相貌平平，但是心高气傲。张志很喜欢黄爱丽，喜欢她的努力上进，喜欢她从不服输的个性。从大二开始，张志就开始追求黄爱丽，尽管黄爱丽对张志也有一些好感，但是她却始终没有接受张志的追求。原来，黄爱丽的心气很高，她觉得张志和自己一样是来自农村，在这个城市里没有根基。她希望找一个本地人，这样一来，婚姻就可以帮助她一步登天。眼看着毕业在即，在全班的最后一次聚餐时，张志喝醉了。他怎么也不明白，为什么黄爱丽不愿意接受自己的追求。

毕业之后，黄爱丽在大学所在的城市找了一份工作，她不愿意离开这里，她想在这里扎根。在单位同事的介绍下，她认识了本地土生土长的赵虎。虽然赵虎远远不如张志帅气，也不如张志那么努力和勤奋，但是，黄爱丽还是很快就接受了赵虎。不久，他们就结婚了，黄爱丽成了本地的媳妇。然而，结婚之后，黄爱丽却发现，赵虎和家里人都很瞧不起外地人，他们张口闭口就是外地人如何如何，而且总是防范着黄爱丽，这使黄爱丽倍感难受。如此的生活过得如鲠在喉，使黄爱林变得越来越抑郁了。在忍无可忍之下，黄爱丽放弃了自己曾经想要的一切，净身出户，与赵虎离了婚。

大学毕业5年的聚会上，留在本地的同学基本都到场了，出乎黄爱丽意料的是，张志也留在了这个城市，而且是同学之中最有成就的一个。黄爱丽从其他同学口中得知，张志毕业后先是去一家公司当了一个小小的电脑程序员，后来，工作两年后，他得到了一个机会，当机立断地从公司辞职，在电脑城租了一个小小的摊位。就这样，他的事业越做越大，现在已经是一家品牌电脑在本地的一级代理商，有好几个专卖电脑及其配件的门店。看着春风得意的张志，黄爱丽不由得想起来毕业聚会的时候喝醉了的那个张志。她情不自禁地深深叹了口气，她永远地错过了这个能够与自己共度一生的男人。

有的时候，一时的错过就是一生的错过。对于黄爱丽而言，她错过了自己一生的幸福。其实，对于刚刚毕业的大学生来说，生活充满着无限的机遇和可能，应该自己去努力争取想要得到的东西，而不要把希望寄托在别人身上，渴望不劳而获。要知道，付出与得到永远都是对等的。在你得到别人施舍的同时，你必然失去别人的尊重。相反，假如你能够与自己所爱的人同甘共苦，一起奋斗，那么你们必定能够一起享受美好而又幸福的生活。有些男人是值得共度一生的，有些男人是不值得托付终生的。作为女人，一定要擦亮眼睛，一旦遇到那个能够与自己共度一生的男人，就要毫不犹豫地抓住他。

心理小提示

能够与你共度一生的男人一定是一个勤奋努力、积极上进、有责任心的男人。只有这样的男人，才是值得女人托付终生的。

男人就像股票，聪明的女人擅长投资绩优股

如今，很多年轻漂亮的女人都想找一个现成的好男人把自己嫁掉，殊不知，现成的好男人大多已经名草有主了，甚至已经成家立业。那么，横刀夺爱当小三吗？虽然有很多女人都毫无廉耻地这么做了，但这仍然是一件让人鄙视和唾弃的事情。最重要的是，这样得到的男人总是不那么真

心，毕竟，女人在选择这种男人的时候本身就是动机不纯的。其实，在你们相遇的时候，即使男人并不那么优秀也没关系，因为女人就像是男人的一所学校，好男人大多是从这所学校毕业的。因此，我们要成为一所好学校，培养出一个好男人，而不要成为一个让人唾弃和鄙视的劫匪。自古以来，夺人所爱都是没有好下场的。

有人说，男人就像是股票，有的男人是涨停股，有的男人是垃圾股，有的男人是潜力股，有的男人是绩优股。对于涨停股，要看看眼下这个男人的现状，假如现状不堪，当然不是好选择，假如现状已经足以保证前景无忧，也是可以选择的；对于垃圾股，当然是毫不犹豫地舍弃；对于潜力股，因为有着无限潜力，所以是女人投资的好选择；当然，和潜力股比起来，绩优股更有保障获得丰收，所以是不二的选择。那么，何为绩优股呢？所谓绩优股，是指业绩优良的公司的股票。把这个概念延伸到男人身上，是指这个男人有学识、有修养、有事业心、积极上进、有涵养，这种男人虽然眼下还没有获得成功，但是已然具备了获得成功的各种条件，成功是指日可待的。投资绩优股的女人，总是能够如愿以偿地赚得盆满钵满。退一步说，即使这个男人不幸没有获得预期的成功，凭着他这些优秀的条件和宝贵的品质，美满幸福的生活也是唾手可得的。

伊琍是大学的校花，无数男生为她倾倒，对她魂牵梦绕。甚至，在社会上的很多年轻人也久仰伊琍的大名，总是想方设法地找机会一睹伊琍的芳容，其中，不乏有很多事业有成、工作稳定的年轻男士。对于这些追求者，伊琍大多数都没有放在心上，只对其中的两个人比较关注。一个是比伊琍高一届的学长、现任学生会干部的周群，他不仅学习成绩优异，而且把学生会的各种事情打理得井井有条，能力很强。除此之外，他还会谈感情，更是跆拳道的高手，简直就是一个全能型的人才。另外一个是校外的，是公务员，在教育部工作，事业稳定，单位福利待遇也很好，几乎一辈子衣食无忧。在这两个人中，周群显然是伊琍更心仪的，因为他年轻，有活力。而另外的那个教育部的公务员呢，也有很大的优势，住着单位分的160平方米的大房子，出门都是车接车送，如果嫁给他，那么伊琍不仅不愁工作的事情，几乎结婚了就成为太太了。然而，伊琍不是一个贪图享受的人，她很清楚，轻易得到的是不值得珍惜的，经过努力奋斗得到

的才是宝贵的。为此，她毫不犹豫地选择了绩优股——周群。果然，大学毕业之后，周群很顺利地应聘到一家世界五百强企业，因为有在学生会工作的经验，他在短短的两年时间里就被单位破格录取为中层管理人员。这简直是一个奇迹。因为世界五百强企业在选拔人才的时候是非常慎重的，对于人才的考核也非常严格。在世界五百强企业工作几年之后，周群学到了他们先进的工作理念和管理模式，他抓住一个千载难逢的好机遇，辞掉了同学们艳羡不已的工作，摇身一变成了自己的老板。如今，当初不理解伊琍为什么选择毫无基础的周群的女同学们恍然大悟，原来，伊琍并非不想有更好的生活，而是更有野心，所以才会在周群身上下了自己最大的赌注——爱情和婚姻。毫无疑问，伊琍如愿以偿地得到了自己想要的生活，而且，还收获了一份相濡以沫、同甘共苦的坚实的爱情！

假如伊琍选择嫁给那个公务员，那么她的一生虽然衣食无忧，但是也必定平淡无奇。而选择了周群，伊琍不仅收获了浓烈的爱情，也同时收获了轰轰烈烈的人生。伊琍是个聪明的女人，她知道自己想要的是怎样的生活，也得到了自己想要的生活！

心理小提示

作为女人，一定要聪明。作为聪明的女人，一定要毫不犹豫地投资绩优股男人！

要嫁给一个心中有爱的男人

大多数女人在描述自己心目中的理想男人时，都会选择有责任心、有事业心、积极上进、诚实、事业有成等词汇。其实，她们忽略了一个好男人必备的条件，即有爱心。不管是男人还是女人，都应该心中有爱，只有心中有爱的人，才会用充满的爱的眼光看待这个世界，才会爱自己身边的每一个人，才会使自己的生活充满阳光。假如人生没有爱，就会阴云密布，使人失去希望，充满绝望。作为男人，更应该心中有爱。一个心中有爱的男人，懂得感恩，懂得珍惜生命中所拥有的一切。因为心中有爱，他们更宽容地对待自己身边的人，更加理解和体谅别人的苦衷。因此，他们从来不会揪住别人的小错误不放，而是豁达大度，坦诚相对。因为心中有爱，他们的责任心更强，不管是对父母、对妻子、对孩子，还是对国家、对社会、对整个人类，他们都能够责无旁贷地承担起那份沉甸甸的义务。所以，不管你对男人有着怎样的要求，首先都要要求男人心中有爱。只有在这个最基本的前提之下，男人才能够算得上是一个合格的爱人。

在这个世界上，万事万物都需要爱情的滋养。假如没有爱，整个世界都会黯然失色。心中有爱的男人，才能够对自己所爱的女人充满激情，不管她需要什么，他都会毫无保留地奉献出来；心中有爱的男人，才会对生活充满希望，不管生活给他制造了多少麻烦和阻碍，他都能够坚持不懈地战胜困难，实现自己最终的目的。心中有爱，才能够创造生命的奇迹，因为爱具有神奇的力量。心中有爱的男人是善良的，他们不仅宽容地对待自己所爱的人，也能够宽容地对待整个世界。作为女人，要想得到长久的幸福，一定要找一个心中有爱的男人结婚！

戴静结婚之后，发现原本对自己殷勤周到的老公变了。也许就像人们所说的，很多男人在结婚之后，就会觉得曾经的女友一旦结婚，就像进了保险箱，再也不需要放在手心里呵护备至了。为此，戴静一肚子怨气，总是无缘无故地对老公发火。然而，老公依然我行我素，他每天都起早贪黑地上班，有的时候，为了能够赚到额外的加班费，他还会主动要求加班。当老公凌晨两三点回家之后，戴静给老公的就是一张冷脸。如此日久天长，戴静简直觉得婚姻是错误的，她想要恢复曾经一个人的自由自在的生活。

有一天深夜，戴静突然觉得肚子疼，而老公此时却在加班。戴静赶紧给他打了电话，接着又挣扎着为自己叫了急救车。当戴静躺在医院里的时候，却惊讶地发现老公也到了医院。原来，夜深人静，既没有公交车，也没有出租车，他是借了同事的自行车骑了五六十里路赶来的。而这五六十里路，因为心急如焚，他居然只用了半个小时的时间。看着气喘吁吁、脸色煞白地守在医院门口的老公，戴静不由得为自己曾经的无理取闹

而感到羞愧。戴静得了急性阑尾炎，需要马上做手术。老公寸步不离地守在手术室外面，并且请了整整15天的假照顾戴静。看着戴静，老公责怪地说："以后可不要吃乱七八糟的东西了，你看，这多危险啊，差点儿就穿孔了。吃饭的时候多注意一些，得病的概率就会减少一些。"戴静看着老公问："老公，给你添麻烦了，你看，你请了这么长时间的假，而且，我做手术也花了很多钱。"老公听了戴静的话后佯装生气："傻丫头，说什么呢！你生病了，我还不应该请假照顾你吗？只要你平平安安的，花多少钱我都愿意！我平日里主动要求加班，不就是为了多挣些钱给你更好地生活吗！我是你丈夫，咱们之间不应该说'谢谢'，更不应该分彼此！"为了给戴静增加营养，从来不下厨房的老公给戴静熬了鸽子汤，因为他听别人说做手术的人喝了鸽子汤刀口在阴天下雨的时候不痒痒。看着老公手上被油烫出了红红的小点点和一个个水泡，戴静不由得泪如雨下。她很庆幸自己得了急性阑尾炎，要不，她怎么能找到老公内心深处对自己的深深的爱呢？

男人的爱总是深深地埋藏在心底，需要女人用心去体会。嫁给一个心中有爱的男人，是女人最大的幸福。只有心中有爱的男人，才会在女人需要的时候对女人呵护备至、疼爱有加。只有心中有爱的男人，才愿意为了自己所爱的人努力拼搏，给爱人最好的生活。

心理小提示

选个什么样的男人往往关系到女人一生的幸福。心中有爱的男人，无疑是女人人生伴侣的首选。

结婚要趁早，不要犹豫

如今，社会上越来越多的女人变成了大龄剩女，她们或者是因为过

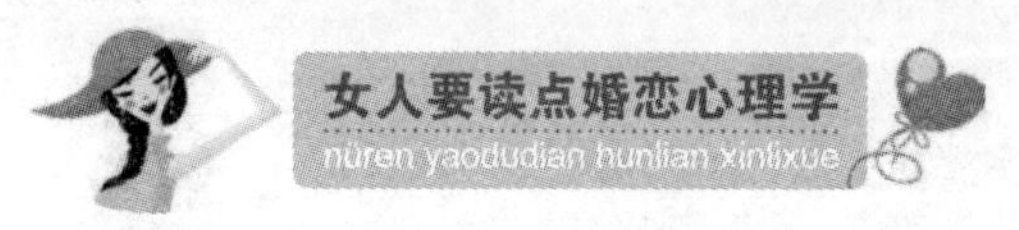

于挑剔，或者是因为始终没有遇到那个自己中意的真命天子，或者是觉得应该把青春时光用来享受自由的生活，或者是觉得婚姻是爱情的坟墓……不管是出于什么原因，当青春只剩下一个小尾巴的时候，这些尘埃没有落定的大龄剩女们都无疑会格外地着急起来。毕竟，长江后浪推前浪，一代新人换旧人。她们面临着昭华易逝、青春不再的窘境，因为新一代的青春靓丽、充满朝气的女孩子已经如雨后春笋般蜂拥而上了。对于那些三十而立、事业有成的男人而言，是选择一个二十出头的小姑娘，还是选择一个三十多岁的大龄剩女，这其中的优势明眼人一看便知。因此，对于那些三十来岁的女人而言，找到和自己年龄相当、条件相当的优秀男性变得难上加难。认识到这个残酷的事实后，我们不由得要对广大女性朋友说："结婚要趁早，不要犹豫。"

男人是视觉动物，面对一个三十多岁的眼角已经有鱼尾纹的女性，他们当然更愿意看带着露珠青翠欲滴的鲜花。因此，对于三十多岁的女性而言，即使有了成功的事业，有了稳固的经济基础，在男人眼中，她们也远远不如那些初生牛犊不怕虎的小女孩更加吸引人。小女人虽然没有稳定的工作，没有坚实的经济基础，但是那些三十多岁的事业有成的优秀男性根本没有把女人的事业和成功考虑在自己择偶的第一位，他们在乎的是自己面对的这个女人是否清纯可爱、是否娇艳养眼。如此一来，三十多岁的女人应该嫁给谁呢？嫁给四十多岁的人？难免有些不甘。嫁给三十多岁的人，他们却有着更加心仪的目标。由此可见，对于女人来说，结婚必须趁早。趁着自己还年轻，趁着自己还是一朵无比娇艳的鲜花，趁着自己还能够吸引男人的眼球，趁着自己还有资格挑挑拣拣，遇到合适的，就把自己嫁了吧！也许，有的女人会想着未来还会遇到更加优秀的男人，确实，没有最优秀的男人，只有更优秀的男人。也正是因为如此，才有很多女人在不断选择的过程中挑花了眼，最终耽误了自己。在这个世界上，没有绝对完美的人，更没有一个人能够完全符合另一个人的心意，所以，在选择人生伴侣的时候，我们应该怀着一颗宽容的心，不要用那些严格苛刻的条件束缚自己。古人云，金无足赤，人无完人，只要不涉及原则性问题，我们完全可以放松要求，给彼此一个机会去适应和磨合。假如因为苛刻的要求错过了很多优秀的男人，使自己变成了大龄剩女，那可是得不偿失的事情。

苏珊是独生女，从小她就占尽了得天独厚的条件，生就一个美人胚子，再加上父母把所有好东西都给了她，使她变得非常高傲，不管什么事情，都想出类拔萃。这种习惯在学习和事业上给她带来了很多好处，使她受到了老师和领导的一致好评。然而，在寻找人生伴侣的过程中，这种吹毛求疵的习惯却给她带来了很大的弊端，因为她始终没有找到自己心目中那个完美的男人，尽管她已经32岁了。

刚开始的时候，她总是安慰父母不要着急，父母看着她胸有成竹的样子，也就放心了。然而，三十岁生日之后，父母俨然已经急得火上房了，苏珊自己心里也开始沉不住气。她问自己，真的有那个与我百般般配的生命中的另一半吗？这是不是只是一个美丽的传说？苏珊开始在亲戚朋友的安排下相亲，每见完一个人，她总是能够找出对方一大堆的缺点来。她很纳闷地问闺蜜："你的婚姻那么幸福，你可以告诉我如何才能找到完美的另一半吗？"闺蜜听了苏珊的话之后哈哈大笑起来："完美？苏珊，你可真是一个单纯的小姑娘啊！这个世界上哪有什么完美的爱情。你看着我很幸福，其实我也经常和我老公吵架，只不过，吵完了再和好而已。""啊？"苏珊看上去真的不知道完美的男人也会和自己的老婆吵架，幸福的婚姻也需要锅碗瓢盆奏鸣曲。在闺蜜的启发下，苏珊终于意识到，在这个世界上，没有任何男人能够符合她的完美标准。她开始尝试着降低自己的标准，甚至还主动报名参加了一个征婚交友的电视节目。然而，在录制节目的过程中，苏珊每次被男生拒绝的时候，都会有一种想哭的冲动。这么多年来，她始终在坚持自己心中完美的标准，当她终于降低标准想要与一个男生牵手的时候，她却发现男生总是因为她的年龄而拒绝他。

此时的苏珊才真正意识到了，遇到合适的男人，一定要尽早把自己嫁出去，因为也许一犹豫女人就过了季。

因为自身条件的优秀，苏珊在心中对于爱情和真命天子有着近乎完美的苛刻要求。所以，直到32岁的时候，她也没有寻觅到自己的另一半。然而，对于女人来说，32岁无疑是一个尴尬的年纪，不大不小，不上不下。当她在闺蜜的启发下降低自己要求的时候，却发现自己变成了被男人淘汰的对象。这种角色的转换使苏珊备受打击，也是很多大龄剩女必须面对的心理问题。其实，爱情并不是完美的，既然我自己是不完美的，我们当然也不能要求别人是完美的。面对爱情和婚姻，只要我们采取宽容的态度对待，我们就一定能够获得幸福。

心理小提示

遇到合适的人，就把自己嫁了吧，毕竟，青春如昙花一现，经不起犹豫。

幽默的男人能带给你更多幸福

在国外，幽默是一种非常优秀的品质，不仅能够自娱自乐，而且能够带给身边的人很多欢乐。不过，在中国，因为儒家和道家的影响，国人们更加崇尚严肃和庄重。我们不习惯幽默，因为那不符合我们为人处世的风格。近几年来，随着时代的发展，我们与国际潮流的接轨越来越多。所以，被西方人所崇尚的幽默也逐渐得到了国人的认可。在择偶的时候，女人们也开始学着欣赏幽默的男人。

通常情况下，一个幽默的男人一定是一个积极乐观的人。生活原本就是充满艰辛的，作为女人，你是愿意和一个遇到困难的时候愁眉苦脸的人共度一生呢，还是愿意和一个在困难面前谈笑风生的人共度一生呢？幽默的男人不仅具有乐观开朗的个性，而且能够从容地面对生活中的很多挫折和困境。他们往往学识渊博，才思敏捷，能够在合适的时候用幽默调侃自己，也给身边的人带来快乐。幽默并非是简单地耍嘴皮子，幽默需要人们深刻理解语言的含义，并能利用语言的妙用给生活带来情趣。和一个幽默的男人在一起，女人能够笑口常开，青春永驻。在寻找人生伴侣的时候，在关注众多必不可少的品质时，也要用心地去寻找一个幽默的男人，去选择一种积极乐观的人生。有一位心理学家曾经说过：“具有幽默感的男人，是一个幸福的男人。”同样的道理，找一个具有幽默感的男人做老公，一个女人也一定能够得到更多的幸福。幽默，如今已经成为现代好男人必须具备的基本素质之一。

在美国西海岸，有一条公路有一个急转弯，而且旁边还有一个深湖，属于典型的事故多发地段。为了减少开车的人们掉入湖中的危险，一个美国男人想出了一个别出心裁的标语：“假如你的汽车会游泳，那么请照直开，无须刹车。”果然，原本无论怎样警示都事故高发的地区在有了这条标语之后，事故发生率大大降低了。每一个开车路过这里的人看到这条标语的时候都会会心地一笑，然后自觉地减慢车速。如此一来，这个充满智慧的男人不仅达到了自己的目的，而且给人们带来了很多的快乐。试想，假如一个女人能够有幸与这样一个有幽默感的男人在一起生活，她该多么幸福啊！

赵娜是一个非常幸福的女人，每天都乐呵呵的。其实，熟悉赵娜的人都知道，曾经的她性格内向，敏感而忧郁。在大学同学聚会上，同学们简直不认识赵娜了，因为出现在他们面前的是一个谈笑风生、幸福溢满眉梢的人。女同学们都问赵娜：“10年了，你是越活越年轻啊。有什么秘诀吗？赶快告诉我们！”赵娜笑着说：“什么越活越年轻啊，那岂不是成了老妖精了？我只是找了一个有幽默感的老公而已，每天都乐呵呵的。人们不都说笑一笑十年少吗，所以皱纹的刻刀就暂时放过我了！”女同学们更感兴趣了：“幽默居然有这么大的功效？说来听听！”赵娜沉思片刻，说：“例如吧，夫妻过日子没有锅碗瓢盆不相碰的。有的时候，明明要吵架了，但是只要我老公适时地幽上一默，我就马上转怒为喜了。有一次，因为一件小事情我们发生了争执，正当我河东狮吼之际，婆婆突然推门而入，这时，我老公说：‘妈妈，你是不是以为要下雨？其实，只是在打雷而已，不要担心了，不会下雨的。’婆婆听了这话笑了笑就出去了，我也忍俊不禁。我老公是一个特别幽默的人，在他发挥他的幽默特长的时候，你一定会忍不住笑出声来，怒气自然就消了。所以，我们很少吵架，即使有点儿小矛盾，也很快就化解了。”听到这里，一个女同学恍然大悟地说：“难怪人家国外的女人找男朋友的时候都要求对方必须懂幽默、会幽默呢！我看，咱们就是太没有幽默细胞了。你真幸运，居然找到了这样一个幽默的老公！”

幽默能使女人更幸福，就像事例中的赵娜一样，她原本性格内向忧郁，但是因为有了幽默老公的陪伴，居然渐渐变得乐观开朗起来。虽然有的女人觉得总是笑容易长皱纹，但是那种精神上的幸福和满足感却不是美丽的容颜能够取代的。有一种幸福是发自内心、由内而外的，赵娜的幸福就属于这一种。

作为女人，要想得到幸福的生活，就要培养自己的幽默感，同时努力寻找一个具有幽默感的老公。生活对于每一个人都是公平的，面对生活中的坎坷挫折，幽默的人能够积极乐观地从容应对，缺乏幽默感的人则很容易陷入悲观绝望之中。因此，我们要找一个有幽默感的男人作为终身伴侣！

心理小提示

幽默的人能够积极乐观地面对生活中的艰难坎坷，给原本平淡的生活增添几分幸福的滋味！

该不该嫁给离过婚的男人

如今，恋爱自由了，婚姻也自由了，人们可以自由地选择适合自己的恋爱对象轰轰烈烈地爱一场，也可以和自己的爱人相识不久便走入婚姻的殿堂。当然，假如婚后觉得对方不合适，只要彼此协调好，同样可以以闪电的速度离婚。这就导致现代社会的离婚率节节攀升，越来越多的人在经历了第一次失败的婚姻之后，更加冷静理智地对待第二次婚姻。假如你是一个未婚的女人，又假如你喜欢上了一个离过婚的男人，那么，你是嫁还是不嫁呢？对于离过婚的男人，不同的女人给予了不同的评价。长期以来，女人们对离婚男人的褒贬始终不一。有人认为离过婚的男人是个宝。

在经历了第一次失败的婚姻之后，男人由一个稚嫩的小男孩变成了一个成熟的大男人。他们也许曾经非常自私，不知道应该如何爱护自己心爱的女人。然而，在经历了一次婚姻之后，他们能够更加明确地知道自己想要找到怎样的女人，也知道自己在婚姻之中有哪些做得不周到的地方。如此一来，在面对第二次婚姻的时候，他们会采取更加审慎的态度，也能够以更好的姿态面对婚姻。不过，也有的女人不愿意嫁给离过婚的男人。她们认为婚姻是非常神圣的，离过婚的男人会在心里产生离婚也没什么大不了的想法，从而使他们无法像面对第一次婚姻那样审慎地对待第二次婚姻。所以，女人们很担心男人会离婚上瘾，至少不会畏惧离婚，导致在婚姻生活中一旦遇到什么困难，就会轻易地用离婚来解决问题。

其实，不管是男人还是女人，不管是第一次结婚还是第二次结婚，在面对婚姻问题的时候，都应该考虑周全，尽量不要离婚。婚姻是需要磨合和经营的，如果稍微有点儿不合心意的地方就把离婚挂在嘴上，那么婚姻就会变成儿戏。前段时间曾经播放过一个电视剧，其中的女主角在第二次婚姻中委曲求全，宁愿被婆婆欺负、误解，也不愿意轻易提出离婚。直到她的丈夫不忍心看到她被婆婆欺负之后提出离婚，她才万般不情愿地与丈夫去办理离婚手续。在去往民政部门的路上，他们遭遇了车祸，在生死存亡的危急关头，丈夫毫不犹豫地扭转车头保护妻子。女人醒来后面对昏迷不醒的丈夫，再也不愿意离婚了，因为她知道这个男人在用生命爱着自己。就这样，她用爱唤醒了丈夫，也因为怀孕得到了婆婆的疼爱和谅解，一家人终于幸福地生活在一起。所以，婚姻是需要磨合的，不仅相爱的两个人之间需要磨合，即使是和对方的亲人等，也需要不断地磨合。对于离过婚的男人能不能嫁这个问题，要根据具体男人的情况进行具体分析。不管是第几次面对婚姻，都要本着真诚、平等、挚爱的原则。只有拥有坚实的感情基础，才能拥有幸福美好的婚姻。

张志今年38岁了，有一个6岁的女儿，归前妻抚养。眼见着张志离婚已经3年了，父母不由得开始催促他考虑个人问题。在朋友的介绍下，张志认识了林倩。林倩是一个待字闺中的老闺女，因为曾经眼界太高，直到30岁了还没有找到合心意的结婚对象。其实，她对张志还是比较满意的，唯一让她犹豫不决的是，有的朋友说离过婚的男人好，有的朋友说离过婚的男人不好。对此，林倩根本拿不定主意。她有的时候幻想着张志会像有些离婚男人那样珍惜现在的感情，有时候又害怕张志会像前一次婚姻那样轻率地提出离婚。她也曾经告诉过张志自己的顾虑，对此，张志只是淡淡地说："如果你不放心，咱们可以多相处一段时间，你可以用心感受我。你不用在乎别人怎么说，只要在乎你自己的感受。而且，我和前妻之所以离婚，是因为她想在国外定居，而我想在国内发展，所以，我们的分手是很友好的。迄今为止，我们仍然是朋友，经常有邮件往来。"面对沉稳、踏实的张志，林倩再也看不上那些毛头小伙子了。经过一段时间的相处之后，林倩下定决心和张志结了婚。婚后，看着闺蜜们整日和自己的男友吵吵闹闹，而自己却享受着张志无微不至的照顾和包容，林倩简直觉得自己的决定无比英明。

对于离过婚的男人，你可以把他当块宝，也可以把他当根草。归根结底，婚姻要以爱情为基础，而不能只看这个男人是否结过婚。两个人的相处，牵涉方方面面的事情。婚姻不同于浪漫的爱情，更是需要脚踏实地地生活，实实在在地过日子。两个人必须相互理解、相互包容、相互体谅，才能在婚姻的道路上越走越远。面对男人，尤其是离过婚的男人，女人一定要细心感悟，跟随自己的感觉做出正确的决定。

心理小提示

女人在选择终身伴侣的时候，都要选择最适合自己的那个人，不管面对的男人是否离过婚。

"经济适用男"受到女人的欢迎

前几日，在江苏卫视热播的婚恋交友类节目《非诚勿扰》上，一位男嘉宾在进行自我介绍的VCR上标榜自己是"经济适用男"。何为"经济适用男”呢？所谓“经济适用男”，是指不吸烟、不喝酒、不赌钱、无红颜知己的男人。他们一般工作稳定，分布在教育行业、IT行业、机械制造、技术行业等。他们的收入也比较稳定，月薪在3 000~10 000元不等。对于如今大多数年轻人都很头疼的房子问题，他们也具备一定的首付能力。从上面的描述不难看出，对于一个想踏踏实实地过日子的女人来说，这种经济适用男无疑是很好的选择。和以前的很多女人都想找事业有成的钻石王老五不同，如今，越来越多的女人青睐这种“经济适用男”。他们无不良嗜好，按时下班回家，也没有多余的钱像成功人士一样在外面包养二奶或是情人，他们心态平和，踏实生活，既有一定的经济能力，又没有多余的应酬，一有时间就陪老婆孩子。经济适用男大多数是单位的骨干，工作和生活都很充实。

为了配合经济适用男，甚至还有很多女性宣称自己是经济适用型太太。她们以结婚为目的，真诚地与男人恋爱，并能够精打细算，处处为男人着想，绞尽脑汁地想过上好日子。这种女人很有必要找一个经济适用男成为经济适用型太太。首先，这是女大当嫁的必然要求。要知道，对于女人而言，最美好的青春岁月只有那么短短的几年时间，女人一定要抓住时机把自己嫁出去。此外，几乎每个女人心里都希望自己能够钓得金龟婿，然而，在现实生活中，优秀的男人只是凤毛麟角，已经事业有成的男人更是屈指可数。对于女人来说，经济适用男无疑是支潜力股，他们大多是单位的中层干部或是业务骨干，只要假以时日，只要不犯原则性的错误，必然能够有所发展。所以，很多女人愿意投资这样的潜力股，为自己未来的幸福生活下赌注。

阿霞今年28岁了，是一个典型的“经济适用型太太”。她用自己的实际经验证明，找一个“经济适用男”当老公是一件非常幸福的事情。阿霞的老公今年34岁了，比阿霞大6岁。他非常疼爱阿霞，一有时间就帮阿霞做家务，带孩子。他是一个电子工程师，工作很稳定，收入也居于中等水平，足以供他们一家三口过上衣食无忧的生活。幸福的阿霞说：“6年前，我和同村的三个好姐妹一起来到深圳。我们分别选择了三条完全不同的道路，过着三种完全不同的生活。我的一个姐妹嫁给了大款，当时，在她的豪华婚礼上，无数人羡慕她从此锦衣玉食，生活无忧。然而，结婚不到两年，她的老公就过了新鲜劲，在外面包养了好几个情人。她就一个人守着一套空荡荡的别墅生活，每天除了健身、美容，就是自己在家里一张接一张地看碟。她说，有的时候，她恨不得一把火把房子烧了！另一个姐妹始终都想找个完美的‘金龟婿’，结果，如今我的宝宝已经2岁了，她却还是没有嫁出去。我认为，在我们三个人中，只有我的选择是最正确的。我嫁给了一个‘经济适用男’，而且还生了个儿子。我的老公家庭责任感很强，很少在外面应酬，每天一下班就回家帮我做家务，带孩子。每次出差回来，老公都会记得给我和儿子买很多礼物。我的婆婆对我也很好，不像有的婆婆那样挑剔儿媳妇，而是把我当成亲闺女看待，不管有什么好吃的好喝的，都会留给我和孩子。”

婚姻就像一双鞋，合不合脚只有自己知道。阿霞的姐妹嫁给了大款，经历了短暂的风光之后就被打入了冷宫，独自守着一栋空荡荡的别墅，没有任何家的温暖。另外一个呢？因为始终想找一个金龟婿，所以变成了大龄剩女。只有阿霞，非常务实地嫁给了一个“经济适用男”，很快地生了一个可爱的宝宝，拥有了一个幸福完整的家庭。虽然“经济适用型”太太认为身边的“经济适用型”老公没有“金龟婿”那般气派，但是他们对老婆、孩子和家庭却很有责任感，令人感到无比踏实。阿霞的幸福溢于言表，给了很多未婚女人以启示。

心理小提示

经济适用男就是使女人觉得经济、使家庭无比舒适的男人。

第9章

让爱的伤口愈合，失恋为你打开更好的明天

面对失恋，有的人痛不欲生，甚至自寻短路；有的人毫不在乎，继续玩感情游戏。其实，这两种做法都是不正确的。对待爱情，我们应该认真而审慎。当爱情不在了的时候，我们要认真地反思自己，选择放手，给对方追求幸福的机会，也给自己一个拥有美好未来的机会。很多时候，两个优秀的人在一起却未必能够得到幸福，爱情最重要的就是合适，而不是所谓的好坏的标准。所以，当不爱了，就选择遗忘吧，而不要选择恨，因为只有学会遗忘才能开始未来美好的生活。

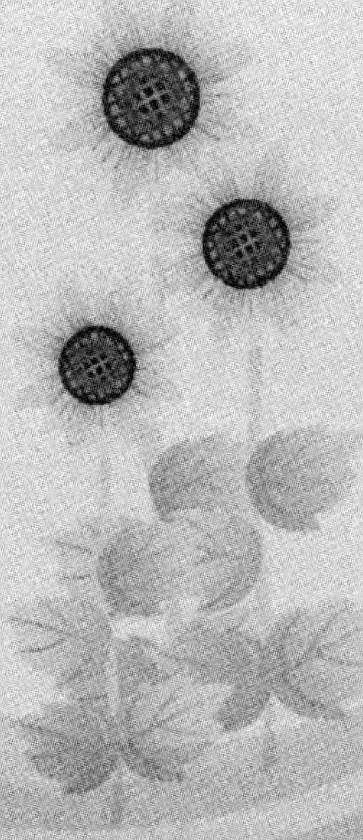

有一种爱叫单相思

能够拥有两情相悦的爱情是幸运的，在生活中，很多人陷于单相思的痛苦。所谓单相思，就是指单方面的爱情。和两情相悦的爱情不同，单相思的爱情若隐若现、羞羞答答，毫不出声。偶尔忆起他或她的容颜，心中就会非常激动，有几分甜蜜，也有几分苦楚，个中滋味无人能知、无人能理解。单相思是一种有缺憾的爱，也是一种最美丽的爱。单相思是一个人的爱情，单相思的人总是喜欢看着那个渐行渐远的身影，一个人默默地品味爱的滋味。

有的人觉得单相思是痛苦的，因为爱而不得。其实，单相思是幸福的，因为万物的精华在于随意。单相思的爱情不受任何外物的制约，就像流动的空气一样使人感到非常清新，心情舒畅。单相思的人不必在乎对方心里怎么想，也不必在乎对方对自己怎么看，他所需要做的就是自己默默地爱。爱得深或者浅，完全是由一个人说了算的。就像大自然掌握着花开花落的规律，单相思的人可以决定自己爱或者不爱，爱得深还是浅。大凡单相思之人，都能够忍受爱情的寂寞，他们沉浸在自己的爱意之中，不需要对方的迎合。其实，从这份单方面的爱中，他已然得到了什么。在他心中爱的火焰燃烧得最炙热的时候，有一个人随着他的思念悄然而来。纵然他或她从来不曾真实地出现过，但却给予了那个默默爱着的人无穷的力量，使他变得更加勇敢，这就是一种得到。在最绝望的时候，她或者他那迷人的微笑、甜美的声音、曼妙的舞姿出现在那个默默爱着的人眼前，使他有最大的勇气去面对生活的艰难。为了这份情，为了这份无法成真的爱，那个默默爱着的人默默地努力着，想要生活得更好，想要获得更大的成功。这种爱恋，尽管不为人所知，但是却像一盏明灯，默默地为心中有爱的人指引着前进的方向。

高中时期，陈浩的学习成绩很一般，但是，到了高三的最后冲刺阶段，他却突然取得了长足的进步，从班级的第三十几名一跃成为班级的第十名，最终，他以优异的成绩考上了一所名牌大学。不仅是同学们，包括老师在内都对此疑惑不解。一天，陈浩最好的哥们儿问他："你是打了鸡血了吗？成绩就像坐了火箭一样噌噌直上。"陈浩笑而不语。哥们儿逼迫着他必须把秘诀说出来，不能独享，陈浩只好说："其实，没有什么诀窍，只是我突然喜欢上了一个女孩而已。"哥们更纳闷了："人家谈恋爱时的成绩都是一落千丈，你的成绩为什么扶摇直上呢？"陈浩笑了："谁说我谈恋爱了？我只是喜欢上了一个女孩，而没有谈恋爱。"听到这里，哥们哈哈大笑起来："原来是单相思啊！"陈浩说："她是我们班最优秀的女孩。刚开始的时候，我并没有注意到她，一个偶然的机会，她坐在我的前面回头向我借橡皮，我突然发现她的笑容很美！得知她高考准备填报的志愿之后，我就告诉自己要奋发图强，一定要和她考到同一所大学，或者至少要考到同一个城市里。在最后的冲刺阶段，我每天只睡四五个小时，差点儿就要像古人那样头悬梁、锥刺股了。幸好，只要一想起她，只要一想起能够和她在一个学校读书，在一个城市度过最美好的大学时光，我就浑身充满了力量！"哥们儿听到这里，恍然大悟："原来是单相思给了你动力啊！"

很多时候，单相思能够鼓舞人们更加坚定地向着自己的目标前进，从而把自己的单相思变成两情相悦的恋爱。陈浩正是为了和那个自己喜欢的女孩考进同一所大学或是同一个城市，才会玩命似的在最后的冲刺阶段提高自己的成绩，并最终如愿以偿。这就是爱情的力量，即使是一个人的爱情，也蕴含着无穷无尽的能量。

心理小提示

有一种爱叫单相思。如果你喜欢一个女孩，就要加倍地努力，为自己争取更多的机会。

失恋的滋味就像一杯浓烈的苦酒

爱情是很神奇的，让人难以捉摸。有的时候，人们爱得死去活来，有的时候，人们却突然之间就不再爱一个人了。这样，被别人甩掉的那个人必然饱尝失恋的滋味，他们就像在无奈地品着一杯苦酒，虽然很苦，但是却不得不喝。毕竟，爱情是两情相悦的事情，强扭的瓜不甜。在现实生活中，有的时候爱情是真的存在的，只不过，随着时间的流逝，爱情渐渐变淡，直到烟消云散。面临分手的时候，人们以为曾经的爱是谎言，其实不然。曾经的爱很有可能是真爱，只是如今已经消散了而已。

在生活中，我们看到很多人喝酒的时候特别痛苦，他们总是紧皱眉头，一仰脖就把酒倒进了自己的口中。然而，失恋这杯苦酒却不是那么容易喝的。很多时候，即使过去了很长时间，失恋的痛楚依然真真切切，使人们一想起来就感觉到切肤之痛。普通的酒只会在喉咙里辣一会儿，但是失恋的苦酒却像一块胶皮糖，紧紧地粘在你的喉咙中，下不去，也上不来，你只能硬着头皮默默地品尝它的苦味。很多人把失恋的苦酒和眼泪混合在一起，慢慢地咽下去。还有些人因此而心生怨恨，甚至一生都活在对那个抛弃自己的人的怨恨中。曾经有人问过，爱的反面是什么？有人回答是恨，其实，爱的反面是遗忘。因为，恨也是一种爱，只有遗忘，才是彻彻底底地忘记。只有尽快忘记，才能够使自己从失恋的阴影中走出来，不再沉迷于其中。

艾蕾今年32岁了，她和初恋男友基恩相处了整整8年。如今，他们8年的恋情走到了尽头，原因是基恩在临近结婚的时候突然发现自己不再爱艾蕾了，这使艾蕾简直无法活下去了。在很长的一段时间里，艾蕾每天都喝得酩酊大醉，她没有请假就擅自离开了工作岗位，到酒吧里喝得醉醺醺的。有几次，都是她的朋友把她从酒吧里接回家的。就这样，艾蕾失去了一份很好的工作。后来，艾蕾还开始酗酒，如果没有酒精，她就无法入睡。艾蕾原本是一个非常精明能干的女孩子，但是现在却邋里邋遢，好像一下子老了10岁。看着艾蕾的样子，身边的朋友们都觉得不能再让她这样下去了。哈林是个调酒师。一天，哈林请艾蕾去自己所在的酒吧喝酒，并且承诺会调配一杯艾蕾从来没有喝过的酒给她喝，艾蕾如约而至。果然，哈林调配了一杯很特别的酒，这杯酒看起来五彩缤纷，就像彩虹一样，非常漂亮。艾蕾简直不忍心把它喝下去。但是，当她在哈林的劝说下喝第一口的时候，她几乎抑制不住自己的冲动想要把喝进口中的酒吐出来。她从来没有喝过这么难喝的酒，辣得要死，还有一股子怪味。但是，哈林却坚持让她喝下去。艾蕾死也不肯。哈林说："这杯酒的名字叫失恋的苦酒。虽然你现在不想喝，但是你却已经喝了很久了。你把好端端的工作给丢了，把自己弄得人不人鬼不鬼的，这一切都只是因为一个移情别恋的男人！为了这个男人，你不仅白白浪费了8年的青春时光，还准备把自己的一生都搭进去。失恋对于你而言，就是我所调配出来的这样一杯苦酒，而且有愈演愈烈之势。"听了哈林的话，艾蕾幡然醒悟。后来，她不再酗酒，而是重新给自己找了一份工作，开始了全新的生活。很快，一个优秀的男士走进了艾蕾的生活，他们一见钟情，很快就坠入了爱河。

如果不知道从失恋中抽身而出，失恋就会变成这个世界上最难喝的苦酒，使人无法下咽。艾蕾是不幸的，因为男友的移情别恋，他们8年的感情付诸东流；艾蕾又是幸运的，她在与男友结婚前认清了男友的本质。正因为如此，她才有机会与更优秀的男人坠入爱河，开始自己全新的生活。失恋本就是一杯苦酒，我们要尽早从失恋中走出来，开始自己新的人生。

失恋本就是一杯苦酒，能够及时走出失恋阴影的人才有机会获得新的幸福，不能及时走出失恋阴影的人则会长久地沉浸在失恋的痛苦之中，不仅错过了太阳，也会错过群星。

如何愈合失恋的伤口

经历失恋的人就像是经历了一场生死的考验，总是难以从大病初愈的状态之中恢复过来。那么，应该如何愈合失恋的伤口呢？在现实生活中，有很多人都曾经遭遇过失恋，当然，因为性格不同、观念不同，每个人对失恋的处理方式都是不同的。有的人会积极对待失恋，失恋之后及时调整自己，更好地面对未来；有的人则用消极的态度对待失恋，觉得失去了对方就像失去了整个世界，不仅悲观绝望，甚至还会走上绝路。其实，对待失恋，应该用积极的态度去面对。假如能够换一个角度看问题，我们就会发现，其实失恋也许是一件好事。很多人之所以沉浸在失恋的痛苦之中，是因为他觉得对方是最优秀的人，一旦错过对方，就再也不会遇到这么合适的人。其实，地球离开了谁都照样转，而且，既然对方选择了离开，就说明你们之间没有缘分。那么，你应该积极地投入新的生活，寻找那个真的和自己有缘分的人。

由此可见，要想尽早愈合失恋的伤口，最重要的就是端正自己的心态。爱情是自由的，相爱的两个人也同样是自由的。我们有爱一个人的权利，也有不爱一个人的权利。很多时候，爱或不爱并不是我们自身所能决定的，爱情甚至不受我们本心的控制。因此，当一个曾经深爱你的人告诉你他现在已经不爱你了，你是选择恨，还是选择放手？爱情最重要的是过程，在相爱的过程中，人们感受到爱情带来的温暖，因此更加珍惜对方。

当不爱的时候，那些曾经幸福的感受并不会随之而去，而是会作为最宝贵的记忆珍藏在我们的内心深处。由此可见，当爱情悄悄地溜走了，面对曾经与自己真心相爱的人，最好的办法就是放手。放手让对方离开，也能够给自己一个机会，重新寻找美好的生活。要相信，每个人都会遇到欣赏自己的人。所以，面对失恋，我们不应该做消极的表现，而应该用积极的态度来勇敢地面对失恋。失恋并不可怕，你只有在情路中经历更多的挫折，才会变得越来越成熟、越来越坚强。从某种意义上来说，失恋意味着一个新的开始。其次，在端正心态之后，我们还应该采取一些切实可行的措施，使自己从失恋的痛苦中解脱出来。例如，要充实自己的生活，和朋友一起去旅游，或者学习一些新的知识和技能，提升自身等。如此一来，你就没有更多的时间沉浸在失恋的痛苦之中了。此外，还有很多人把所有的精力都投入到工作中去，以便使自己能够避开失恋的困扰。其实，每个人都可以找到一些适合于自己的方法，只要能够使自己充实起来摆脱失恋的痛苦即可。

若英今年32岁了，面对男友的决然离去，她简直痛不欲生。她无法工作，甚至心痛得无法呼吸。为了改变这种状况，她毅然决然地辞去了工作，背上行囊开始了为期一年的长途旅行。她走遍了祖国的大好河山，并且还去了几个心仪已久的国家。当若英旅游结束之后，大家简直不敢相信眼前这个光彩照人的女人就是若英，因为一年前的她是那么憔悴苍白，简直就像活不成了一样。若英向人们讲述了自己的旅途经历，她说：“我去了很多地方，甚至还去了死亡峡谷。我一个人跟随路上认识的陌生人一起穿越死亡峡谷，差点儿死在了那里。那一刻，我突然想明白了，每个人都是生命的过客，我们根本没有必要为不值得的人和事伤心欲绝。后来，我开始在世界各地旅游，我花光了自己所有的积蓄，因为我强烈地意识到生命才是我最宝贵的财富。现在的我依然相信爱情，但是却不会再为了一个不值得的人寻死觅活了。爱情是要讲究缘分的，没有缘分的人，强求也无法相守。我会静静等候我命中注定的那个人出现，也许，他也正在找我呢！”

为期一年的长途旅行，旅行中经历的生死考验，使得若英突然间顿悟了。她依然相信爱情，但是却不会再为不值得的人付出自己的所有，包括

尊严和生命。若英的旅途无疑愈合了她失恋的伤口，并使她有了对人生更多的感悟。人生是漫长而又短暂的，我们要珍惜值得珍惜的人和事，放手让那些生命的过客匆匆而过。

心理小提示

因为性格、成长经历、教育背景、各种观念的不同，每个人对待失恋的态度都是不同的，最重要的是要找到合适的方法帮助自己愈合失恋的伤口。

不管何时，都要憧憬爱情

前些年，在电影和电视剧的情节中，我们经常会看到人们因为对爱情绝望而遁入空门。不过，现在，这种老套的情节已经越来越少了。这是因为，随着社会的发展，人们的爱情观念也越来越开放，尽管人们仍然希望自己能够拥有天长地久的爱情，但是却已经不奢求对方必须对自己死心塌地。人们学会了接受爱情的变故，学会了调节自己的心情。其实，这是一种好的转变。社会在飞速发展，亘古不变的东西越来越少，爱情也应该与时俱进。以前，经常听说有人因为失恋而自杀，或者伤害自己曾经爱过的人，如今，这种新闻也越来越少，因为人们学会了放手，学会了给别人、给自己机会。其实，爱情是讲究缘分的，缘分没到，强求也没用。

很多人把爱情比作一把双刃剑，觉得爱情既容易伤害对方，也容易伤害自己。其实，爱情的确会使人受伤。不过，伤口总是要愈合的。即使你失恋了，经历了无法承受的痛苦，你也终有一天要从失恋的阴影中走出来，迎接新的爱情。有些人因为一次恋爱失败了，就对爱情失去信心，说人间没有真爱，这其实是不正确的。真爱从来都是存在的，只是爱情的保鲜期很短，有的时候会在你不知不觉间消散而已。对于一个心理健康的人来说，要增强自己的心理愈合能力，即使在爱情之中遍体鳞伤，也依然要憧憬爱情，坚定自己对爱情的信念。人是感情动物，假如没有感情，没有爱，人也就失去了存在的意义。只有始终保持对爱情的憧憬，人生才有意义，才有可能得到幸福。

墨西·门德尔松是德国知名作曲家门德尔松的祖父。他长相平平，除了五短身材之外，还是个难看的驼背。当遇到美丽的弗西时，他马上就无药可救地爱上了她。不过，弗西却一直不愿意正眼看他。面对离别，墨西鼓足勇气，忐忑不安地问弗西："你相信缘分吗？"弗西非常羞涩，她的眼睛盯着地板，回答说："相信。"然后，她反问他："你相信吗？"墨西兴奋地说："你知道吗？在每个男孩出生之前，上帝都会告诉他将来会娶哪个女孩。我出生的时候，上帝告诉我我的新娘是个驼子，所以，我恳求上帝：'上帝啊！请你把驼背赐给我，再把美貌赐给我的新娘吧！"墨西的话深深打动了弗西的心，她感动地把自己的手伸向墨西，并且最终成为了他最挚爱的妻子。

和男友分手之后，小米失去了对爱情的信心。虽然很多男人都喜欢她，追求她，但是她却始终不正眼看他们。她总是说："男人都是一路货色，没有一个好东西！"那些追求者看到小米的态度后都知难而退了，只有汪明荃依然坚持着。每天，他都在默默地关注着小米。一天，小米因为生理周期而腹痛难忍，汪明荃便悄悄地给她买了红糖姜茶放在桌子上。小米喝着暖暖的姜茶，心里也暖暖的，但是，她还是怀疑。为了验证汪明荃的真心，小米告诉他自己得了宫颈癌，需要手术和化疗。她原本以为这会使汪明荃退却，出乎她意料的是，汪明荃却一往情深地向她表白："小米，不管你变成什么样子，都是我爱的小米。我喜欢的是你这个人，而不是任何附加的东西。既然你生病了，就让我照顾你吧，我发誓我是真心的，我永远也不会抛弃你！"听了汪明荃的话，一直以来被人们称为"冷美人"的小米感动得热泪盈眶。在真爱面前，她勇敢地投入了汪明荃的怀抱。因为，她知道真爱难求。

在这两个事例中，墨西虽然是个矮小的驼背，但是却能够勇敢地追求自己的爱，这是因为他的心中对于爱情有着美好的憧憬。而小米呢？虽然

受到过爱情的伤害，也因此而封闭了自己的内心，但是在不离不弃的汪明荃面前，她还是敞开了自己的心扉。其实，爱情就是这样捉摸不定，在你被爱情伤害之后，也许真正的爱情就在不远处等着你，所以，永远不要放弃对爱情的憧憬。

心理小提示

爱情不分国界，不分年龄，不分长相的美丑，更不分爱的经历，对于所有人都一视同仁，因此，不管什么时候，我们都要憧憬爱情。当爱来临的时候，就请深情热烈地爱一次吧，也许你会受伤，但这是唯一能使人生完整的方法。

有一种爱叫放手

很多人把爱情演绎成自私的占有，爱一个人，就要占有他和他所拥有的一切，殊不知，爱的真谛是放手。真正的爱，为了使自己所爱的人能够得到幸福，心中有爱的人会心甘情愿地放手。拥有这种爱的人，必然心胸开阔，能够为了爱情而放弃自己的幸福，成全对方。在这种爱面前，相爱的人之间必然更加宽容，更多理解和体谅。

曾经报纸上刊载了一个男孩因为女友提出分手而残忍地用硫酸泼女孩的恶劣事件。看到这件事情的时候，原本使人无限憧憬的爱情不由得使人心惊胆战。其实，这并非是爱情的错，而是人的错。任何人的爱情都是纯美的，只不过，有些人因为自私，把爱情演变成了一场噩梦。那个被泼硫酸的女孩全身重度烧伤，面部严重毁容，还是个正在上学的花季少女，就这样失去了自己的人生希望。这种爱情，不要也罢。在浪漫瑰丽的爱情梦里，女孩子一定要擦亮自己的眼睛，千万不要和如那个泼硫酸的男孩之类的男人谈恋爱。否则，爱情就不是一件美好的事情，而是一个可怕的噩梦。很多人都看过电视连续剧《不要和陌生人说话》，其中的男主角无疑是一个心理变态的人。因为爱情，女主角嫁给了他，但是在结婚之后，女主角才发现自己的人生变成了一个无处逃匿的噩梦。恋爱的时候，我们要远离这种人。其实，不管是爱情也好，还是普通的生活也好，心怀宽容的人都是受人欢迎的。只有有着开阔的心胸，人们才能善良地对待别人，包容别人，不至于做出过激的事情来。放手的爱，是只有心胸开阔的人才能有的，也只有他们，才会给予自己所爱的人这种至深至真的爱情。得到这种爱的人是幸福的，因为在分手之后还有对方的祝福与宽容与自己同行，心里必然多了一份美好和踏实。

张杰和萌萌是班里的金童玉女，对于他俩的爱情，同学们都给予了无限的祝福。然而，使大家疑惑不解的是，在临近毕业之时，张杰却向萌萌提出了分手。萌萌根本不知道这一切是怎么回事，因为张杰原本是说好了要和她在一起一生一世的啊！直到10年之后，在大学同学聚会上，萌萌才知道了真相。原来，萌萌的家庭条件特别好，父母早就计划在她大学毕业后送她出国。而张杰却来自农村，家里供养他上大学已经很艰难了，根本不可能让他出国。为此，尽管父母苦口婆心地劝说，萌萌还是义无反顾地放弃了出国的机会。临近毕业的时候，萌萌的父母迫于无奈不得不去找张杰。看到父母的良苦用心，张杰答应和萌萌分手，并且答应保密。就这样，伤心的萌萌踏上了去往美国的路途。10年之后，萌萌已经拿到了美国绿卡，并在美国定居，她与一个美籍华人组建了家庭，并且育有一双可爱的儿女，生活非常幸福。当得知张杰当初是因为父母的心愿才与自己分手时，萌萌不由得感慨万千。她不得不承认，她如今生活得很幸福，过得比大多数同学都好。而这一切，如果不是因为张杰当初的放手，她也许都不会拥有。至于张杰，也凭借着自己的努力为自己在大城市谋得了一席之地，也已经结婚生子，拥有了幸福美满的家庭。

毫无疑问，张杰是爱萌萌的，但是，面对萌萌的父母所描绘的关于萌萌未来生活的美好场景，张杰觉得自己的能力远远不够。为此，他选择了放手，放手让萌萌离开了，以更好的起点开始更加幸福美好的生活。而他呢？也并没有因此而自暴自弃，而是加倍努力，去争取好的未来。这样的结局也算得上是皆大欢喜。面对爱情，面对一个深爱自己的人，你能够做

到为了他的幸福放手吗？能放手的爱才是真爱，才是深爱。

心理小提示

有一种爱叫放手。为了自己所爱的人，我们要学会放手，给彼此更多更好的机会！

不要为“打翻的爱情”哭泣

很多人在拥有爱情的时候不知道珍惜，直到爱情悄然远去之后才幡然悔悟，为失去的爱情无限懊悔，不停地责备自己。其实，这样做非但于事无补，反而还会与即将到来的爱情失之交臂，错失更多爱的机会。很多事情，过去了就过去了，过去的就让它成为历史吧，毕竟，时光无法逆转，世界上也没有卖后悔药的。在犯了错误之后，我们应该积极地改正错误，豁达地对待未来的生活，否则就会失去更多！

保罗博士曾经在纽约市的一所中学任教，并且在那里给他的学生们上过一堂令人难忘的课。因为考试失利，这个班的大部分学生都在为过去的成绩感到不安。他们总是在交卷后焦躁不安，担心自己不及格，以致因此而影响了下个阶段的学习。

一天，保罗把同学们都带到了自己的实验室里。他先把一瓶牛奶放在桌上，接下来就开始沉默不语。学生们根本不明白这瓶牛奶和即将学习的课程之间有什么关系，因此全都静静地望着老师。突然，保罗站了起来，一巴掌把那瓶牛奶打翻在了水槽里，并且大声地冲同学们喊了一句：“不要为打翻的牛奶哭泣。”他让学生们走到水槽前认真观察，他说：“我希望你们永远记住这个道理，牛奶已经流走了，不管你们如何悔恨，都无法取回任何一滴牛奶。在做事情的时候，你们只有提前做出周密的计划，加以预防，才能保住那瓶牛奶，但是现在已经晚了，你们所能做到的就是忘

记这瓶牛奶，然后集中精力面对和处理下一件事情。”听了保罗的话，同学们恍然大悟。于是他们忘记了自己曾经取得的不尽如人意的成绩，集中精力投入到了下一阶段的学习之中。

和赵娟离婚之后，杨永林非常后悔。曾经，他拥有一个善解人意、温柔大方的老婆，每天给他做饭、洗衣、操持家务。但是，他却没有好好珍惜。刚刚结婚两年的时候，杨永林就因为和一个哥们嫖娼被拘留了半个月，当时，怀孕已经两个月的赵娟一气之下打掉了腹中的胎儿。后来，赵娟还是选择给杨永林一个改过自新的机会。然而，时隔不久，杨永林又因为和单位里的女同事不明不白而被赵娟发现，这次赵娟坚决要求离婚，不愿意再给杨永林任何机会。离婚之后，杨永林才知道赵娟的可贵。她从来不嫌弃杨永林挣钱太少，而是辛辛苦苦地操持家务，为了这个小家，她在全职工作之余还兼职了一份工作。因为有了赵娟，家里每天都是干干净净的，一丝不乱。但是，如今呢？家里乱得像个狗窝，杨永林总是在外面的小饭馆凑合着解决吃饭问题，生活也是一团糟。虽然追悔莫及，但是杨永林却终日沉浸在懊悔之中，而没有鼓起信心和勇气重新做人。他的情况越来越糟糕，不仅生活一团糟，工作上也错误百出。终于，单位领导给他下了最后通牒：“如果继续这样下去，工作也将不保。”见此情形，哥们儿们痛骂了杨永林一顿：“你还算是个男人吗？要是个男人，你就鼓起勇气站起来，活出个人样来。赵娟为什么离开你，你不知道原因吗？你现在的所做所为只会让人瞧不起！”杨永林如醍醐灌顶，开始发愤图强，最终以实际行动重新赢得了赵娟的心，和赵娟复合了！

正如保罗教授所说的，即使为打翻的牛奶哭泣，也无法换回任何一滴流走的牛奶。在第二个事例中，赵娟之所以离开杨永林，就是因为他的花心和滥情。而杨永林呢？在失去赵娟之后才追悔莫及，但是却始终没有奋发图强。假如他一味地沉沦下去，最终会因此而失去工作，导致自己的人生更加失败。相反，当失去一份美好的爱情时，最正确的做法不是懊悔，而是奋起直追，以实际行动来证实自己。只有这样，才能重新受到爱情的青睐。

心理小提示

莎士比亚说："聪明人永远不会坐在那里为他们的损失而哀叹，而是用心去寻找办法来弥补他们的损失。"如果一味地为失去的爱情哭泣，那么爱情将永远不再青睐你。正确的做法是改变自己的不足，奋发图强，用事实证明自己！

不要为了忘记一个人而爱上另一个人

对于真正的爱情而言，当其中一方抽身而去的时候，毫无准备地失去爱情和爱人的一方必然是痛不欲生的。面对突如其来的失恋，人们想出了形形色色的方法为自己疗伤，其中不乏为了使自己从上一段感情之中逃脱出来而选择和另外一个人开始一段新的爱情的。其实，这种做法是不明智的。在失恋的情况下，人是极度伤心的，因此非常脆弱，需要别人的抚慰。这时，假如选择和另外一个人开始感情，那么对另外那个人无疑是不公平的。一方是疗伤，一方却是全身心投入地爱，最终结束的时候必然还是以对其中一方的伤害而告终。任何时候，任何情况下，爱情的动机都应该是纯粹的，只有纯粹的爱情，才能够更加长久和坚实。为了忘记一个人而爱上另一个人，是一种不负责任的表现。

爱情是一把双刃剑，爱得越深，爱所带来的伤害也越深。对于爱情，我们必须采取慎重的态度，对于自己所爱的人，我们一定要平等地对待。在爱情之中，任何人都不应该替补，那本身就是对爱的一种侮辱和亵渎。爱情要建立在双方心灵相通的基础之上，只有这样，爱情之花才能结出丰硕的果实。

很多时候，相爱的人之所以愿意选择放开，就是因为爱，就是因为懂得了过份执着会带给对方伤害。所以，不管他属于谁，只要那个人能给予他幸福快乐就够了。假如你真的爱一个人，就会心甘情愿地看到他幸福、快乐。当美好的爱情随着时间渐渐消失，当你一不小心经历了失恋，你千万不要因为逃避对他的思念就不顾一切地找个人来替代他，这是最不明智的做法。假如你在还没有做好充分的心理准备的情况下就匆忙投入另一场恋爱或者是婚姻之中，那么终有一天，你会发现自己并不爱他，而只是将他当成了一个替代品。此时，你就会陷入一种进退两难的境地，继续维持这段感情，你就无法忠于自己的内心；向对方提出分手，对方无疑要品尝你不久前所品尝的痛苦。古人云，己所不欲勿施于人。所以，我们只要先调整好心情，才能心平气和地开始一段新的感情。

因为男友突然提出分手，所以储慧受到了很大的打击。她觉得自己被整个世界抛弃了，因此无比失落。此时，一个男孩走入了她的视线。很久以前，这个男孩就曾经表现出对她的好感，但是她却因为心有所属而拒绝了他。此时，他依然在默默地关注着储慧。见此情景，储慧就像是抓住了救命稻草一样，几乎是不假思索地与这个男孩确立了恋爱关系。爱情的确很好地治愈了储慧失恋的伤口，然而，一段时间之后，她发现自己进入了一种进退两难的境地。因为她发现自己其实并不爱那个男孩，他们之间的爱情就像是一堆即将熄灭的火，冒着氤氲的烟，却怎么也没有灼人的火焰。但是，看着陪伴自己走过失恋的艰难岁月的男孩，看着那个无比投入、欣喜若狂的男孩，储慧知道，如果自己此时提出分手，那么自己刚刚经历过的失恋的痛苦就会转嫁到这个爱自己的人身上。为此，她非常犹豫，进退两难。她特别后悔，后悔自己不应该在冲动之下投入到一段新的感情之中。

如果为了忘记一个人而爱上另外一个人，就会陷入储慧这样的境地之中。面对失恋的痛苦，最好的方法是自己一个人疗伤。等到伤口愈合，情绪恢复平静，再开始一段新的感情。这才是对自己、对别人、对爱负责任的态度。

心理小提示

用开始一段新感情来治疗上一段感情留下的伤，只会导致感情变得越发复杂。

爱情需要理智

众所周知，爱情是冲动的，恋爱中的人很容易被爱情冲昏头脑，做出一些无比浪漫的、无法用常理解释的事情来。在我们憧憬着这种华丽而绚烂的爱情之时，不要忘记，爱情也是需要理智的。一味的冲动会使我们忘记自己曾经的初衷，甚至背离爱的方向，导致自己迷失在爱情的道路上，最终失去自我。其实，每一段感情都会经历起起落落。两个人即使再怎么相爱，也会争吵，也会在冲动之下向对方提出分手。这时就要求我们要理智地对待爱情，在即将被爱情的热度融化的时候，保持一份理智和冷静。即使是再浪漫的爱情，也要落实到实实在在的生活中来。此时，假如只有浪漫和冲动而没有理智和冷静，爱情之火就会有燎原之势，导致人们最终无法把握爱情的方向。

曾经有部电影的名字叫《如果爱，请深爱》，其实，爱情不需要十分，八分足矣。爱得太深，付出爱的人容易失去自我，迷失在爱情之中，被爱的人也会觉得沉重，觉得受到了束缚；爱得太浅，付出爱的人不够投入，过于理智，过于斤斤计较，被爱的人也会觉得不够，觉得没有得到深爱。因此爱八分最好。这样，爱与被爱的人都会觉得很舒适，很合宜。他们既不会被爱情冲昏头脑，又能够投入自己绝大部分的时间和心力去爱，从而使爱情在合适的温度下健康地发展。

爱是关怀而不是宠爱，爱是包容而不是放纵，爱是相互交融而不是单相思，爱是百味俱全而不是只有甜蜜。真正的爱情并非是绝对完美的匹配，而是相爱的人彼此心灵的无间契合；真正的爱情是为了让对方生活得更好而默默地奉献，而不是过度索取；真正的爱情不仅能够温暖自己，也能够温暖对方；真正的爱情在能爱的时候懂得珍惜，在不能继续爱的时候懂得放手。爱情不是把我们融化，而是使两颗心紧紧地靠拢在一起，相互依存而又彼此独立。真正的爱情不是自私地占有，而是给予彼此适度的空间；真正的爱情是理智的，既无限靠近，又相互尊重。

唐菲菲比霍达小12岁，虽然霍达无微不至地照顾她，无限满足她在物质方面的需要，但她还是觉得缺少了点什么。霍达似乎把唐菲菲当成是自己的私有财产了，每次当唐菲菲和闺蜜们见面的时候，霍达都要再三审问到场的是些什么人。唐菲菲原本是做公关工作的，非常出色，深得领导的赏识，但是霍达却非让唐菲菲辞职，说是公关工作交往的人太乱。甚至连唐菲菲回娘家的时候，霍达都要一天三个电话地紧跟着，生怕唐菲菲红杏出墙。尽管生活衣食无忧，霍达也很爱唐菲菲，但是唐菲菲还是觉得自己快要窒息了。她不知道应该怎样才能透会儿气，因为霍达把她看得特别紧。为此，唐菲菲突然提出了离婚，但是霍达却死活不同意，并且扬言假如唐菲菲敢移情别恋，他就会去骚扰得唐菲菲一家人都没法活。对此，唐菲菲特别无奈，她不知道怎样才能摆脱这种状况，至此，她才认识到霍达的爱是一种变态的爱。

假如处理不好与霍达之间的关系，霍达也许就会做出什么出格的事情来。毫无疑问，霍达的爱是冲动的，他之所以对唐菲菲这么好，就是因为把唐菲菲当成了自己的私有财产，一旦唐菲菲想要离开，他就觉得无法接受，甚至会产生不良的念头。假如每个人的爱情都是这样，那么，在爱情的分分合合之中，就会出现很多不符合道德规范和法律约定的行为。所以，我们要学会理智地去爱，学会放手，学会尊重自己的爱人。

尽管很多人都希望自己能够拥有轰轰烈烈、不顾一切的爱情上，但是，在有些事情上，爱情仍然是需要理智的。只有理智，爱情才能在良性的轨道上发展。

心理小提示

爱情需要激情，需要轰轰烈烈，也需要理智，需要平平淡淡。

第10章

填补爱的落差，婚姻也不失爱的温度

虽然爱情是婚姻的基础，婚姻是爱情的结局之一，但是，婚姻和爱情之间却有着很大的不同。经历了轰轰烈烈的爱情之后，步入平淡的婚姻，人们的心里难免会有一些失落，因为罗曼蒂克的爱情和柴米油盐酱醋茶的婚姻给人的是完全不同的感受。如果能够填补爱的落差，婚姻与爱情之间就能够有更好的衔接，幸福的感受就会更加强烈和持久。

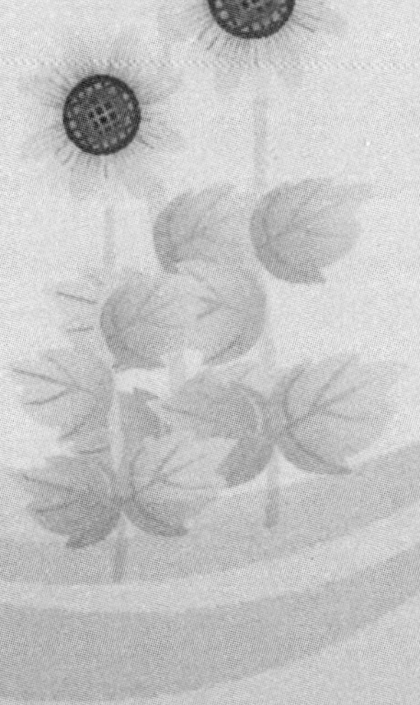

激情是短暂的，亲情历久弥新

恋爱中的人就像是患了重感冒，昏头昏脑，不知道应该如何珍视和呵护自己的另一半。然而，爱情就像是冰火两重天，也许前一秒还爱得死去活来，后一秒却彼此埋怨，恨不得离开对方十万八千里。这就是爱的神奇之处和不可捉摸之处。在恋爱的过程中，几乎每个人都渴望自己能够拥有轰轰烈烈的爱情，不顾一切、飞蛾扑火地爱一场，但是，即使再怎么轰轰烈烈的爱情，一旦落入凡尘的婚姻之中，也难以经受锅碗瓢盆四重奏的折磨。很多相爱的人一旦结婚，就会发现自己好像从天堂掉到了地狱，原本浪漫的爱情一下子落地结果，从浪漫的蓝色妖姬变成了俗气的大葱和生姜。在生活中，经常会看到或者听到一些人饱受婚姻的折磨，他们一脸苦大仇深的样子，满嘴说的都是："婚姻是爱情的坟墓""结婚就是过日子，还谈什么浪漫和激情，只有不痛不痒的亲情。"确实，当爱情沉淀到婚姻的尘埃中，激情就会变成一种历久弥新的亲情。尽管很多人觉得轰轰烈烈的爱情更好，平平淡淡的亲情未免显得索然无味，但其实，亲情是一种比爱情更为历久弥新的感情，更能够经受得起人生的风风雨雨。

婚姻为什么会成为爱情的坟墓？首先，我们必须正确理解婚姻的概念。所谓婚姻，就是通过结婚的方式把两个相亲相爱的人名正言顺地结合在一起，使之以家庭的形式成为一个整体。假如说恋爱是天马行空、自由自在的，那么婚姻就是脚踏实地的，必须符合社会的规范和道德的评判。只有婚姻，才能使相爱的两个人以合法的名义生活在一起，一起面对生活的风风雨雨。婚姻不是爱情的坟墓，而是使爱情更加坚实厚重的人生契约。古人云，执子之手，与子偕老。真正相爱的人不会只想要拥有一时，而是渴求一生一世的幸福。当激情变成了亲情，爱情才会更加厚重，更加历久弥新。越是激情澎湃的爱情，保鲜期越短，就如同燃烧的火焰一样，燃烧得越旺，就越快化为灰烬。爱情最终要沉淀下来，而不是在激情中飞蛾扑火。所以，当激情变成了亲情，我们应该感到庆幸，而不是感到遗憾，因为带有亲情意味的爱情才真正融入了人们的血液之中。在这个世界上，永远割舍不断的就是亲情。

不知不觉间，张琳的婚姻已经步入第七个年头了，也是人们所说的七年之痒。时间就如同潺潺的流水，淡淡地流淌过相爱的人的心间，在这种平淡的磨合之中，张琳和老公之间的爱情也越来越淡。

他们的婚姻和天下所有的普通家庭一样，也曾经经历过起起落落，从最初如胶似漆的甜蜜，到千篇一律的生活，他们的爱情已经转变成了亲情。刚刚经历过甜蜜之后，张琳很难适应这种琐碎而平淡的生活，因此，她曾经无数次抱怨老公不再爱她了。直到发生了一件事情，她才意识到原来爱情从未走远，而是以一种更加深厚的姿态紧紧联系着他们。张琳的老公比张琳大几岁，恋爱的时候还会学一些浪漫的招数追求张琳，但是自从结婚以后，他就变得非常家庭化了。他非常沉稳，性格内向，从不把爱挂在嘴边。有时候，张琳很气馁，尽管老公无微不至地照顾她，但是她却觉得缺少爱的感觉，而是像大哥哥对待小妹妹一样。张琳无数次问老公："我是老婆还是妹妹呢？"老公总是淡淡地说一句："你可真是个长不大的孩子。"随着新生命的到来，张琳越来越烦躁，似乎没有爱情足以支撑她面对如此琐碎和劳累的生活。终于，在一次爆发之中，张琳一气之下带着孩子回了娘家。但是，妈妈却苦口婆心地劝说张琳："你总是说他不够爱你，其实，在他娶你的时候就已经表明了自己的心迹。"

当张琳无法忍受看不到家的痛苦而回家的时候，迎接她的是老公温暖的怀抱。在平淡的生活中，他们的孩子一天天茁壮地成长，他们的爱也越来越深厚，就像是一杯甘醇的酒，必须经历岁月的沉淀才能绽放出自己独特的滋味。

激情过去，就是平淡的生活和历久弥新的亲情。如果说激情使人燃烧，那么亲情则使人相互依存，彼此相依为命。有人说爱情是有保鲜期的，其实，爱情只是婚姻的开始，经过平淡的岁月涤荡，爱情会渐渐地归于平淡，此时，就需要有一种更加长久的感情注入其中，为爱情保鲜，这就是由爱情而衍生出来的亲情。在婚姻中，相爱的两个人会渐渐地习惯彼此，习惯对方的呼吸，对方身上的香烟味道，甚至是对方打呼噜的声音，最终变得离不开对方，因为对方已经在漫长的婚姻中融入了他的生命。

亲情在婚姻里孕育发展，但却不是爱情的终结，而是爱情的升华，是爱情的内在表露。从这个意义上来说，婚姻既是爱情成熟的结果，也是亲情诞生的开始。爱情在婚姻里增长，和亲情融合交汇，而亲情包融的爱情则能够让婚姻历久弥新。

心理小提示

激情是短暂的，由爱情衍生出来的亲情能够为爱情保鲜，使婚姻更加幸福长久。

适应恋爱与婚姻的落差，保持永远的吸引力

众所周知，结婚与恋爱是完全不同的。恋爱是两个人之间的事情，可以天马行空、随心所欲，而婚姻则是两个家庭的事情，除了要照顾到两个彼此相爱的人之外，还要照顾他身后的家庭。因此，有人说，婚姻是两个家庭之间的结合。一旦结婚，原本简简单单的相爱的问题就会变得复杂起来，婚姻承担的责任和压力比恋爱要大得多。

当你爱上一个男人并且想和他结婚的时候，你必须做好充分的心理准备，你不只是同他一个人结婚，而是在与他的生活习惯、家庭背景以及社会背景结婚。必须弄清楚一点，你所面对的这个男人不是一个单独

的个体，而是与他相关的那一群人。此外，你还要承担婚后的生活中柴米油盐的压力。因此，一旦结婚，婚前那种恋爱的甜蜜感可能会渐渐消失，导致人们的心理产生波动。由此，就产生了恋爱与婚姻的落差心理。所谓落差心理，是指理想与现实的距离造成了人们内心的失衡。曾经有心理学家列出这样一个算式：幸福生活=现实-期待。它的意思是，现实值与期望值之间的差值决定了幸福的程度。当差值为正的时候，生活就是幸福快乐的；当差值为零的时候，生活显得相对平稳；当差值为负的时候，人们就会变得悲观失望，对生活失去信心和希望。那么，面对婚姻生活，如何保持恋爱的温度呢？这就要求初入婚姻的男人和女人们要调整好自己的心态，积极乐观地面对婚姻生活。

从男人的角度来说，恋爱中的男人往往比较殷勤，对女人呵护备至，而一旦结了婚，有些男人就会觉得自己把所爱的女人装进了保险箱，因而放松了警惕，变得懒散起来，这也是很多女人觉得男人婚前和婚后判若两人的原因。所以，男人应该保持自己的积极性，即使结了婚，也要周到地照顾自己心爱的女人，给予她更多的温暖和关注。从女人的角度来讲，古人云，女为悦己者容。很多女人婚前非常注重自己的形象，关注自己的仪表和气质，而一旦结了婚，她们便觉得自己进了保险箱，所以整日蓬头垢面，变成了一个不折不扣的黄脸婆。对于相爱的两个人而言，不管他们如何注重自己的私人生活，一旦结了婚，他们就变成了一个有着共同利益和共同目标的整体，他们团结一心，努力为创造美好的生活而奋斗。当双方因为一些无关紧要的问题发生冲突的时候，要照顾到对方的感受和情绪，更好地经营婚姻。只有保持像恋爱中一样的个人魅力，才能对对方产生吸引力，爱情才能更加长久，婚姻才会更加幸福。

依依和黄林结婚之后，感到生活简直无聊透顶，非但没有像他们所预想的那样变得更加幸福和美好，反而越来越乏味。他们整日为谁做饭、谁洗碗之类的事争吵不休，并且双方的家庭问题也使他们俩之间的感情产生了隔阂。为此，他们之间的感情越来越淡，甚至起了离婚的念头。看到依依痛苦的样子，闺蜜不由得给她出主意："你看看你啊，先不说你们双方的家里有没有矛盾，你看看你自己如今变成什么样子了。以前的你总是穿着时尚，神采奕奕，现在呢？不管你是不是因为想攒钱买房子，你都首先要保持个人的魅力啊，哪个男人愿意和一个黄脸婆度过一生呢？你必须先照顾好自己，然后再考虑买房子的事。如果黄林看不上你了，移情别恋了，那你自己攒钱买房子还有什么意义呢？”听了闺蜜的话，依依恍然大悟，她知道自己应该保持个人的魅力，这样才能留住黄林的心，才能拥有一个幸福美满的家庭。从此之后，她再也不会沉浸在双方的家庭矛盾中，更不会因此而和黄林大吵大闹。她学会了包容，每天都心情愉悦，把自己打扮得漂漂亮亮的。闲暇的时候，她会主动约黄林一起去看电影、看话剧，或者是一起出去旅游等。渐渐地，他们之间的爱情恢复了当初灼热的温度，很多矛盾也迎刃而解了。

从依依的婚姻中，我们不难明白一个道理，即对于相爱的两个人来说，即使婚姻需要面对的问题很多，首先的问题也还是先处理好彼此之间的感情，经营好彼此之间的爱。只有这样，很多问题才能迎刃而解，婚姻生活的基础才能更加牢固。

要想为爱情保鲜，要想使婚姻历久弥新，我们首先要保持神秘感。所谓神秘感，就是指构成情感引力的重要因素，它能够使人产生雾里看花、水中望月般的朦胧美感，从而引发恋人之间的情趣，使爱情变得越来越浓醇。

心理小提示

婚姻与恋爱之间是有落差的，面对落差，我们要积极地应对，而不是消极地接受感情逐渐变得淡漠。对于相爱的两个人而言，要时刻保持对对方的一种吸引力，这样的爱情才会历久弥新。

婚姻需要浪漫，更需要脚踏实地

有人说，婚姻就像是一双鞋子，合不合脚只有自己才知道。这是一个非常形象生动的比喻，在这个世界上，有多少种鞋子就有多少种婚姻。鞋子有千百种，那么，婚姻也有千百种。有的婚姻像妖艳的红舞鞋，起落旋转在梦想的舞台上；有的婚姻像漂亮的水晶鞋，漂浮在可望而不可即的童话故事中；有的婚姻像足下生风的运动鞋，来去匆匆；有的婚姻像妈妈亲手缝制的布鞋，虽然不好看，但是却非常舒适……毋庸置疑，很多女孩子的心里都有一个瑰丽的梦，希望自己是幸运的灰姑娘，能够穿上那双美丽的水晶鞋。然而，鞋子不仅要讲究美观，也要讲求适用，归根结底，只有一双适脚的鞋子才能使人们步履生风地走过漫长的人生之路。这就如同婚姻，每个女孩都幻想着自己的白马王子能够骑着白马来找自己，但是，世界上的白马王子却太少太少了。婚姻不仅需要浪漫，也需要脚踏实地。

为了追求虚荣和物质的享受，有一些年轻漂亮的女人义无反顾地投入到了有钱老头子的怀抱，巨大的年龄差距使得他们的生活根本无法协调，但是，仅仅为了奢华的享受，她们就付出了自己的感情和爱的权利；有些女人则更加踏实，她们知道自己的分量，所以为自己选择了一个条件相当的丈夫，一起面对平淡的生活，一起携手走过漫长的人生之路；还有些女人为了爱义无反顾，宁愿和所爱的人一起吃糠咽菜，风餐露宿。第一种盲目拜金的婚姻观当然是我们所不提倡的。是坐在自行车上笑还是坐在宝马车里哭？对此，每个女孩都有自己的选择，同时也有着各自不同的感受。在第二种和第三种之间，你选择哪一种？也许有很多女孩会觉得第三种更加浪漫、更加炽烈。然而，爱情是虚无缥缈的，婚姻却是实实在在的。古人曾经说过，巧妇难为无米之炊，还有人曾经说过，贫贱夫妻百事哀。假如缺衣少食，即使再崇高和美好的感情也难以抵挡得住生活的侵蚀。由此可见，我们不能盲目拜金，也不能视金钱为粪土，因为幸福的婚姻要建立在一定的经济基础之上。面对婚姻的时候，很多女孩会觉得不够浪漫，其实，婚姻不仅需要浪漫，也需要脚踏实地。爱情可以是纯粹的浪漫，但是婚姻只有脚踏实地才能更加长久和稳固。

那丽是一个爱情至上主义者。为了爱情，她可以抛弃一切，付出所有。然而，她的爱情之路却并不如她的爱情宣言那般声势浩大。早在读大学期间，那丽就喜欢上了一个男孩。这个男孩是她的校友，来自农村，家里非常贫穷。最糟糕的是，这个男孩的事业心不是很强，学习成绩中等，属于那种混日子型的。这就注定了他没有办法改变自己的现状，更无法给那丽幸福的生活。然而，他每天都会省吃俭用地送一只红玫瑰给那丽，这使那丽就像是鬼迷了心窍一般，死心塌地地要和这个男孩在一起，尽管家人朋友中没有任何人支持他们。就这样，毕业之后，那丽很快就和这个男孩在租住的房子里结了婚。婚后，那丽原本想的是“有情饮水饱”，但是现实情况却恰恰相反。他们之间非但没有了恋爱期间的卿卿我我，反而三天一小吵，五天一大闹，直至离婚。离婚之后，那丽终于想明白了一个问题，即只有爱情是不行的，只有浪漫是无以为生的。面对捉襟见肘的局面，那丽不再因为男孩买来的那支玫瑰花而感动，而是觉得非常生气。肚子都填不饱，还有什么资格谈恋爱呢？在如此艰难地度过两年之后，那丽最终提出了离婚。她以自己的切身经验告诉朋友们：“找老公，一定要找一个有点儿实力的，最起码能够解决温饱问题的。否则，再好的感情也是禁不起生活的考验的！”

只有浪漫的爱情根本不足以维持婚姻，因为婚姻需要很多方面的营养。面对爱情，我们一定要保持清醒和理智的头脑，尤其是当面对对方的非常浪漫的容易打动人心的举动时，我们更要充分思考婚姻需要的是什么。当然，爱情是婚姻的基础，浪漫是必不可少的，但是，脚踏实地也是必不可少的。爱情可以如水中花镜中月般虚无缥缈，婚姻却不能，婚姻必须脚踏实地，实实在在。婚姻是真实的，可以触摸的。

心理小提示

婚姻不仅需要浪漫，更需要脚踏实地。要想拥有幸福美好的婚姻生活，我们就要慎重地选择自己的终身伴侣。

如何渡过婚后磨合期

结婚前的青年男女，彼此之间相互倾心、爱慕。随着爱情发展的“三部曲”即好感——爱慕——结合的进展，他们的感情会在蜜月期感情上升至峰值。但是，随着浪漫恋情的结束，婚后生活的开始，新婚夫妻很容易在现实生活中陷入矛盾和摩擦之中，为此，人们把婚后的这一时期称为“磨合期”。这也就是前文所说的，从恋爱走入婚姻，人们往往需要面对巨大的心理落差。也正是因为如此，大多数新婚夫妇都要经历婚后的磨合期。那么，何为磨合期呢？两个原本陌生的、毫无瓜葛的男女结合在一起，他们的成长经历、教育背景都不相同，所以也就导致他们的人生观、世界观、价值观完全不同。再加上双方都是从一个大家庭中走出来的，所以，两个人的结合也同时是两个家庭的结合。这就要求夫妻双方在婚姻初期要认真磨合，这样才能使各自身后的家庭之间更加和谐融洽。此外，性格的不同也决定了新婚夫妻必须更好地磨合，以便更好地相处。总而言之，如何渡过婚后的磨合期，需要婚姻的双方共同努力。

首先，夫妻双方都要改变自己的性格。曾经有人说过，这个世界上没有完全相同的两片树叶，同样的道理，这个世界上也没有性格完全相同的两个人。因为性格不同，人们在相处的时候就需要更多地理解和包容对方，只有这样，才能融洽相处。其次，要接受对方身上的缺点和不足。在恋爱阶段，双方都会十分注意给对方留下良好的印象，而很少表现出自己的弱点和不足。而婚后，随着时间的推移和生活的深入，双方各自的弱点和不足就会逐渐暴露出来，这时，就很容易出现感情的摩擦。这就要求相爱的人要包容对方，接受对方的缺点和不足。再次，尊重对方的生活习惯。两个原本陌生的人经过一段时间的了解后结婚了，从此，要在同一个屋檐下生活，这就使得彼此在结婚之前形成的生活习惯会产生碰撞和摩擦，这就要求夫妻双方要尊重彼此的生活习惯。最后，还要注意刺猬法则。所谓刺猬法则，用到相爱的两个人身上，就是说两个人既要相互依靠，又要给予彼此一定的时间和空间。这样才能起到温暖的作用，又不至于被对方身上的刺扎到。总而言之，要想经营好婚姻，只靠单方面的退让是不够的，相爱的两个人必须相互理解、相互包容，才能够使婚姻生活更加美满幸福。

薛磊和马一涵是大学同学，也是彼此的初恋情人，他们感情基础非常好。大学一毕业，他们就迫不及待地结了婚。然而，婚后，两个人的感情却出现了问题。曾经的如胶似漆不见了，取而代之的是打打闹闹。究其原因，都是因为一些不值一提的小事，但是在婚姻生活的磨合阶段却显得不可退让。例如，薛磊是北方人，喜欢吃面；马一涵是南方人，喜欢吃米。每当周末偶尔在家做饭吃的时候，薛磊和马一涵就会为此争执不休。他们一个说吃面好，一个说吃米好，最终，米也没吃，面也没吃，却吃了一肚子气。另外，薛磊喜欢吃辣，马一涵却偏爱甜口。所以，炒菜的时候，这是一个很难调和的问题。往往是薛磊吃得意兴阑珊，马一涵却辣得眼泪都掉下来了，而马一涵吃得正舒服呢，薛磊却觉得食之无味。就是这个简简单单的吃饭问题，使他们之间的爱情受到了严重的影响。以前，他们恋爱的时候一起出去吃饭都是各点各的菜，所以倒也没有发生过争执，现在自己在家做饭吃了，这个矛盾日益尖锐。后来，马一涵做出了让步，因为她觉得薛磊是个很好的爱人，除了在生活习惯上的这些小差异之外。马一涵炒菜的时候就炒辣的，因为薛磊无辣不欢，然后在自己面前放一碗清水，吃辣菜的时候就放在水里涮一下。后来，薛磊也改变了自己，他越来越擅长做江浙一带口味偏甜的菜，因为马一涵喜欢吃。吃饭的时候，薛磊会在自己面前放一碟辣酱，吃一口菜，蘸一下辣酱。就这样，生活习惯的问题解决了，他们从点滴的细节中感受到了对方浓浓的爱意，他们的婚姻也顺利地步入了幸福之中。

很多时候，夫妻之间的争吵并非是因为原则性的问题，而只是因为一些琐碎的小事。假如薛磊和马一涵继续因为吃饭的口味问题争吵下去，那么爱情最终也许会烟消云散。幸运的是，他们选择了为爱让步。正是因为彼此的让步，他们的感情之路才越走越顺利。其实，所有的婚姻都是如此，有的时候，爱也许就是一碗清水和一碟辣酱的相让与体谅。

心理小提示

在经历了甜蜜的恋爱步入婚姻之后，等待人们的未必是幸福的生活，更有可能是各种各样的原因引起的争吵。针尖对麦芒的婚姻是不会幸福的，夫妻之间，只有相互理解、相互体谅，才能够赢得对方的爱与尊重，顺利渡过婚姻的磨合期。

在恋爱与婚姻的温差中，找到最舒适的温度

假如说恋爱是100度的沸水，那么婚姻则是30度的温水。也许有人不相信，因为爱情而诞生的婚姻为什么会与爱情有着如此大的温差呢？事实确实如此。在蜜月期，也许人们仍然能够维持比较高的感情温度，但是，等到蜜月期过了之后，回归到平实的生活中，婚姻就会回归到一种不温不火的状态之中。婚姻不仅仅只有30度，而且是一杯30度的温开水。这样的水经过了热恋的沸腾状态，渐渐地归于平淡，以最舒适的温度让相爱的人彼此依偎。当然，也有人会觉得这个温度和热恋的100度反差太大，因此无法适应。其实，每个人可以根据自己的需要调节婚姻的温度，从而为自己找到最舒适的温度。

有的人习惯比较高的温度，有的人习惯比较低的温度，这完全是一种个人喜好，不过，必须与相爱的人协调一致。在相爱的男人和女人之间，假如男人习惯于比较淡的夫妻关系，而妻子却始终想要维持100度的高温，那么双方必然都会无法适应，因为男人对于女人而言太冷，女人对于男人而言又太热。只有找到一个平衡点，使温度被双方所接受，使温度让双方都觉得无比舒适，这段婚姻才能以最好的状态维持长久。这就像人们以前所说的，有人崇尚夫妻之间应该举案齐眉，相敬如宾，但是有的人却认为夫妻之间就应该打打闹闹，爱恨纠缠。这就是人们对于爱情的截然不同的喜好。温度也是如此，找到双方都觉得舒适的温度

是最重要的。

怀着对于未来生活的美好憧憬，琼斯和约翰结婚了。他们经历了6年的爱情长跑，无限憧憬婚后的幸福生活。但是，婚后，琼斯却发现这并不是自己想要的生活。琼斯和约翰婚前的感情非常好，好得就像是一个人，琼斯原本以为婚姻能够使他们之间的感情升温，但是却惊讶地发现他们之间的感情在婚后急剧降温了。以前，约翰每天都接琼斯下班，如今的约翰却总是以工作忙为借口让琼斯自己回家；以前，约翰在和朋友一起泡吧的时候总是会告诉琼斯自己很快就回家，如今的约翰却恨不得彻夜不归，再多多享受一点儿自由；以前，约翰不管什么事情都以琼斯的意愿为先，现在的约翰却变得非常理智，如果琼斯想买一套很贵的化妆品，约翰会提醒琼斯他们正在攒钱买房。总而言之，琼斯觉得感觉糟透了，约翰非但没有因为婚姻而增加对自己的爱，甚至连维持都算不上，她觉得他们之间的爱情在急剧降温。不过，约翰却没有觉察到琼斯的内心，依然我行我素。琼斯非常苦恼，找到心理专家咨询。心理专家告诉琼斯，婚后有这种变化和困惑是正常的，因为他们对于婚姻的温度有着不同的要求。在心理专家的建议下，琼斯找了一个机会认真地向约翰倾诉了自己的感受，约翰表示理解和接受，并且进行了一定的调整。琼斯呢，也相应地调整了自己的情绪。很快，在两个人的共同努力之下，他们找到了最适合自己的爱情温度，使得婚姻生活变得更加幸福和美满。

婚姻是不是就像洗澡？每个人对于水温都有着不同的要求。同样的温度，有的人觉得很舒适，有的人觉得很冷，有的人觉得很热。幸好，爱是双方的事情，所以，要想找到最合适的温度，只需要经过两个人的同意就可以了。约翰的态度是很积极的，琼斯也找到了心理专家咨询，在他们两个的共同努力下，婚姻才能以最适宜的温度出现，使相爱的两个人都觉得温暖舒适。

心理小提示

和温度极高的恋爱比起来，婚姻的温度无疑更低。相爱的两个人应该多多沟通和交流，找到适合彼此的温度，这样才能得到幸福美满的婚姻。

要在婚姻初期调节好性格差异

对于两个完全独立的人而言，要想很好地相处，性格是最关键的因素。脾气秉性相投的人，即使第一次见面，也会非常熟稔，不会产生太大的冲突。与此相反，假如两个人的性格完全不同，而且属于针尖对麦芒型的，那么无论他们再怎么努力，也无法互相欣赏。当然，两个人既然能够相识、相知、相爱，在性格方面肯定是有一些共同点的。在走入婚姻的时候，因为需要面对琐碎的生活，就需要相爱的两个人更好地调节自己的性格差异，从而更融洽地与对方相处。只有这样，婚姻才能幸福和美满。

有人说人生很短暂，也有人说人生很漫长，不管是对于持有哪种观点的人而言，也不管人生到底是漫长还是短暂，婚姻在人生中都占据着至关重要的位置。而在整个婚姻之中，婚姻初期又是一个必须高度重视的阶段，它往往决定了婚姻的幸福与否。这是因为婚姻初期是两个人刚刚开始相处的时候，假如在这个阶段能够调节好性格的差异，那么相爱的两个人就能更好地相处，彼此包容，彼此欣赏。否则，如果婚姻初期的相处就非常不顺利，那么就很难为未来的婚姻打下良好的基础。从本质上来说，恋爱和婚姻是有着很大的区别的。在恋爱的时候，我们看着自己所爱的人，总是满心欢喜，哪怕是缺点，在爱人眼中也会变成无可取代的优点；婚姻则恰恰相反，因为长期的接触与磨合，每个人都像是刺猬一样在挑剔对

方，即使是优点，也常常会变成缺点。这就要求我们一定要在婚姻初期调整自己的心态，改变自己的观念，延续恋爱期间的优良传统，依然以欣赏和包容的眼光看待自己的爱人。这一点说起来容易，做起来很难。如果能够做到这一点，那么就相当于磨合性格差异的过程成功了一半。其次，还要学会把这些性格的差异变成婚姻生活中的情趣。对于夫妻双方而言，一种是性格互补，一种是性格相似。性格相似是两个人相识相爱的基础，性格互补则是两个人相处的基础。我们不妨设想一下，假如这个世界上的所有人都按照我们的心意统一规格，那么，生活将变得多么乏味啊。所以，聪明的女人会利用这些性格方面的小差异制造婚姻的浪漫和惊喜，给婚姻生活带来更多的情趣。总而言之，只要你能够采取积极的态度面对婚姻初期性格的磨合，那么就一定能够取得更好的效果。对于任何人而言，磨合之前首先要做的就是端正心态。

张霞是个急脾气，也许是造物弄人吧，她的老公杜明偏偏是个慢性子。每当要出门的时候，张霞就会火急火燎地催促杜明，杜明刚开始的时候还能竭尽全力地配合张霞，后来就渐渐地失去了耐心，变得烦躁不安。为此，他们每当要出门的时候就会吵一架，有的时候甚至因为吵架把原本计划好的事情也取消了。刚刚结婚一个月，他们就已经吵架无数次了。后来，张霞的闺蜜劝说张霞："你是个急脾气，他是个慢性子。你发现，他经常会迟到吗？"张霞想了想说："约会期间，我迟到过，他好像没有迟到过。"闺蜜继续问："那婚后这段时间你发现他上班会迟到吗？"张霞沉思片刻说："虽然他很磨蹭，但是上班好像也没有迟到过。有一次，因为单位要求6点半集合，所以他起床之后只用了半个小时就从家里出发了，平时可是要磨蹭一个多小时的，这充分说明他的速度是可以提升的！"闺蜜慢条斯理地说："我和你的想法恰恰相反，我认为这刚好说明你无须催促他，使他变成和你一样的急脾气！你要知道，慢有慢的好处。你这个急脾气，假如别人非逼着你慢下来，你会觉得舒服吗？可以理解他后来为什么和你急赤白脸的。"张霞若有所思，闺蜜接着说："既然他不会迟到，你就不要催促他，只要告诉他具体的时间就可以了。"在闺蜜的启发之下，张霞再也不催促杜明了，每次要出门的时候，张霞都会打扮好自己在一边静静地等候着杜明。杜明呢？张霞催他的时候他急赤白脸的，如今张霞不催他了，他反而不好意思让张霞久等了，总是自觉地加快速度。就这样，他们和好如初，再也不会因为速度快慢的问题吵架了。

婚姻初期，那些最尖锐的性格差异会渐渐地浮出水面，给曾经相爱的两个人造成很大的困扰。此时，我们一定要想办法解决性格差异的磨合问题，更好地理解和包容对方，否则，就会给婚姻生活带来不愉快。

心理小提示

这个世界上没有完全相同的两片树叶，更没有性格完全相同的两个人。作为彼此相爱的两个人，要想拥有幸福美好的婚姻，一定要在婚姻初期调节好性格差异，这样才能更好地相处。

婚姻初期，要准确定位自己

恋爱是镜中花、水中月，带给人无限美好的感受。相爱的两个人就像是鸟儿自由地在天空中飞翔，尽情地享受着爱情的甜蜜，他们时而约会，时而一起出游，时而一起欣赏一部好看的电影，偶尔还会来一次烛光晚餐，享受爱的浪漫和甜美。然而，这一切在步入婚姻之后就会发生改变，变得符合实际，变得庸俗。例如，每天都要面对开门七件事——柴米油盐酱醋茶，还要面对爱人的父母、亲人和朋友，处理各种纷繁复杂的关系。那么，从爱情的天堂落入婚姻的尘埃里，我们应该如何准确定位自己呢？毋庸置疑，恋爱是一起吃饭、散步、游玩等享受，但是婚姻却需要合理的分工，因为婚姻面对着前所未有的责任和压力。在婚姻初期准确定位自己是很重要的，这能够帮助你找准自己在婚姻之中的位置，从而更好地与爱人分工合作，经营好彼此的小家。

有的人非常自私，对待爱情也同样自私，认为爱情就是占有，不但自己毫无保留地付出，也要求对方全盘接受并毫无保留地付出；有些人觉得相爱的人之间是不需要隐私的，所以有些男人和女人会选择公用一部手机；当然，也有些人认为不管两个人爱得多么深，都应该保持适度的距离，给对方一些私人空间……这些爱情的观念各有各的理由，无可厚非。对于每个人而言，我们要选择最适合自己的和最适合自己所爱的人的定位，这样才能使彼此觉得更加舒适，更加享受婚姻带来的美好感受。难以想象一个喜欢黏着爱人的女孩和一个喜欢自由不喜欢约束的男孩结为夫妻是一种怎样的情景。所以，在定位自己的时候，必须使用相爱的两个人一起摸索和总结出来的结论，这样才能适用。以前，当女人主要承担家务和照顾孩子的时候，根本没有权利给自己定位，因为社会的等级观念已经给女人定了位。现在，女人也走上了工作的岗位，撑起了半个社会，有着和男人平等的社会地位，因此，照顾家庭和孩子不再是女人的分内之事，所有的家务琐碎都应该由男人和女人共同承担。所以，这就要求相爱的男女要在婚姻初期给自己准确定位，这样婚姻生活才能少一些矛盾，多一些和谐融洽。

徐志是东北人，很有股大老爷们的气势。和娇小可爱的李玉结婚之后，徐志当仁不让地担当起了主外的工作。李玉本身就是一个依赖性很强的小女人，所以看到徐志不管什么事情都一马当先地冲在前面，她倒是也乐得清闲，整日在家做自己的小资女人。在这种生活模式下，他们彼此的心理需求都得到了满足，因此彼此相安无事，生活得非常幸福。

相比之下，朱倩和马蕴的婚姻就没有那么顺利了。首先，朱倩是一个事业心很强的女人，早在结婚之前，她就告诉马蕴自己一定要有自己的事业，马蕴表示支持。然而，结婚之后马蕴却发现如果夫妻俩都忙于事业，那么家庭就会处于荒废状态。他们俩每天都各忙各的，等到深夜回家的时候，却发现家里锅是冷的、被窝是冷的，因此，他们不得不依靠叫外卖解决吃的问题。如此过去了一年多，马蕴终于忍不住抱怨起来，他对朱倩说："你看看你还像个女人吗？每天都夜里九、十点钟才回家，我就想不明白你们单位怎么那么多的事情！咱们结婚一年多了，你是为我洗过一次衣服还是做过一次饭？这哪里是家，简直连大学宿舍都不如！大学宿舍还开卧谈会呢，咱俩呢？回家倒头就睡，没有任何交流和沟通。"朱倩也很委屈："你当初可是答应我有自己的事业的，可不许反悔！"马蕴还是不依不饶："那也不能永远这样下去啊，有了孩子怎么办？这还像个家吗？"听了马蕴的话后，朱倩也陷入了深深的反思。最终，为了爱情，为了家庭，她做出了妥协。她申请调换到了一个比较清闲的岗位上，这样就能够抽出一些时间来照顾家庭，而马蕴呢，则保证努力工作，坚持不懈地奋斗，成为那个在外面冲锋陷阵的人。果然，他们的家渐渐地有了温馨的感觉。朱倩每天都按时下班，回家之后做一顿美味可口的晚餐，然后等待马蕴回家一起吃饭。有了孩子之后，朱倩也负责照顾孩子。马蕴则任劳任怨地在外拼搏，只为了回家之后能看到老婆和孩子的笑脸。

结婚之后，家庭必然要牵扯人们的一部分精力。这时，就要求相爱的人能够在婚姻中协调好彼此的责任和义务。在一个家庭之中，假如两个人都忙于工作，必然会忽略家庭。只有一方做出牺牲和让步，另外一方给予理解和宽容，爱情才能在婚姻之中开花结果。如今，女人也承担着重要的社会角色，很多女人生完孩子后回归到工作岗位，相反，很多男人为了支持妻子的工作而甘愿退居家庭，抚育孩子。等到孩子上幼儿园之后，男人再去工作。这也不失为男人为家庭做出的一种牺牲和付出。其实，不管是男人还是女人，家庭是一个整体，需要人们在考虑问题的时候能够从大局出发，统筹规划，这样才能建立更加幸福美满的家庭。

心理小提示

婚姻初期，每个人都要准确定位自己，明确自己的家庭责任和义务，这样夫妻二人才能同心协力地建设美好而又幸福的家庭！

为什么男人婚前婚后简直判若两人

结婚之前，男人偶尔还是会自己动手收拾自己的栖息之地的；结婚之后，大部分男人从收拾家的繁重任务中脱身而出，坐在沙发上一边惬意地喝着茶，一边欣赏着有趣的电视节目，而妻子则在不辞辛苦地收拾着家；结婚之前，大部分男人即使不会做饭也会给自己下一碗面条，而且有的时候一天吃三顿面条；结婚之后，男人几乎不爱吃面条了，因为妻子精湛的厨艺已经惯坏了他的胃，使他面对面条毫无食欲；结婚之前，男人信誓旦旦地说自己一定会记得每一个结婚纪念日、妻子的生日、岳父岳母的生日等；结婚之后，他早就把自己曾经的承诺抛到爪哇国去了，并且美其名曰“工作太忙”；结婚之前，男人说即使女人不会做饭不会做家务也没有关系，结婚之后，男人同样不会做饭不会做家务，大多数情况下都是女人忍不住提升自己，因为女人实在忍受不了每天住在狗窝里，但男人却能够在其中安之若素；结婚之前，男人对女人言听计从，大事小事都听女人的；结婚之后，男人的大男子主义便暴露无遗，大事小事都想自己做主，并且想让女人对自己言听计从；结婚之前，男人宁愿低到尘埃里，衬托女人的美丽和高雅；结婚之后，男人俨然成了一家之主，而且拥有一个忠实的女仆……结婚之前和结婚之后，男人有着太大的不同，使女人不禁开始怀疑：这还是那个曾经深爱自己的男人吗？

其实，男人在婚前和婚后判若两人是情有可原的。结婚之前，女人就像是在天空中自由翱翔的鸟儿，时刻都有可能从男人身边飞走，所以男人当然会时时刻刻地陪着小心。结婚之前，女人就是女皇，男人就是忠实的奴仆，他一心一意地只想着把女人娶回家；结婚之后，看着已经进入婚姻保险箱的女人，男人不由得长长地吁了一口气。结婚之前，男人怎么敢要求女人上得厅堂下得厨房呢？只要女人不要求他必须有房有车有存款他就阿弥陀佛了；结婚之后，男人自然有了更多的欲望，希望不仅有一个妻子，还要有一个厨师、一个管家、一个情人……实际上，不仅是男人，女人在婚前婚后也是有很大变化的。因此，面对着婚前婚后表现截然不同的男人，女人一定要调整好自己的心态，坦然地面对男人的变化和婚姻的到来。

结婚之前，小美对阿强最满意的地方就是，阿强说自己的厨艺非常精湛，会做糖醋排骨。也许是因为小时候家里穷很少吃排骨的原因，小美在整个恋爱期间都幻想着阿强的糖醋排骨。然而，等到真正结婚之后，小美却惊讶地发现，阿强非但不会做美味的糖醋排骨，甚至连面条都不会煮。看着结婚前殷勤备至如今却懒惰无比的阿强，小美大呼上当。但是，看着阿强非常努力地拖地洗衣，看着像大花脸一样的地板和皱皱巴巴的衣服，小美心甘情愿地成为了家庭主妇。面对阿强婚前婚后截然不同的模样，小美非常坦然："男人嘛，追求女人的时候总是甜言蜜语。其实，男人本来就在家务活方面没有天赋，让他做我还得跟在后面收拾残局，还不如我自己一次性做好省心呢！"就这样，阿强主动承担起了养家糊口的重任，小美呢，则在轻松工作之余非常享受成为一个美女家庭主妇。他们的婚姻生活非常幸福，这得益于小美很快就适应了阿强婚后的变化，主动承担起了照顾家庭的重任。

在这个事例中，假如小美始终纠结于阿强婚前所说的承诺有没有兑现，那么他们的婚姻生活很有可能会在争吵中度过。其实，家庭是两个人共同组建的，具体每个人承担什么责任可以根据双方工作的紧张程度来决定时间和精力的安排。需要注意的是，在家庭生活中，没有所谓的公平与不公平，作为家庭成员，每个人都应该尽己所能地为家庭贡献属于自己的一份力量。聪明的女人是好男人的一所学校，能够把一个不太成熟的男人教育得更加成熟，有担当。所以，不要纠结于男人婚前和婚后的不同表现，重要的是将来的生活如何安排。

心理小提示

恋爱和婚姻是不同的，这就导致相爱的人在恋爱和婚姻之中有着不同的心态。好女人能够坦然面对男人的各种变化，使自己成为一所培养好男人的学校。

第11章

婚姻中的心理博弈，做善用策略的聪明女人

在人们的传统观念中，似乎女人的杀手锏就是一哭二闹三上吊，殊不知，随着时代的变迁，社会不断的发展，女人们的杀手锏花样百出，威力无穷。如今，男人不怕撒泼打诨的女人，而是佩服面若桃花、心如止水的女人。面对婚姻和爱情，显然，聪明女人的胜算更大！

家更是一个讲情的地方

尽管现在的社会是法制社会，凡事都讲求合法合理，但是，家却依然是一个讲情的地方。其实，自古以来人们就说清官难断家务事，也是出于这方面的考虑。假如一个人在家里只知道讲道理，那么必然无法使家人心服口服，因为家对于每一个人来说都是温馨的港湾，是爱的归宿，是最美好的避风港。假如人们在家里得不到抚慰，那么还有哪里能够安抚人们受伤的心灵呢？聪明的女人善于把家营造成一个无比温馨的充满爱的地方，这样才能使扬帆远航的男人们及时回到家中，因为家中有他们所眷恋的老婆孩子，有他们无比依恋的浓浓深情。

家不是一个讲理的地方，而是讲情的地方。这句话听上去似乎没有道理，但是却是无数代人在婚姻生活中总结出来的至理名言。很多年轻的夫妇，很多家庭，经历了漫长的岁月，其中有多少误会、多少爱恨、多少对错、多少是非，最终才在纠缠不清难解难分的混乱中梳理出来一个人人都认可的结论。即使夫妻之间的感情再好，即使婚姻生活再怎么幸福甜蜜，一旦相爱的人开始据理力争，原本温馨幸福的家就会开始阴云密布。在各自据理力争的过程中，除了使对方的心碎成一片一片，使原本深厚的感情越来越淡之外，没有任何好处。两个人都会在冲动之中各自抱着一堆面目全非的歪理，伤害对方，敌视对方，直到两败俱伤，无法收场。有很多夫妻为了表面上看起来是真理的“理”，在不知不觉中无情地伤害了自己最爱的人，然后追悔莫及。所以，千万不要和自己的爱人讲理，当他因为某件事情陷入烦躁不安的情绪之中时，首先应该抚慰他的心灵，使他安静下来，恢复冷静。只有理智地思考，才能更好地解决问题，冲动只会导致事与愿违，使结果越来越糟糕。

艾米嫁给周俊的时候，周俊还是个一无所有的穷小伙子。是艾米，没有嫌弃周俊，把自己工作几年来辛辛苦苦积攒的积蓄全都给了周俊，让他去发展自己的事业。他们是典型的相濡以沫的夫妻，然而，使艾米万万想不到的是，周俊在发达之后居然有了情人。对此，周俊的解释是，那只是一种逢场作戏的关系，只是纯粹的肉体关系，没有任何的感情投入。艾米的心很痛，她想起了自己陪伴周俊一起走过的艰难岁月，想起了那个曾经一穷二白的周俊是如何逐渐发迹的。但是，艾米什么都没有说。她不想指责周俊忘恩负义背叛了自己的爱，也不想让周俊记起他欠了自己多少的情。艾米平静地提出了离婚，不过，她只有一个要求，就是让周俊陪伴自己把这么多年来两个人一起做生意时走过的地方再走一遍。周俊答应了艾米的请求。他们夫妻二人尽释前嫌，就像一对正常的老夫老妻那样踏上了旅途。每到一个地方，看着物是人非的情景，艾米的眼泪流在了心里，周俊的泪水却渐渐地溢出了眼眶。在最后一站，在他们俩曾经共吃一个馒头的火车站，周俊突然之间泪流满面，他请求艾米原谅他，请求艾米原谅他迷失了自己。艾米原谅了周俊，从此以后，周俊再也没有所谓的逢场作戏，因为他知道只有艾米这一个女人配出现在他的生命之中。

艾米是聪明的，她没有苦口婆心地讲道理，也没有无比哀怨地大诉苦水。她知道，如果周俊还爱她，在重温一起走过的岁月时，他一定会幡然悔悟。艾米用曾经患难与共的真情挽回了自己的婚姻，使周俊从心底里认识到了自己的错误，相信等待着他们的一定是白头偕老的爱情。

人不讲道理是一个缺点，人只知道讲道理则是一个盲点。一般情况下，知识渊博的人往往坚信有理走遍天下。殊不知，有理也许能够走遍天下，但是一旦走到家庭之中就走不通了。对于女人而言，找一个老公是用来疼爱自己、呵护自己、宠爱自己的，而不是为了让他和自己讲理。对于男人而言，找老婆是为了共同组建一个充满爱和温馨的家，而不是为了要一个冷冰冰的法庭。所以，不管是男人还是女人，都要牢牢地记住，家不是讲理的地方，而是讲情的地方。

心理小提示

家是温馨的港湾，是远航的船儿一心期待回归的避风港。如果家变成一个只有道理而没有情的冷冰冰的地方，那么家也就失去了存在的意义。聪明的女人会用情温暖家，温暖爱，温暖男人的心！

爱是恒久的忍耐，是无限的包容

圣经《哥林多前书》中说：爱是恒久忍耐，又有恩慈；爱是不嫉妒；爱是不张狂，不自夸，不做害羞的事，不求自己的益处，不计算人的恶，不轻易发怒，只喜欢真理，不喜欢不义；凡事包容，凡事相信，凡事忍耐，凡事盼望。爱是永不止息。圣经是给整个人类的教义，其实，不仅普通人的爱如此，爱情也是如此。在爱情的里程里，就像漫长的人生一样充满了荆棘、坎坷、挫折和泪水。每个人都希望自己能够得到爱情之花，但是艳丽的爱情之花却浑身长满了刺，必须穿越荆棘，冒被刺的危险，才能接近它，才有可能得到它。爱情之花是用一个人所有的爱与付出浇灌出来的，一个自私的人永远也无法拥有美丽的爱情。如果你不愿意付出，又害怕花的多刺，那么你就无法闻到爱情的花香。所以我们说，爱是恒久的忍耐，是无限的包容。

现代社会，人心越来越浮躁，凡事都进入了“方便”时代。甚至连爱情，也变成了随时可以得到而又随时可以失去的快餐。很多人都不愿意忍耐，做事情总是浅尝辄止，特别是对于爱情，他们已经没有耐心和包容去用尽心血浇灌一朵爱情之花。也许，这正是越来越多的都市人失去爱的能力的原因。纵观古今中外，只要是真正的爱，都必然要经历挫折。这也就是人们平日里所说的好事多磨。在爱中，凡事都要包容，凡事都要相信，凡事都要忍耐，凡事都要期望。喜欢一个人的时候，我们不仅要喜欢他的优点，更要包容他的缺点，有的人说，真正地爱一个人就是爱他的缺点。如果一个人真的爱一个人，就不会要求他为了自己而改变，因为真爱是纯粹的，没有任何私欲。爱，就是爱本来的他，就是爱那个有缺点的不够完美的他。爱，就是爱他的缺点，即使是缺点，在爱情之中也闪着可爱的光芒。爱，就是包容他的缺点，使他像孩子在母亲的怀抱里一样自由自在。

林麒是一家科研机构的工作人员，整日都忙着进行科学研究，根本没有时间照顾妻子和孩子。相反，妻子不仅要照顾孩子和家庭，还要在百忙之中抽出时间来照顾他。因为总是深夜才回家，因为工作太忙，林麒和妻子之间的沟通越来越少，最终，他和妻子之间简直无话可说，形同陌路。看着自己所爱的人渐行渐远，妻子尽管非常痛心，但还是选择了放手。她平静地和林麒离了婚。离婚之后的林麒憧憬着能够开始自己的新生活。然而，没有妻子在家的日子里，他才发现一切都变了样。一个人独自生活了一段时间之后，林麒对于当初离婚的决定后悔万分，直到现在，他才知道妻子一个人默默地照顾他和家庭是多么累。喝多了的林麒痛哭流涕地向朋友诉说着："我真傻，我错过了这个世界上最好的女人！我以为我是这个家庭的支柱，但是直到现在我才知道如果没有她，这个家就不叫家了。我不知道那么简单的饭菜是要费尽心思才能做得好吃的，我不知道孩子要想显得干净整洁必须每天至少换一遍衣服，甚至有的时候要换两三遍衣服，我不知道马桶是必须要认真地清洗擦拭才会干净的……我不知道的太多太多，我总是嫌弃她每天在家里待着还那么早就睡觉，而不能等我深夜回家……我不知道，她原来那么累……我不知道她一直在包容我、忍耐我……"

爱是恒久的忍耐，爱是无限的包容。直到失去，林麒才知道自己失去了最宝贵的爱。在生活中，我们每个人都应该以包容和忍耐去爱自己所爱的人，也要以一颗敏感的心体会对方默默给予我们的爱，千万不要等到失去的时候才追悔莫及。

心理小提示

爱一个人，就是默默地关爱他、包容他、体贴他、谅解他。

用心经营婚姻才能获得幸福

和天马行空、随心所欲的恋爱完全不同，要想获得婚姻的幸福，必须学会用心经营。对于婚姻，人们各有各的看法，各有各的感受和体悟。有人说婚姻是幸福的天堂，有人说婚姻是痛苦的地狱；有人无限憧憬婚姻，有人则只想享受恋爱的感受，而说婚姻是爱情的坟墓，是无奈的围城。钱钟书的《围城》无疑为婚姻做了很好的注解：里面的人想出来，外面的人想进去。而所谓幸福的婚姻，就是在婚姻之中不想出来，非常享受婚姻。其实，要想把自己的婚姻经营得风生水起，是需要用心的。毕竟，婚姻不同于简单随性的恋爱，它牵涉的面很多。所以，人们经常说，没结婚的永远是孩子，结了婚的才能称为大人。换言之，婚姻能够使人成熟，使人以拥有独立家庭的形象出现在社会中。婚姻中有着很多的责任和义务，例如，女人要承担大部分的家务事，还要抚育子女、赡养老人；男人则作为家庭的主要经济支柱，在关键时刻能够为家人撑起一片晴空。当然，随着社会的发展，这种角色的定位并不是固定不变的，很多时候，也许男人和女人的角色会重新分配，甚至完全颠倒过来。其次，婚姻中两个原本陌生的男女因为相爱走到了一起，在一个锅里吃饭，在一张床上睡觉，在一个屋檐下生活，就像两块棱角分明的石头，他们之间难免会产生一些矛盾和摩擦，这就需要男人和女人调整自己的心态，适度地改变自己，以便更好地适应对方，从而组建一个幸福美满的家庭。

婚姻，从本质上来说是爱情的结晶和延续，是爱情最终的归宿，而不是所谓的坟墓和围城。然而，正如人们所担心的那样，婚姻并不能保证爱情永远美丽、新鲜，因为爱情是一朵娇艳的花朵，但是婚姻的琐碎却很容易使爱情渐渐枯萎。要想永久地给爱情保鲜，就要求我们要用心、用情、用真爱。在基于爱情的婚姻中，相爱的人会情不自禁地处处为对方着想，并且也努力地创造爱情继续生长的条件和环境，让爱情之花开得更加绚烂。当然，人们还要学会接受枯枝败叶，并且及时为爱情剪枝浇灌，给其阳光空气，这样才能使它继续吐绿开花。经营婚姻是一门很深的学问，也是一门很难掌握的艺术。没有哪个学校会教人们如何经营好婚姻和爱情，而只能依靠人们在婚姻生活中不断地用心领悟。曾经有一位名人说过，幸福的家庭都是相似的，不幸的家庭各有各的不幸。其实，幸福的家庭虽然是相似的，但是得到幸福的途径却是完全不同的。有的人用爱呵护，有的人用情浇灌，有的人用意维护，不管如何，他们都得到了幸福的婚姻。还需要注意的是，要想得到幸福的婚姻，夫妻双方必须一起努力，同甘共苦，相濡以沫。即使在共同生活的过程中有一些磕磕碰碰，也要站在对方的立场上设身处地地为对方着想，互相信任和理解，相互包容和扶持，这样才能一起携手建设美好的家园。

何琳嫁给了单亲家庭长大的连家珍。自从结婚之后，何琳就和婆婆之间展开了一场拉锯战。眼看着自己辛辛苦苦养大的儿子娶妻成家了，婆婆在高兴之余心里难免有点儿酸溜溜的，因此，每当看到儿子对何琳鞍前马后殷勤备至的时候，婆婆就会觉得如坐针毡。何琳呢？看到婆婆总是想让媳妇伺候自己的儿子，心里很不服气。现在时代不同了，为什么女人还要低三下四地伺候男人呢？因此，何琳也想给婆婆个下马威，故意总是当着婆婆的面指使老公干这干那。一段时间以后，她们之间的矛盾越来越深，连家珍夹在中间左右为难。终于有一次，因为一件不起眼的小事，何琳和婆婆之间爆发了战争。何琳一气之下回了娘家。而连家珍呢，看着妈妈要死要活的样子，也不敢擅自追随何琳而去，或者是把何琳接回家里来。何琳在娘家住了好几天，看到连家珍丝毫没有来接她回家的意思，不由得整天唉声叹气。这时，妈妈说："小琳啊，不是我说你，你看看你，都被我和你爸爸惯坏了，在家里就很任性，如今做了媳妇了，还是和以前一样。其实，你婆婆一个人辛辛苦苦地把儿子拉扯大不容易啊，你也要体谅她。即使你不体谅你婆婆，你也应该体谅小连夹在其中左右为难的处境。到了婆婆家，凡事要有点儿眼力见，尤其是当着你婆婆，不要动不动就让小连干这干那的。媳妇嘛，就要多承担一些家务。你这么和你婆婆闹下去，只怕得不偿失啊！”听了妈妈苦口婆心的劝解，何琳恍然大悟，原来自己这么做最为难的是连家珍。她赶紧收拾收拾回到了婆婆家。从此之后，在婆婆面前，她再也不指使连家珍了，夫妻俩有什么私人问题需要解决都是关起门来悄悄进行的。果然，婆婆对何琳的态度好了很多。毕竟，她是儿子的媳妇啊！

相爱是两个人的事情，婚姻却是两个家庭的事情，甚至还关系到每个人身后的那个庞大的亲友团。何琳在妈妈的劝解下恍然大悟，最终找到了婆婆的心结所在，所以才能够和婆婆和谐相处。看到何琳和自己的妈妈和谐相处，最高兴的人就是连家珍了。爱情是需要让步的，尤其是当面对婚姻的时候，不管出于什么原因，只要有爱，我们就应该学会宽容，学会体谅。婚姻是复杂的，要想拥有幸福的婚姻，不仅需要我们付出很多心血，还需要我们用心经营。

心理小提示

婚姻需要用心经营，不管是对爱人，还是对爱人的家人、亲戚和朋友，我们都应该爱屋及乌，用最博大的胸襟去接纳他们，热爱他们。

幸福婚姻要学会妥协和让步

两个人因为相爱而决定共度一生，于是走入了婚姻的殿堂，这也就意味着婚姻是两个人的责任。正如古人所说的，“执子之手，与子携老”。还有人说：“婚姻是唯一没有领导者的联盟，不过，双方都认为他们自己是领导。”假如两个人都争着抢着当领导，想让对方服从自己的指挥，那么结果可想而知。他们必然整日为了谁是领导而争论不休，甚至在一些事情上产生摩擦和争执。其实，婚姻是没有领导的，因为婚姻的成员都要对婚姻负责，共同去经营婚姻。从某种意义上来说，婚姻是两个人的责任和义务，必须两个人一起用心呵护、用爱经营，只有这样，才能酿出甜蜜。当然，两个原本陌生的男人和女人因为爱走到一起，这并不意味着他们彼此没有棱角。要知道，每个人都有自己独特的个性，从两种截然不同的生活中走出来的两个人必然会有着很大的不同。在婚姻生活中，他们需要做出妥协和让步，这样才能更好地相处，共同组建幸福美好的家。

在婚姻生活中，有一种感动叫相濡以沫，有一种感动叫相亲相爱，还有一种感动叫理解与包容。只有理解和包容对方，我们才能心甘情愿地做出妥协和让步。有人用在大海中航行的一叶扁舟来形容婚姻，这未免显得有些惊险，但是却有一定的道理。生活有的时候风平浪静、一帆风顺，有的时候却电闪雷鸣、惊涛骇浪、还有的时候会有暴风雨来袭，此外，还要面对那些隐藏在汹涌波涛下的暗礁。只有学会让步和妥协，学会为了家庭的共同利益和美好未来而努力，夫妻才能一起划着这一叶扁舟到达幸福的彼岸。

李楠和雅娟都是独生子女，结婚之前还好，他们每年春节都是各回各家，各找各妈。但是结婚之后，两个人再分开过年就显得不是那么回事了，因此，回谁家过年这个问题日益凸显出来。为了“回谁家过年”，他们几乎每年只要一进了腊月就开始吵架，每个人都想回自己家过年。就因为这点儿事，原本应该开开心心的大年总是在郁郁寡欢中度过。尽管妈妈多次说过让雅娟陪着李楠一起回婆婆家过年，因为毕竟中国是一个传统的国家，似乎儿子回家过年是天经地义的，但是雅娟却总是转不过这个弯来，男女平等，为什么非要回婆婆家过年？自己的爸妈也是含辛茹苦把自己养大的，难道生了女儿就注定要两个老人孤独地过年吗？后来，有一年，他们居然因为这个问题吵得要离婚，结果，过年哪里也没回，就他们俩只顾着怄气了。李楠的父母知道这件事情之后，也狠狠地批评了李楠。毕竟，雅娟是独生女，老人也是很盼望着女儿女婿回家过年的。这个问题在李楠退让之后终于得到了彻底的解决，李楠对雅娟说：“我想了想，咱

们每年都为回谁家过年争吵简直是太不值得了。这样吧，反正我爸妈是农民，春节的时候地里也没有什么活儿。以后过年，我就让我爸妈提前来咱们这里与咱们聚一聚，然后咱们在临近春节放假的时候就去你家过年。至于我父母呢，他们可以等到咱们回来与咱们一起再住一段时间回去，这样也不耽误地里的活儿。”看着李楠真诚的样子，雅娟非常感动，她犹豫地问：“那你父母不会生气吗？他们来找咱们过年，咱们却回去陪我爸妈！”李楠毫不迟疑地说：“他们不会生气的，这也是我爸妈的意思。这样，两头都不耽误。关键是，你爸妈还在上班，走不开，而我父母则时间比较灵活。这样咱们就能够两头兼顾了。”雅娟心里的一块石头落了地，她高兴地说：“那就太好了！等你爸妈要来的时候，咱们给他们买软卧吧，或者买飞机票，不要让他们太受委屈了。”

因为李楠的妥协，雅娟也主动做出了让步，主动提出给公婆提供更好的条件。至此，他们多次为之争吵的问题终于被彻底解决了，有了一个皆大欢喜的结局。其实，在婚姻中就应该采取这种态度，只要一方主动让步了，另一方也必然会妥协。这样一来，原本针尖对麦芒的争吵就会变成皆大欢喜的局面。

心理小提示

为爱而让步和妥协是值得赞许的行为，是婚姻生活中的人都应该学习的。只有这样，婚姻才会变得更加幸福和美满，相爱的人才能够更好地相处！

在婚姻中，你要学会认“输”

有人说，婚姻就像一场战争，既然是战争，就一定有输赢。赢了的人赢得了一生的幸福，输了的人不得不选择重新开始。其实，输赢是没有绝对标准的，假如以幸福来定义，那么每个人对于幸福的感受和标准也是完全不同的。在婚姻生活中，每个人都有自己的追求，有的人希望得到爱人全心全意的付出，有的人希望得到物质方面的享受，有的人则只在乎名分。不管是哪种人，都应该聪明一些，学会与爱人的相处之道，这样才能够如愿以偿地拥有幸福的婚姻。其实，婚姻中的认“输”有两层含义，一是婚姻失败，另一个是向爱人低头示弱。第一种情况下，如果爱已经不存在了，那么放手无疑是最好的选择，因为一味地纠缠除了会使别人感到痛苦之外，更多的是使自己深陷其中无法自拔。第二种意思是向爱人低头示弱，这是聪明女人才会有的夫妻相处之道。很多女人咄咄逼人，即使是在和爱人相处的时候，也不愿意退让半分。试想，谁愿意整天与一个浑身充满火药味的女人同床共枕呢？所以，对于女人而言，强势未必能够得到幸福，反而是会认“输”的女人更容易以退为进，如愿以偿。不管是以上哪种情况，女人们都不应该以卵击石，而应该采取灵活的策略，或者选择果断放手，或者选择用示弱的方式来赢得男人的心。

那丽深爱自己的老公，并且付出了自己所有的时间和精力经营自己的婚姻，但是，正当她沉浸在幸福之中时，一个晴天霹雳却不期而至。老公在大学同学聚会上与前女友取得了联系，并且他们旧情复燃、藕断丝连。刚刚得知这个消息的时候，那丽简直痛不欲生，每当想起心爱的老公居然投入了别的女人的怀抱，她甚至有一种不顾一切的冲动。在此期间，那个前女友更是巧妙设局，故意让那丽找到了很多蛛丝马迹。曾经乐观开朗的那丽逐渐变得尖酸刻薄、歇斯底里，甚至不止一次地想到自杀。尽管她一心一意地想要挽救这段婚姻，但是老公却鬼迷心窍，表面上应允那丽与前女友断绝关系，暗地里却仍然暗渡陈仓。痛定思痛，在接二连三地发现老公出轨的事实之后，那丽最终选择了放弃。她就像凤凰涅槃一般浴火重生。在决定离婚的那一刻，那丽觉得无比轻松，似乎以前的所有痛苦和纠缠都随风而去了。她说，出轨的人就像吸毒一样，有了第一次就有第二次。所以，她勇于决断，让自己彻底与猜疑和痛苦的生活断绝了关系。果然，那丽恢复了自信，重新开始了自己的人生。在这段婚姻中，她认“输”了，但是她却赢得了自己下半生的幸福！

小敏是单位里人人羡慕的人，因为她有一个好老公。她的老公不仅

人长得帅，而且事业有成。每当好友们问：“别人的老公有钱了就不在乎自己的老婆，你是如何拴住男人的心的呢？”小敏就会笑呵呵地说：“我是一个弱女子，所以我老公才会时时处处地保护我。”其实，小敏的驭夫之术就是认“输”。和老公在一起时，因为事业有成，老公难免会把自己在外面发号施令的习惯带到家里来，每当这个时候，小敏从来不与老公争执，而是处处认为老公是正确的、英明的。不过，私下里，她却采取一种缓和的方式改变老公的想法，使老公能够心甘情愿地按照她的心意去处理事情。这样一来，小敏既维护了老公的面子，使老公的男子汉心理得到了满足，又实现了自己的愿望，最终如愿以偿。

在第一个事例中，那丽的做法无疑是明智的。当一段婚姻名存实亡的时候，与其纠缠，不如果断放手。因为爱情是需要双方的付出和努力的，婚姻不需要单相思。虽然她在这段苦心经营的婚姻中认“输”了，但是她却为自己赢得了未来的幸福，使自己从痛苦与纠结的深渊中解脱了出来。在第二个事例中，小敏无疑不是一个强势的女人，但是却不声不响地得到了很多女人求之而不得的幸福，原因就在于她懂得认“输”，从而维护了老公的尊严，使老公在不知不觉间按照她的心意去处理事情。显然，小敏是一个非常聪明的女人。

心理小提示

在婚姻中，在爱情里，没有胜负、没有对错、没有输赢。只有得到幸福美满的婚姻，才是最大的成就，又何必在乎一时的认“输”呢？！

温柔是最强大的武器

自古以来，温柔的女人就倍受人们的喜爱。温柔，似乎是女性的一个最重要的区别于男性的标志。很多人用水来形容女人，说女人就像那涓涓流水，常流不止，虽然无形无色，但是却能够在日复一日之中把尖锐的石头打磨得圆润起来。从流水的身上，我们不难发现温柔有着巨大的力量。因此，有人说，温柔是女人最强大的武器。这句话是有一定道理的。众所周知，男人是刚性的，他们不仅身材高大，性格勇猛，而且爱憎分明，就像高原般坚韧，又像黄沙般粗糙，因此，假如女人用自己的刚强去和男人一较高低，结果可想而知。造物主是公平的，他没有让女人以卵击石，而是给予了女人另外一种武器，即柔情，用来制服男人的刚强。细心观察的人不难发现，不管是哪种类型的男人，都喜欢温柔似水的女人，而不喜欢咄咄逼人的女强人。男人骨子里就有一股保护女人的欲望，面对柔弱的女人，他们情不自禁地想要给予女人保护，使女人感觉到安全和踏实。由此可见，女人的温柔正好是男人刚强的克星，女人的温柔可以使男人这块百炼钢顷刻间变成绕指柔。

聪明的女人善于运用温柔的武器来降服男人，使男人一心一意地只想回到女人的身边，回到那个充满温馨的家里。当男人疲惫地回到家中，温柔是女人亲手做出来的饭菜氤氲升腾的香味，是女人贴心地放好了热乎乎的洗澡水，是女人深夜亮着灯等待男人回家的期待，是女人温软的耳边细语，是女人伤心时梨花带雨楚楚可怜的模样……尽管大家都知道女人的温柔对于男人有着神奇的魔力，但是现代社会的快节奏却使女人练就了风风火火雷厉风行的泼辣性格。她们在职场上与男人平分秋色，有的时候不得不强势，但是却不小心把这种强势带到了家里，导致家中时不时地上演“河东狮吼”，如此一来，男人还到哪里寻求温柔呢？其实，很多事实证明女强人的婚姻生活大多都是不幸福的。要想改变这种现状，一个女人即使再强，也要记得保持自己的温柔。一个女人即使在外面再怎么呼风唤雨，也要在回归家庭的时候恢复温柔的模样。只有这样，女强人才能拥有幸福的婚姻，牢牢地拴住男人的心。

北风和南风在争执到底谁的威力更大，为了一决胜负，它们最终决定以谁能把行人身上的大衣脱掉为准则决定输赢。首先是北风发威，北风呼呼地吹着，吹来了一股凛冽的寒风，谁知，行人们却更加裹紧了大衣，竖起了领子，并且戴上了厚实的围巾和帽子。北风失败了！不过，南风却很

聪明，他请来了温暖和煦的阳光和春日的暖风，行人们觉得仿佛一下子到了春天，一个个都解开了外套的纽扣，还把帽子和围巾也摘了下来。在家里猫了一冬天的孩子们更是撒了欢，高兴地跑到草地上玩耍。无疑，寒冷的北风失败了，温暖的南风胜利了。

其实，女人们的温柔就像是这温暖和煦的南风，能够使男人们主动脱掉坚实厚重的面具，敞开胸怀迎接女人的柔情。有人说，不管是男人还是女人，心底里都住着一个小孩。只不过，成人始终用社会的规范约束着自己，使自己无法彻底地敞开心扉。在这个世界上，除了母亲之外，只有一个人能够使男人释放自己心里的小孩，那就是温柔的爱人。只有温柔的爱人，才能使男人彻底地释放自己心里的小孩，像孩子一样依偎在爱人的身边。所以，又有人说，作为一个在婚姻中取得成功的女人，必须同时在男人心里有多重角色，其一是女人，其二是爱人，其三是朋友，其四是知己，其五是母亲，其六是情人……如此，女人才能满足男人的多重心理需求。不过，不管是这其中的哪一种角色，女人都不能失去温柔的特质。温柔，是使男人铁汉柔情的唯一武器。

心理小提示

你想拥有一个外表刚强内心柔软的爱人吗？那就首先使自己变得温柔起来吧，只有温柔，才能使女人进驻男人心底里最温暖最柔软的地方。

不要把老公当成“男佣”

几千年来，女人的社会地位和家庭地位始终很低，在古代，更是有女人以夫为纲的封建思想。在重重压迫之下，女人度过了几千年的悲惨生活，没有地位、没有尊严。然而，随着社会的开放，新中国的到来，女人的地位一下子得到了提高，她们不仅开始走向社会，在社会中承担和男人一样的责任，在家庭之中也撑起了半边天，成为祖国的半壁江山。毋庸置疑，以前那些压迫女人、歧视女人的思想是不正确的。不过，翻身做主人的女人们如今却面临着另外一个问题，即她们之中有的人很好地摆正了自己的位置，以树的形象与男人比肩并立在社会与家庭之中，但是有些女人却一时之间无法很好地定位自己，变成了对男人颐指气使的女皇，如此一来，男人的地位就岌岌可危了。毋庸置疑，男人也是不应该被压迫的。不管是爱情，还是婚姻，都要建立在平等的、两情相悦的基础上。假如女人不能端正自己的位置，而是从翻身的农奴变成了得势的暴君，那么男人必然无法忍受，也就谈不上所谓幸福的婚姻了。

如今，每到节假日的时候，很多女人都在血拼，身后则跟着一个拎着大包小包的老公。如果男人觉得很舒服，心甘情愿，那么女人的这种行为自然无可指责；反之，如果男人觉得这是一种折磨，深以为苦，那么哪里有压迫，哪里就必然会有反抗，即使当时男人没有表现出丝毫不满，他们内心的抱怨也会最终积累到一定的量之后喷发出来。到时候，只怕女人就Hold不住男人了。因此，作为女人，一定要采取正确的态度对待男人，千万不要把男人当成是自己的“佣人”。尽管时代发展了，男女平等了，不过在很多家庭中，在很多人的心里，男主外女主内的心理意识还是存在的。当男人在外面打拼一天的时候，回到家中，他们想要看到的是温热可口的饭菜和干净整洁的家，而不是冷锅冷灶和乱糟糟的家。作为女人，假如把所有的家务事都交给家庭的男佣——男人去处理，那么家对于男人就会渐渐地失去吸引力，变成一个可有可无的地方。如此一来，女人可就追悔莫及了。当然，这也并不就是说女人必须承担所有的家务劳动。其实，家是一个讲情的地方，而不是一个讲理的地方，对于家庭责任与义务的承担，我们完全没有必要斤斤计较，只要相爱的人彼此觉得合适、舒服就可以了。

在别人眼中，李琼和范晓无疑是一对模范夫妻。他们俩在同一所学校工作，每天都携手上下班，事业上更是比翼双飞。李琼是学校语文教研组的骨干教师，对工作认真负责，勤勤恳恳，兢兢业业，她教的班级始终在全校排名第一。范晓是校团委书记，深得校方器重。他们夫妇二人生活节

约，虽然工资不高，但是因为李琼开了一个补习班，因此额外收入非常可观。在结婚几年的时间里，他们不仅买了房子，而且还有了一些存款。对此，李琼始终觉得自己为这个家付出了更多，因为家里2/3的资产都是她挣来的。所以，她总是对范晓强调“经济基础决定上层建筑”，在家里的时候，她几乎从来不做家务，而是把所有的家务都交给范晓去做。

刚开始的时候，范晓毫无怨言，毕竟李琼每天除了全职上班之外，还要兼职给学生们辅导，所以空余时间很少。但是，随着李琼越来越颐指气使，范晓心中开始不平衡起来。最关键的是，李琼即使有时间也不做任何家务，还会对范晓做的家务活儿挑剔指责。渐渐地，范晓觉得自己就像是一个李琼雇佣来的佣人，非但没有任何地位，还得不到应有的尊重，而李琼则像一个高高在上的女皇。为此，他的心情非常抑郁。

起初，李琼对这种情况不以为然，反而总觉得自己是个女强人，把一个家领导得有声有色，把老公驯得俯首贴耳。一个偶然的机会，她在与儿子一起玩耍时，儿子非常小心翼翼地说：“妈妈，你以后不要呵斥爸爸了，好吗？每次你说完他之后，他都一个人到阳台上抽烟，非常伤心。”儿子一语惊醒梦中人，李琼不由得惊出了一身冷汗。她突然发现老公整天都在委曲求全，不仅失去了生活的欢乐，也丧失了做人的自信，更失去了与李琼交流和沟通的欲望。李琼改变了自己，开始主动承担家务，开始学会温言细语地和老公说话，终于，她又在老公脸上看到了久违的笑容。

事例中的李琼悬崖勒马，挽回了平静的表面下波涛暗涌、暗藏危急的婚姻。假如不是及时醒悟，他们的婚姻必将走向名存实亡，甚至走向无法挽回的面局。作为女人，不管再怎么精明强干，不管为家里做出了多少贡献，都不要因此而高高在上，把老公当成佣人。一个男人，如果在家庭中都没有自信和受到尊重，怎么会有信心面对人生呢？！

心理小提示

即使再能干的女人，面对男人，也要意识到自己的身份是妻子、是爱人，而不是领导！

家是男人疗伤的地方

有人说家是温馨的港湾，男人就像远航的船，即使走得再远，也会回到家中停泊；有人说家是清新的田园，使人在喧嚣的尘世中能够找到属于自己的精神家园，能够在这里休憩，呼吸新鲜的空气；还有人说家是温暖的源泉，远行的游子即使走得再远，也会在某一天回到家中感受家人的温暖和亲情的抚慰；甚至有人说家是一本刚刚制作好的书，刚刚写下前言，并且带着油墨的馨香……每个人对于家都有着自己的理解和感悟，不管家是什么，都是人们灵魂的归宿。尤其是对于男人而言，家是疗伤的地方。现代社会，生活和工作的压力越来越大，作为家庭顶梁柱的男人们总是面对着形形色色的压力和一些不期而至的伤害。然而，他们是男人，必须勇敢地面对一切的风风雨雨，只有回到家中的时候，他们才能卸下伪装，袒露自己的真心，默默地疗伤。对于男人而言，假如回到家中也无法得到抚慰，那么家对于他来说就会失去存在的意义。作为女人，要照顾家庭，照顾男人，照顾孩子，最重要的是还要在男人需要的时候抚慰他那颗受伤的心灵。

现代社会，很多女人对于物质的要求越来越高，她们不停地要求男人得到更高的官职，挣更多的钱，却没有意识到男人也是会感到劳累的。在外面拼搏一天之后，他们回到家中只想安安静静地休息，补充体能，以便第二天能够再次朝气蓬勃地投入到生活之中。此时，假如女人只知道喋喋不休地抱怨或者指使男人，男人就会不耐烦，甚至不想回家。聪明的女人会怎么做呢？她们会给男人准备一杯热茶，一桌美味可口的饭菜，她们会在男人满腹心事的时候默默地陪伴在男人身边，随时准备着成为一个认真的倾听者。其实，只要这样就够了。男人内心深处的责任意识还是很强的，休息好了他自然会为了爱人和孩子再次去努力拼搏，而不需要女人唠唠叨叨地驱使。自古以来，人们就说，男儿有泪不轻弹。一个成功的妻子能够让自己的爱人在自己面前表露出最脆弱的一面，一个温暖的家庭能够使男人放松地敞开心扉疗伤，家，是男人疗伤的地方，是男人最终的归宿！

张蔷最近很苦恼，因为她的丈夫李允总是闷闷不乐。张蔷不知道丈夫到底是怎么了，每天回到家中都会在书房里一根接一根地抽烟，也许是怕张蔷担心吧，丈夫始终没有透露自己的心事。如此一段时间之后，张蔷沉不住气了，她打电话给丈夫最好的朋友，朋友却支支吾吾地说："李允怕你担心，让我先不要告诉你。"张蔷急了："我是他的妻子，我有权利知道关于他的一切事情，我也愿意和他一起承担，我不想看着他一个人陷入苦闷之中。你是他最好的朋友，难道你不想为他好吗？"最终，朋友告诉张蔷，李允在工作中出现了重大失误，需要承担单位20万元的损失。听到这个消息之后，张蔷丝毫也没有埋怨李允，因为她了解自己的丈夫不是那种不认真的人，一定是有什么出乎意料的情况才导致了这个意外。她知道，李允心里一定也很难受，所以当务之急不是埋怨，而是要承担单位的损失，使李允抬头挺胸地在单位里做人。为此，张蔷默默地开始筹款。她把自己多年的保险卖掉了，又从亲戚朋友那里借了十几万元，筹到了20万元。直到把钱给李允的时候，李允始终都不知道张蔷已经知道了真相。张蔷把存折放到李允面前，动情地说："我们是夫妻，是彼此生命中最重要的人。看到你忧愁，我恨不得能够代你忧愁，我非常担心。对于我来说，我宁愿和你一起承担一切，也不愿意心惊胆战地猜测你遇到了什么坎儿。我问了你最好的朋友才知道了真相，我希望，下一次不管发生什么事情，我都是你第一个想到的人，也是唯一一个能够与你分担的人。"李允的眼眶红了，张蔷继续说："我知道你是怕我担心，你却不知道不了解真相使我更担心你。"李允点了点头，他把头深深地埋在妻子的怀里，觉得无比温暖。他很庆幸自己有一个好妻子，有一个真心相爱的人。

只有一个好妻子才能经营出一个好家庭，只有一个好家庭，才能让男人放心地疗伤。对于男人来说，不管航行多么遥远，他最终都要回到家的港湾，因为家是他修养身心的地方，家是他愈合伤口的地方，家是使他浑身充满力量和斗志的地方。

心理小提示

对于在外拼搏的男人而言，家有着非常重要的意义。对于女人而言，要成为男人坚强的后盾，不管什么时候，都要给予男人最有力的支撑。只有这样的女人，才能承担起为男人疗伤的重任。

第12章

守护婚姻的灵丹，女人要维护男人的面子

对于男人来说，面子很重要，甚至比自己的生命还重要。不过，很多女人却不了解这一点，因此在与男人相处的时候犯了男人的大忌。要想守护住婚姻，作为妻子，首先要维护男人的面子，因为面子就是男人心目中至高无上的东西，是碰不得的。聪明的女人善于把握男人的心理，能够把婚姻经营得风生水起。

你知道你的老公很爱“面子”吗

男人特别爱面子，总是把面子看得比自己的生命还重要，尤其是在自己比较要好的同事、哥们儿面前。作为女人，却有很多人不了解这一点，因此导致彼此间发生了一些不必要的争执。其实，聪明的女人会维护自己老公的面子，即使心中怒火中烧，她们也会在老公的家人朋友面前给足老公面子，私底下再秋后算账。

男人之所以爱面子，是因为他们的自尊心很强。大部分女人都希望自己能够找到一个顶天立地的男人作为人生伴侣，殊不知，男人的男子气来自于女人的支持。很多时候，男人的内心里会住着一个小孩，尽管他们在工作中独当一面，在事业上叱咤风云，但是他们的内心其实也是非常柔软、非常脆弱的。他们尽管谨言慎行，但是难免也会因为一时糊涂犯下错误，或者因为一些原因而不得不做出违心的选择。聪明的女人能够读懂男人，能够包容和理解男人，这是使男人不断成熟的法宝。女人似乎很难想象男人的自尊心有多么强，男人爱护自己的面子就像女人爱护自己的美貌一样，有的时候是比生命更加重要的。男人在面子方面顾虑重重，他们不仅希望女人能够无比崇拜自己，也同样希望自己的家人崇拜自己，顾全自己的面子。只有面子问题得到了解决，自尊心受到了尊重，男人才会变得充满自信。相信大多数女人都知道自信对于男人来说意味着什么。所以，聪明的女人即使再怎么生气、愤怒，也一定会顾全男人的面子。如果不了解这一点，就会给彼此的相处带来很大的阻碍。

王玲已经向亲戚朋友下发了自己和徐阳的结婚请柬，甚至也领了结婚证，但是却又突然取消了婚礼。大家百思不得其解，因为王玲和徐阳是大学同学，他们感情基础很好，不至于出现什么意外的变故。面对大家的询问，王玲懊悔不已，不停地说："都是我的错，都是我的错！"原来，王玲犯了徐阳的大忌，导致徐阳下定决心取消与她的婚约。

一个周末，几个高中时代同宿舍的好友来找徐阳玩，他们先是一起打牌，接着又相约去吃饭。因为太高兴了，徐阳忘记了自己已经和王玲约好了一起去看电影。王玲左等不见徐阳，右等不见徐阳，不由得怒气冲天。她气冲冲地去了徐阳的宿舍，发现徐阳正和一帮男人喝得东倒西歪。见到王玲，徐阳全然忘记了约会的事，赶紧歪歪斜斜地站起来向哥们儿们介绍自己的未婚妻。出乎徐阳意料的是，王玲非但没有给徐阳和他的哥们儿们笑脸，反而一气之下把他们团团围坐的简易饭桌给掀翻了。徐阳的酒突然间全醒了，他冷冷地看着王玲，只说了一个字："滚！"看着徐阳铁青的脸色，王玲似乎意识到自己做错了，但是她扭头跑了出去，没有说一句道歉的话。就这样，徐阳坚决地取消了婚礼，并且最后通知王玲找个时间去办理离婚手续。

当着哥们儿好友的面让男友下不来台，这是任何一个女生在任何情况下都不应该做的事情，除非不打算再见面了，自然，爱情也就会无疾而终。男人是很在乎自己的面子的，女人尤其要注意这一点，特别是在有亲戚朋友在场的时候，冒犯男人的尊严是大忌。作为女人，作为聪明的女人，一定要牢牢地记住这一点。

心理小提示

你知道你的老公很爱面子吗？不管什么时候，都要记得给老公留足面子，千万不要让他在人前下不来台。

聪明女人会主动示弱

如今，女人的社会地位提高了，她们也像男人一样走入了社会，走进了职场，撑起了家庭的半边天。在如此平等的地位下，女人和男人在交往的时候完全不必像古代社会那样卑躬屈膝了，而是可以平起平坐。虽然这大大提升了女人的自信，不过也同时带来了一个问题，即很多女人变得越来越强悍，不管在什么问题上，似乎是为了充分使用自己的权利，她们总是和男人据理力争，似乎夫妻之间是你死我活的关系一样，而忘记了自己最强大的武器——示弱。和那些与男人硬碰硬的女人比起来，聪明女人显然棋高一着，她们能够适时适当地示弱，从而博得男人的疼爱。和那些与男人唇枪舌箭的女人比起来，她们这简直就是温柔的一刀，不费吹灰之力就使男人缴械投降了。现代社会讲究和谐，这种示弱的方式是值得大力提倡的。其实，生活中哪来那么多原则性问题呢？夫妻之间之所以争吵，大多数时候都是因为一些不值一提的小事。作为女人，只要学会主动示弱，就能够使男人缴械投降，何乐而不为呢？

俄罗斯著名的心理学家凯琳娜·穆尔塔扎洛娃曾经说过，在生活中，女人对男人有着很多误解，例如，女人总是认为男人就应该主动追求女人，男人就是喜欢被女人呼来喝去，男人就是喜欢口无遮拦和直率的女人，等等。其实恰恰相反，很多原本蜜里调油的小夫妻之间的关系婚后却逐渐变了味儿。因为一点芝麻大的小事，他们就会吵得不可开交，最令女人伤心的是，丈夫已经不再对自己百般疼爱了。婚恋专家说，其实，不管是哪种性格的女人，也不管一个女人在事业上取得了多大的成功，一旦回归到家庭生活之中，就要学会适时示弱，这样才能感动丈夫，消除彼此之间的隔阂。这个时候，讲理是没有丝毫用处的，只有以情动人，才能使丈夫的心渐渐变得柔软起来。

郝梦是一个漂亮的美女博士，虽然她有高学历、高收入，还有美貌，但是她当年的相亲标准并不高。为了想要一份安稳的生活，郝梦选择了为人诚恳，有事业心、上进心的张培。张培是公务员，虽然薪水不高，但是工作很稳定，朝九晚五。但是，随着时间的流逝，郝梦渐渐地改变了观点，看着很多不如自己的同龄人都住进了别墅、开起了豪车，郝梦心里越来越不平衡。她整天寻衅滋事，动不动就责骂张培没有出息、没有本事。最终，张培提出了离婚。现在，郝梦恢复了自由身，但是却没有找到自己梦想中的完美男人。倒是张培十分务实，他又娶了一位温柔可心的老婆，过着简单而又幸福的生活。看着身边出双入对的朋友们，郝梦非常后悔自己当初没有珍惜幸福的婚姻，但是她却不知道自己错在哪里了。

白月香已经是一个5岁孩子的母亲了，看着活泼可爱的女儿，她觉得无比幸福。而且，因为幸福生活的滋养，她现在比从前更多了一番娇美的风韵。提起婚姻，白月香抑制不住自己内心深处的幸福感。她说，其实她的婚姻生活也曾经出现过问题，只不过，因为她比较“傻”，因此最终才获得了幸福。原来，刚结婚的时候，因为新婚夫妇如胶似漆，所以独自抚育丈夫长大成人的婆婆很不满意。因此，只要丈夫不在家的时候，婆婆就会颐指气使地对待白月香，并且百般刁难她。对于这一切，白月香知道是婆婆觉得儿子被其他女人夺走了的心理在作怪，因此，她总是处处顺着婆婆，从来不和婆婆对着干。她白天笑脸对着婆婆，像个陀螺一样忙着做家务，晚上却躲在丈夫的怀里偷偷哭泣。摸着她粗糙的手，丈夫非常心疼，因此加倍地对她好。经过一段时间的相处之后，看着成天笑呵呵的白月香，婆婆也没了脾气，只好把白月香当成女儿来疼爱。在丈夫面前，白月香也从来不说婆婆的不好，而是经常提醒丈夫多和婆婆聊聊天，多陪陪婆婆。就这样，白月香终于赢得了婆婆的心，赢得了一个幸福和美的家。

不可否认，女人至今仍然属于弱势群体，不管从哪个方面来说，她们都不足以和强大的男性群体对抗。所以，聪明的女人从来不会以卵击石，而是四两拨千斤，用自己的柔情唤醒男人的疼爱。

心理小提示

面对强悍的男人，你是选择以卵击石还是选择主动示弱？以卵击石未必能够达到自己的目的，主动示弱也许倒能够四两拨千斤，聪明女人当然知道应该如何选择。

男人是一座山，女人应该懂得仰望

在婚姻生活中，男人的自信是女人给予的，女人应该仰望男人，这样才能够使男人觉得自己更加高大魁梧，更加感受到自己身上沉甸甸的责任。如今，所谓的“妻管严”越来越多，在人们感慨阴盛阳衰的同时，也不由得感慨男人越来越不像男人，而女人也越来越不像女人。造物主赋予了男人和女人不同的特性，男人是刚强的，女人是柔美的。只有刚柔相济，婚姻生活才会更加平衡、和谐。如果男人不够阳刚、女人不够柔美，爱情就会失去平衡，无法获得完满的结局。每一个男人，不管身材是高大还是瘦小，都应该是一座巍峨的山，女人则应该懂得仰望男人，这样男人才会更加有责任感，主动承担起照顾家庭的重任。

一般情况下，男人的本能是给予女人保护而充分显示出自己的强壮，而女人在生活中也就理所当然地成为了人们眼中的弱者。实际上，所谓仰望并非让女人真的把男人当成天神一样，而是让女人在生活中依赖男人，显示出自己的柔弱，使男人知道自己是被需要的。在生活中，有很多小细节都能够体现出女人的柔弱。例如，面对一袋20斤重的米，女人也许会觉得无计可施，但是此时只要惊愕地望着男人，男人就会一鼓作气地把这袋米提到6层高的楼上；女人买了一条活鱼给老公补身体，但是看着活蹦乱跳的鱼，女人却不知道如何才能把它变得服服帖帖，这个时候，女人只要手足无措地望着男人，男人一定会勇往直前，把小小的鱼儿打理得干干净净……当然，在女人不胜娇弱地向男人求助之后，一定不要忘记赞美男人的能力，对男人表示无限的钦佩。这样一来，在下次女人需要帮助的时候，男人依然会勇往直前。在此过程中，男人也会变得越来越自信，越来越相信自己的能力。这岂不是一件两全其美的事情吗？

谈恋爱的时候，珠珠对于自己的男友皮特简直佩服得五体投地，他似乎是全能的，不仅能修理好坏了的电灯泡，也可以换水龙头，还能把哇哇大哭的侄女逗得哈哈大笑。似乎只要有皮特在，所有问题都能够迎刃而解。不过，让珠珠疑惑不解的是，自从结婚之后，皮特的这些优点在她眼中都变成了不值一提的特长，而她最关注的却是哪个女友家买了大房子、

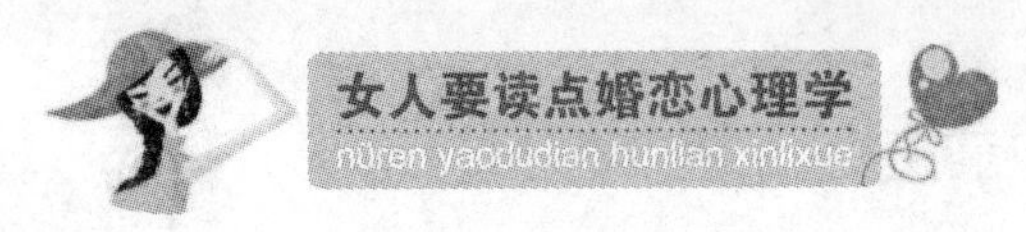

哪个女友的老公换了一辆豪华跑车。在不停的抱怨中，皮特整天如履薄冰，变成了不折不扣的妻管严。哪怕珠珠皱皱眉头，他都很担心珠珠是不是哪里又不满意了。渐渐地，这种状态也延伸到了皮特的工作状态之中。领导总是觉得皮特没有以前那么自信了，遇到事情的时候畏畏缩缩，生怕犯错误。非常巧，领导的老婆是珠珠所在幼儿园的园长，一次聊天的时候，她无意间和珠珠说起了这件事情，珠珠也不停地抱怨说："是啊，他就是这样的。结婚之前，我觉得他简直是个无所不能的神人，但是现在，我却觉得他是一个一无是处的废物。"听到珠珠这么说，园长非常惊讶，她语重心长地对珠珠说："珠珠啊，这可就是你的不对了，一个人不可能在婚前婚后发生如此大的变化的，肯定是你看他的心态发生了变化。其实，我倒是建议你还是用恋爱时候的标准来评判他、仰望他，这样才能使他找回自信。你想啊，假如一个男人在自己的女人面前都没有自信，他又怎么能自信地立足于社会呢？！"听了园长的话，珠珠进行了深刻的反省。她意识到皮特是她自己选定的老公，不管他是好还是坏，都是她的老公。作为妻子，她必须支持他，这样才能让他成为一个顶天立地、堂堂正正的男人！果然，从此之后，珠珠改变了自己对皮特的态度，她努力使自己学会欣赏他、仰望他。渐渐地，那个充满自信的皮特又回来了。他在生活中越来越自信，在工作中如鱼得水，很快就得到了领导的赏识。

从皮特的身上，我们更加验证了一个道理，即男人的自信是从女人身上得到的。作为一个女人，要想成为一个好女人，必须学会欣赏男人、学会仰望男人，这样才能激发男人的雄心壮志，使其充满自信地面对社会，面对未来的人生。

心理小提示

要想使自己的男人成为一座更加巍峨高大的山，女人一定要仰视男人，使男人觉得自己是被需要的！

不要揭穿男人善意的谎言

谎言在人们的生活中占据着重要的位置，似乎每个人都离不开谎言。麻省理工大学的心理学家罗伯特·费得蒙经过研究证实，60%的人在10分钟的交谈中会撒谎大概2~3次。而且，他还发现，男人和女人的撒谎频率几乎相同，但是目的却完全不同。女人撒谎往往是为了取悦对方，而男人撒谎则更多的是自吹。其实，不仅在社会交往中如此，在两性交往中，在甜蜜完美的爱情生活中，谎言也同样随处可见。很多时候，男人之所以说谎是出于一种善意，人们称之为善意的谎言。善意的谎言往往是为了对女性表示礼貌，而接受谎言则更是一种礼貌的表现。一个聪明的女人当然知道，男人什么时候在说谎，而自己又应该在什么情况下接受这种谎言，不戳穿它。很多时候，谎言对于男人来说是一个圈套，男人自从对女人撒了第一个谎开始，就不得不编造出更多的谎言来为第一个谎言圆谎。聪明的女人总是让男人不知不觉地陷入这个谎言的怪圈之中，她们不会揭穿男人的谎言，而是装作无比相信男人，这使得男人必须掌握越来越高超的编造谎言的技巧来讨女人的欢心。反之，有些女人性格刚强，总是在一时冲动之下指着男人的鼻子戳穿他的谎言，最终的结果就是男人不再撒谎了，甚至连伪装都不再了。这两种结果，哪种更好一些？相信每个女人都有自己不同的选择。

作为女人，必须知道的是，男人有的时候说谎并不是为了得到什么，而是为了维护什么，或者是为了维护自己在女人心目中的美好形象，或者是为了维护女人对于爱情的幻想，或者是为了维护婚姻。在这个世界上，几乎没有人能保证自己一辈子不撒谎骗人。因为在很多特殊的情况下，人们撒谎的目的不是伤害，而是保护。曾经有女人说过不怕男人骗自己，只要这个男人能骗自己一辈子。女人总是喜欢生活在远离现实的虚幻中，而男人的谎言则是女人圆梦的速效药。当男人说谎是出于善意，当男人犯的并非是原则性错误，为了使爱情更加美好，为了使男人趋于完美，女人最好不要揭穿男人的谎言，因为这是爱的嫁裳！

艾琳是一个非常聪明的女人，最近，她刚刚把自己的婚姻从一场无形的危机之中挽救回来。原来，艾琳的老公在读大学期间曾经与同班的一个女孩恋爱，那个女孩是他不折不扣的初恋情人。后来，因为女孩大学毕业之后出国了，他们才不得不劳燕分飞，各奔前程。在大学十周年聚会上，艾琳无意间看到了老公保存在电脑里的同学合影，其中还有他和那个女孩子的单独合影。自此，艾琳就多了一些心思，她不确定老公在同学聚会结束之后还有没有和这个女孩联系。一天晚上，老公去洗澡了，艾琳偷偷地看了老公的QQ聊天记录。果然，他还在和那个初恋情人保持着联系，而且那个女孩至今未婚，对老公频频示好。换作一般女人，看到这里肯定会与老公大吵大闹，而且展开跟踪等侦查行为，但是艾琳却不动声色。一天中午，艾琳佯装无意地问："大学同学聚会感觉好吗？见到故人了吗？"老公哈哈一笑，掩饰地说："10年没见了，早已物是人非。故人远在他乡，已经彻底地离开了我的人生轨迹。如今，你和孩子才是我的全部！"艾琳依偎在老公身上撒娇地说："呵呵，家有娇妻，谅你也不敢。对了，孩子马上就要放暑假了，咱们计划一次长途旅行吧，或者去四川，或者去云南，这可都是人间天堂啊！"聪明的艾琳就这样提出了出行计划，在为期1个月的长途旅行之中，他们每天的行程都安排得满满的，老公没有任何时间上网，自然与初恋情人断了联系。最重要的是，在这次旅行之中，艾琳处处都像热恋时期的少女一样和老公腻腻歪歪的，使老公对她的感情越来越深厚了。看着活泼可爱的孩子和贤惠聪明的妻子，老公的选择无疑是成功的。

艾琳知道老公正在与初恋情人联系，但是却非常欢喜地相信了老公的谎言。她巧妙地安排了一次一家三口的长途旅行，使老公充分感受到了家庭的温暖。没有任何男人愿意放弃辛辛苦苦建立起来的家庭，尤其是对于一个有了孩子的中年男人来说。毕竟，人生并非只有虚无缥缈的爱，更多的是实实在在的责任和义务。更何况，艾琳与老公之间还是有感情基础的，艾琳正是发挥了自己的优势，把一场家庭危机化解于无形之中。

心理小提示

如果男人撒谎的目的是保护女人不受伤害，是维护家庭，那么，女人就应该相信男人善意的谎言，使其言行一致地兑现自己的谎言。这样一来，女人自然就能够拥有幸福美满的婚姻。

赞美是婚姻的保鲜剂

在这个世界上，每个人都喜欢听到别人的赞美。很多时候，赞美能够产生人世间最奇妙的“功效”。赞美蕴含着巨大的能量，大到简直令人无法想象。尤其是在相互爱慕的情人之间，赞美更是能够创造奇迹。有人说，爱情使人头昏脑涨，在恋爱的时候，情人眼里出西施，即使一个女人很丑，只要男人赞美她长得漂亮，她也会美滋滋的，甚至一连几天都非常兴奋；与此相反，假如一个男人言语粗俗，但是女人却赞美他就像一位地地道道的绅士，足以与法国贵族相比，那么这个男人一定会处处谨言慎行，尽量使自己表现得更好一些。这就是赞美，有一位名人说过，假如你想让一个人改变，最好的方式就是按照自己所期待的他的表现去赞美他，你定然会惊讶地发现他正在朝着你所期待的方向改变自己。在婚姻生活中，赞美更是一剂灵丹妙药。假如男人想让女人变得勤快一些，那就千万不要指责女人很懒惰，而要赞美女人是天底下最勤快的女人；假如女人想让男人更有家庭责任感，那就千万不要指责他是一个浪荡子，而要夸奖他是世界上最有家庭责任感的、最值得托付终身的男人。如此一来，婚姻中的双方都会竭力表现得更好，彼此之间更融洽地相处。

人们常说，“哄死人不偿命”。实际上，哄与赞的含意差不多。对于女人来说，赞美是一剂灵丹妙药，男人的赞美能够使女人神采奕奕，充满自信。其实，生活中有很多赞美的机会，为了使婚姻生活更加和谐美满，不管是男人还是女人，都可以用赞美来使对方心情愉悦，主动地改变和提升自己。例如，大部分女人每试穿一件新衣服都喜欢征求丈夫的意见，这时，女人的初衷就是想让男人变相地赞美她，男人除了要给出中肯的建议之外，一定不要忘记赞美女人。再如，在家庭生活中，很多时候女人必须依赖男人的帮助，如拎重物、修理灯泡水管等。当得到男人的帮助以后，即使是夫妻关系，女人也一定要及时向男人表示感谢，并且赞美男人的无所不能。如此一来，当女人再次需要求助的时候，男人一定会心甘情愿、积极主动地帮助女人。总而言之，不管是男人还是女人，都无法抵抗赞美的魔力。因为有了赞美，人与人之间的相处才会变得更加令人愉悦，爱人之间才会多一些默契和友爱。尤其是对于婚姻而言，和爱情比起来，婚姻是现实和琐碎的，如果没有赞美作为调剂，爱情就无法保鲜。因此，不管你是男人还是女人，在婚姻生活中，都不妨多多赞美对方。

在结婚一段时间之后，那林觉得家庭生活简直太枯燥无味了。他失去了自由，不能像以前一样隔三差五地和哥们儿一起泡酒吧，每天一下班就必须按时回家。回家之后，他也无法安安静静、全心全意地看球，因为妻子在厨房忙碌，他必须适当地做一些打下手的工作。看着那林越来越乏味的模样，妻子有了一些感觉，她意识到自己必须做出改变了。其实，作为新婚夫妇，他们需要摸索着找到最适合彼此的一种生活模式，这样才能够共同组建一个幸福的家庭。妻子好像越来越依赖那林，有的时候，如果那林回来晚了，妻子会委婉地给他发个短信："亲爱的，还没有下班吗？我做了你爱吃的鱼子酱，还准备了红酒。如果你能尽早回来陪我度过一个美好的夜晚，我将不胜感激。"看到这样的短信，那林简直是迫不及待地想要下班回家和妻子一起共进烛光晚餐。次日，妻子还会给那林发一条这样的短信："亲爱的，非常感谢你昨天晚上回来陪我。我知道，按时回家对于男人来说很难，正是因为你是一个有责任心的男人，所以你才会放弃和朋友一起去酒吧的机会赶回家里陪我。我爱你，是你使我变得幸福！"就这样，在妻子的赞美声中，那林顺利地从一个自由散漫的单身男人变成了一个称职的丈夫。在他们共同的努力下，他们的婚姻生活越来越幸福！

赞美就是有着如此神奇的力量。同样的一个要求，如果用命令的语气说出来，必然导致男人的反感。但是，假如以请求的语气说出来，再加以适当的赞美，就会使男人心甘情愿地被女人牵着鼻子走。作为女人，要想拥有幸福的婚姻，就一定要学会赞美男人！

心理小提示

每个人都喜欢赞美，在婚姻生活中，不管是女人还是男人，都要牢牢地记住这一点！

男人也需要女人的宠爱

很多时候，人们都觉得撒娇是女人的专利，殊不知，男人也会撒娇，男人也需要女人的宠爱。不管是男人还是女人，每一个成人的心里其实都住着一个小孩。在日常生活中，人们给自己戴上假面具，用各种各样的法律和行为规范要求自己，从来不敢越雷池半步。因此，走在熙熙攘攘的大街上，人们看到的多是行色匆匆的、不可冒犯的、一本正经的面孔。然而，在所爱的人面前，人们会放松自己的心灵，尽情释放自己的内心，把自己内心深处那个调皮任性的小孩子展示给爱人看。

通常，人们会以为男人应该宠爱女人，实际上，作为一个成熟的女人，作为一个成功称职的妻子，也应该学着宠爱自己的男人，使其在自己面前展现出孩童般的纯真，这样的女人才是聪明的女人。男人撒娇的时候是什么样子呢？在所爱的人面前，他们会任性地赖床，会央求老婆让自己再多看一会儿电视、多玩一会儿游戏。假如一个平日里西装革履非常成熟的男人突然变成了小孩，女人千万不要觉得惊讶，更不要用成人世界的思维要求男人必须马上上床睡觉，或者是停止看电视去吃饭。在这种千载难逢的时刻，在男人心底里的小孩自由玩耍的时候，聪明的女人会宠爱男人。既然他想赖床，那么你就陪着他赖一会儿吧，如果他饿了，你准备好美味的食物亲自拿到床上喂他也未尝不可；假如他还想看会儿电视，那么即使你再困，也应该陪着他看到尽兴为止。要知道，生活给予了男人太大的压力，能够获得这片刻的休闲，是多么难得和可贵啊！女人不要败兴，而要使男人尽兴。女人的宠爱能够使男人彻底地放松自己的心灵，尽情地释放自己压抑的内心。只有一个聪明的女人，才能使男人如此放松、如此踏实，如此调皮和任性！

小娜的老公冯刚是一个非常成熟稳重的男人，平日里，家里的大事小情都由冯刚打理，小娜则专心地享受着老公无微不至的照顾和呵护。不过，有的时候冯刚也会一反常态，像一个长不大的孩子一样赖在小娜的身边。冯刚是从事销售工作的，工作压力很大。每到休息的时候，他就喜欢赖床。他不仅自己喜欢赖床，还要求小娜陪着他一起赖床。每当这个时候，小娜就会像母亲那样纵容冯刚。她陪着冯刚一起赖床，等到冯刚说饿了，就赶紧起床给冯刚做饭，有的时候甚至还会拿到床上和冯刚一起分享。虽然只是一个小小的生活细节，但却让冯刚乐此不疲。每到休息的时候，冯刚都会赖在家里，赖在床上，让小娜无微不至地照顾他。在此过程中，他的心理压力渐渐消散了，变得越来越轻松。

每个男人都有自己喜欢做的事情，当男人任性的时候，女人应该学会包容和理解男人，允许他们像年少不更事的时候那样放纵自己，放飞心灵。好女人能够抚慰男人的心灵，使男人在家的港湾里充满力量。女人的宠爱就像是男人的甜点，能够使男人在正餐之后充满惊喜。

心理小提示

每个女人都想找到一个成熟的男人，而聪明的女人则能够使一个成熟的男人在自己面前表现出撒娇和任性的一面。

“入得厅堂”与“进得厨房”

自古以来，人们就用“入得厅堂，进得厨房”来形容优秀的妻子。不过，在古代社会，女人还没有明确的社会分工，她们的主要任务就是留守在家中相夫教子。因此，那个时代的女人肩负的责任显然要小得多。随着社会的发展，女人的社会地位得到了提高，女人开始走上社会，与男人一样承担起繁重的工作。因为生活变得忙碌了，肩负的责任更重了，所以现代的女人很难兼顾入得厅堂和进得厨房。在这种情况下，女人开始向两极分化，或者是入得厅堂，或者是进得厨房。既然鱼与熊掌不可兼得，那么男人应该如何取舍呢？到底是入得厅堂更重要，还是进得厨房更重要？心理学家经过研究发现，男人是用眼睛谈恋爱的，这就决定了男人更在乎女人的形象。现代社会，形形色色的美女如雨后春笋般层出不穷，假如一个女人心甘情愿地在家里当黄脸婆，为男人煮饭炒菜，那么日久天长定然成为一个只能“进得厨房”的糟糠之妻。其实，饭馆在大街上随处可见，但是，爱好面子的男人更希望得到的是一个能够拿得出手的爱人。尽管人们说要想拴住男人的心就要拴住男人的胃，但是仍然无法改变男人用眼睛来谈恋爱的事实。由此，聪明的女人要在这两者之间求得平衡，即首先成为一个入得厅堂的娇妻，再争取成为一个进得厨房的贤妻。

李秀明是一个非常贤惠的女人，自从结婚以后，因为丈夫郝强忙于工作，她就主动辞职在家，专心地相夫教子。人们常说“一个成功男人的背后必然有一个默默付出的女人”，这句话是很有道理的。正是在李秀明的支持之下，郝强才得以解除后顾之忧，一心一意地发展自己的事业。10年的光阴，弹指一挥间。转眼间，他们的儿子已经8岁了，女儿也已经5岁了。如今的郝强已经不再是10年前的那个穷小子了，摇身一变成了一个事业有成的钻石王老五。随着事业的发展，越来越多年轻漂亮的女人围绕在郝强身边。刚开始的时候，郝强还能够谨记“糟糠之妻不下堂”的古训，但是随着时间的流逝，他越来越发现李秀明变成了一个地地道道的黄脸婆、一个彻彻底底的家庭妇女。她每天都忙着照顾孩子，尽管家里的经济条件很好，但是却不注意自己的形象，因为她不忍心花郝强辛辛苦苦挣来的钱。尽管如此，郝强却并不领情，他愿意看着一个光鲜亮丽的女人在自己的面前转。渐渐地，他开始在外面包养年轻漂亮的情人。李秀明感受到了郝强的变化。以前，郝强最喜欢吃的就是李秀明做的菠菜面，有的时候，即使出去陪客户应酬吃大餐，郝强回家之后也会要求刘秀明下一碗面。但是如今，郝强再也不提李秀明的面了，因为他吃惯了燕窝鱼翅、山珍海味，已经对那碗菠菜面不感兴趣了。发现郝强的变化之后，再加上听到的风言风语，李秀明突然想明白了一件事情：女人不能太亏待自己，否则，男人是不会领情的。她开始注重自己的形象，去形形色色的健身会所、美容沙龙，她甚至还开始学钢琴和绘画。经过一年多的时间之后，已经很久没有关注自己妻子的郝强突然之间就像发现了新大陆一样。出现在他面前的李秀明高雅大方，虽然已经40多岁了，但是却散发出成熟女人特有的魅力，这是那些年轻女孩子所模仿不来的。他开始频繁地带李秀明出席各种商业活动，因为他觉得李秀明不俗的谈吐和成熟的美丽能够为自己增光添彩。

李秀明非常聪明，她发掘出了自己独特的美丽，最终挽回了丈夫的心。无数事实证明，即使是糟糠之妻，男人也往往无法忍受一个黄脸婆整日围着自己转。所以，作为女人，不管自己的丈夫是成功人士还是普通人，都应该注重自己的形象，最起码能够与丈夫并肩出现在各种社交场合。对于男人来说，美味的食物当然重要，但是面子更重要。一个拿得出手的老婆能够给男人挣来无限的风光。很多时候，即使别人调侃男人是牛粪，只要夸奖他的妻子是鲜花，男人也会觉得特别有面子。女人要把握住男人的这种心理，多多注意自己的形象。

心理小提示

男人需要一个出得厅堂的妻子为自己长脸，所有男人都是如此。因此，女人应该了解男人的心理，这样才能更好地把握婚姻的方向。

夫妻之间的互相尊重

有人说夫妻之间应该相敬如宾，举案齐眉，也有人说夫妻之间就应该打打闹闹，这样才有生活气息。其实，选择以哪种方式相处是夫妻之间的私事，但是，不管选择哪种方式，夫妻相处的基础都应该是互相尊重。

相互尊重是人与人交往的基础，夫妻之间更是应该如此。在茫茫的人海之中，两个原本陌生的男人和女人因为偶然的机会相识、相知、相恋，最终成为陪伴对方走过漫长人生的伴侣，这种缘分是值得珍惜的。然而，因为两个人的性格、成长经历、教育背景不相同，所以夫妻在刚刚生活在一起的时候难免会产生各种争执和摩擦，这时，解决问题和处理矛盾一定要本着相互尊重的原则，因为尊重是一切交往的基础和前提。

任何良好的夫妻关系都是建立在平等的基础上。在婚姻关系中，任何一方都不能把自己凌驾于对方之上。在生活中，有些男人比较大男子主义，总是觉得自己是一家之主，凡事都搞一言堂，根本不考虑妻子的想法。此外，也有些妻子喜欢让自己的老公成为“妻管严”，不管什么事情都让丈夫听自己的，动不动就训斥丈夫、指责丈夫。这两种情况都是不好的，势必导致家庭不和谐。其实，现代社会人们生存的压力都很大，不管是男人还是女人，都非常辛苦，假如在外面打拼了一天回家之后却无法享受到家庭的温暖，那么肯定会觉得心灰意冷，凡事都提不起兴致来。古人云，家和万事兴，是有一定道理的。只有家庭和睦了，只有在家庭中得到了应有的尊重，人们才能够有兴致在社会上打拼，才能充满信心、挺直腰杆在社会上做人做事。

史丹丹刚刚结婚3年，但是如今却面临着离婚的窘境，她很委屈，不知道自己错在了哪里。对此，提出离婚的杨阳说：“我实在是无法忍受她无休无止的谩骂和指责。恋爱的时候还好，她还能够正眼看我，但是自从结婚之后，她动不动就拿我和别的男人比较，嫌我挣钱少，没本事。最让我受不了的是，不管是当着她家亲戚的面还是当着我朋友的面，她总是旁若无人地指责我、呵斥我，弄得我一点面子都没有！我感觉即使是陌生人之间也应该有最起码的尊重。”对此，史丹丹则不认为自己是在指责杨阳，她说：“我也是为了这个家好，看着别人都过得比我们好，我的心里很着急。所以我想让他更加努力地工作。至于亲戚朋友，都是自己人，被他们听见了也无所谓。其实，夫妻之间还讲究什么尊重不尊重的呢，我们都共有着一个家，每个人不管做什么都是为了这个家好。”

显而易见，对于尊重，史丹丹根本没有最基本的意识。夫妻关系虽然是很亲密无间的，但是同样要讲究相互尊重。尤其是男人，是非常爱面子的，假如女人没有给予他应有的尊重，他就会觉得很丢脸。女人一旦伤了男人的自尊，男人就会觉得无法忍受。所以，要想拥有美好的爱情和幸福的婚姻，即使是亲密无间的夫妻也要彼此尊重。

心理小提示

尊重是人与人之间交往的必要前提，即使是亲密的夫妻之间，也要以相互尊重为基础进行相处。

第13章

揭示不幸婚姻的祸根，还你爱的真相

每一个人在走入婚姻殿堂的时候都梦想着能够天长地久，然而，婚姻的现状却不容乐观。究其原因，主要是因为男人和女人在相处的过程中没有深入了解对方的心理，没有选择以一种合适的方式交往。假如我们能够多多了解婚姻中容易出现的问题，那么，就能够更好地与对方相处，使婚姻幸福美满。

聪明女人从不支配男人

前文已经说过，男人的自尊心很强，他们非常在意自己的面子。聪明的女人之所以能够拥有幸福的婚姻，就是因为他们在生活中从来不支配男人，因为他们知道男人不喜欢被别人支配，尤其不喜欢被女人支配。那么，这是否就意味着女人不能求助于男人呢？答案当然是否定的。上帝之所以让这个世界上有男人和女人，就是为了让他们在需要的时候能够相互帮助，彼此扶持。因为生理方面的原因，女人在生活中的某些方面存在着局限性，例如拎重物，或者是修理灯泡、水管等，这些在男人看来轻而易举的事情，对女人来说却有很大的难度。这时，女人当然要求助于男人，男人也会很乐意帮助女人，体现自己的价值。需要注意的是，这里所说的是求助，而不是支配。其实，不管是求助还是支配都只是一种方式而已，女人最终想要的结果都是一样的，但是，男人却很在乎女人的方式。对于男人而言，求助是他们更乐意接受的，因为求助能够使男人感觉到自己是被需要的，感觉到自己的强壮威武，感觉到女人的小鸟依人。而支配则恰恰相反，支配男人的女人无法给男人一种小鸟依人的感觉，而是给男人一种高高在上、颐指气使的感觉，使男人从内心里非常反感。所以，聪明的女人从来不支配男人，而是以柔弱的姿态求助于男人，尽管有的时候支配也能得到和求助一样的结果，但是给予男人的感受却是完全不同的。既然如此，为什么不让男人高高兴兴地帮助女人呢？

具体到细节上来说，求助与支配的差别有的时候就在于说话的方式。

例如，女人想让男人去超市买瓶酱油，女人说："亲爱的，我正在做饭，但是家里没有酱油了，麻烦你去超市买瓶酱油好吗？如果你能帮我这个忙，我将非常感谢你！"这时，男人即使正在津津有味地看足球，也会赶紧去买酱油。相反，另外一个女人说："那谁，你别坐着看电视了，赶紧去超市买瓶酱油，没看见我正在做饭吗，一点儿眼力见儿都没有。"这时，男人很可能会装作听不见，有的脾气不好的男人还可能会说："没酱油就别吃了，你自己为什么不在做饭之前准备好！"或者，即使男人最终去超市买回了酱油，他的心里也是觉得很憋气的，不会像第一个男人那样心甘情愿地为了大家的晚饭去买酱油。再如，女人发现家里的灯泡坏了，但是男人却很忙，始终没有时间修理。一天晚上，女人摸着黑对男人说："亲爱的，要是你能抽空修理一下灯泡，使咱们家重新充满光明，那该多好啊！我知道你很累，所以我不着急，等你有时间的时候再去修理吧！"这时，男人会赶紧放下手里的一切事情去修理灯泡，让家中再次充满光明。另外一个女人说："家里连灯都不亮了，黑乎乎的一片，你什么时候抽出时间来修理灯泡啊？别忘了你是男人，这是你的分内事！"听到这种话，哪个男人会觉得舒服呢？作为聪明的女人，一定要以恰当的方式说话，这样就能够使男人产生完全不同的感受，从而心甘情愿地为家庭付出，为女人排忧解难。

在林倩看来，她与张杰的婚姻还算是幸福的，家里有一定的经济基础，夫妻二人的工作比较稳定，孩子的学习成绩也不错，他们按部就班地过着普通人的生活。但是，让她百思不得其解的是，张杰却突然向她提出了离婚，原因是张杰喜欢上了一个打工妹。论长相、论学历，论一切的一切，那个打工妹都不是林倩的对手，但是张杰却偏偏放着优秀的林倩不要，宁愿抛弃家庭和那个打工妹在一起，林倩觉得很受打击。在去办理离婚手续的路上，林倩问张杰："我想问你一个问题，你最好坦白地告诉我！"张杰平静地看了林倩一眼，说："你问吧！"林倩鄙夷地问："那个打工妹到底哪里比我好，使你做出离婚的决定？"张杰笑了笑，说："她比你更需要我。你是一个很要强的女人，和你在一起，我始终觉得自己就像是一个被你呼来喝去的奴仆，而不是一个顶天立地的男人。但是和她在一起，我觉得自己是被需要的，如果没有我，她就会觉得无依无靠。而你呢，习惯于支配别人，你可以很轻松地再找到一个比我更好的男人供你差遣。”林倩不理解：“支配？我只是提醒你修理家里坏掉的东西，帮我一些忙而已。”张杰说：“的确，你只在需要的时候才支配我。但是，我没有觉得自己是被你需要的。你说话的方式，使我觉得自己就是这个家里的长工，必须由你差遣。”离婚之后，林倩才意识到自己在说话方式方面确实存在问题，在与前夫张杰交往的时候也没有以公平的心态对待他。她痛定思痛，调整了自己，希望能够在未来的生活中珍惜感情生活。

如今，很多女人一旦翻身成为主人，便变得高高在上、颐指气使，对男人吆五喝六。长此以往，女人变成了女皇，而男人则变成了唯唯诺诺的妻管严。其实，任何一个男人，不管他是事业有成的成功人士，还是只是一个普通的男人，都不习惯被自己的女人支配。男人的自信很大程度上来自于自己心爱的女人，来自于自己的家庭。假如女人都瞧不起他，他还如何立足于社会呢？聪明的女人知道男人不喜欢被人支配的心理，所以处处尊重男人，爱惜男人的面子，最终拥有了幸福美好的婚姻。

心理小提示

要想拥有幸福美满的婚姻，女人一定要记住放低姿态，给予男人足够的尊重，让男人感觉到自己是被需要的。假如女人总是对男人颐指气使、呼来喝去，那么男人就会选择逃离。

懒惰使女人变丑

人们常说，这个世界上没有丑女人，只有懒女人。确实，几乎每个女人都非常爱美，那么之所以有的女人非常美丽，有的女人显得拖沓丑陋，就是因为有的女人勤快有的女人懒惰。也许有人会说，美丽是天生的，有的女人天生丽质，即使不施粉黛也会显得清新脱俗，而有的女人则天生就长得很丑，即使费尽心思地打扮自己，也无法改变先天的条件。事实确实如此。不过，除了天生丽质的女人之外，大多数女人都是普通的女人，她们相貌平平，没有明显的特色。但是，勤劳的女人却会用心经营自己。除了美丽的容貌之外，还有很多有助于美丽的因素都是后天形成的，如得体的举止言谈、曼妙的形体、与众不同的气质等，这些都是可以通过后天的培养形成的。对于女性而言，即使并非美若天仙，也可以通过提升自己的气质、仪态，使自己变成一个令男人一见倾心的女人。不过，后天的培养与提升是需要花费时间和精力的，需要女人积极主动地改变自己，充实自己的内心，才能由内而外焕发出不一样的风采。

在生活中，关注时尚的女人不难发现，很多女人长得并不好看，甚至称得上是丑陋，但是她们却用后天的努力弥补了自己先天的不足，使自己变得独具特点，使别人对自己过目难忘。每个女性都对美情有独钟，即使是再丑的女孩也对美丽有着憧憬，唯一的区别在于有人把对美的追求付诸实践了，有人则只把对美的追求放在自己的心里。美的话题占据了每个女性的一生，她们不管何时何地都幻想着自己能够美若天仙。那么，美从何而来呢?每个女人都应该根据自己的特点，积极地寻找使自己变美的途径。首先，美来自于感觉。人们在看到一个人的时候总是先用眼睛观察对方。这时，美丽的女人自然占据着得天独厚的条件，不够美丽的女人则可以通过自己的形象为自己加分。试想，面对一个蓬头垢面的女人和一个光鲜靓丽的女人，男人会喜欢谁？其实，不仅是男人会本能地做出选择，即使是女人自己，也更倾向于看养眼的那个人。这是人的天性。其次，美还来自于内心。人们通常把美分为内在的和外在的。外在的美是一眼就能够看到的，内在的美却是需要用心感悟的。一般外在的美是短暂的，内在的美才更加长久。所以，有很多男人在兼顾外在美的同时，更加注重女人的内在美，也就是人们常说的心灵美。比起外在美，要想得到内在的美，女人需要更加勤奋。如果说外在美需要女人为自己准备一身好的行头，提升自己的外在形象，那么内在美则需要女人充实自己的心灵，多读书，提升自己的修养，这样才能在岁月的磨砺中由内而外地散发出自己独特的美。总而言之，不管是外在美还是内在美，都需要女人变得勤快起来，用心地把自己变成一个内外兼修的真正的美女。

娜娜是独生女，自小被父母宠爱着，衣来伸手，饭来张口，自理能力很差。结婚以后，因为突然之间要面对繁重的家务劳动，娜娜非常发愁，因为她不会做任何家务，以前，她的衣服都是妈妈洗好熨好再为她准备好的。娜娜的老公许文也是独生子，不过，许文会做一些简单的家务。尽管如此，许文也不可能承担所有的家务，像妈妈一样去照顾娜娜。恋爱的时候，娜娜每天都把自己打扮得漂漂亮亮的，但是结婚以后，她却习惯了蓬头垢面。每当手忙脚乱地忙完家里的一部分家务之后，娜娜总是筋疲力尽，根本没有时间和精力再捯饬自己了。结婚半年多的闺蜜聚会上，大家看到娜娜之后都大吃一惊，原本像个小公主的娜娜在半年之后突然变成了地地道道的家庭主妇。在大家的批判之下，娜娜才意识到自己正在危险的边缘。回家之后，娜娜问许文："你喜欢以前的我还是现在的我？"许文沉思片刻说："如果你能够在照顾家庭之余把自己打扮得像以前那么漂亮，那就太好了！"听了许文的话，娜娜才知道原来许文早就已经发现了自己的变化。从此之后，娜娜每天都早起晚睡，渐渐地，她喜欢上了家庭生活，不仅把家里打理得井井有条，而且把自己也打扮得光鲜靓丽。在结婚一周年的晚餐上，许文深情地对娜娜说："如果天底下的每个女人都像你这样出得厅堂入得厨房，怎么还会有男人出轨呢？"娜娜把许文的这句话视为对自己的最高评价。如今的她，俨然是一个成熟的女性，浑身散发出无穷的魅力，这一切都要归功于娜娜变得勤快了！

娜娜很懒惰，这一点是毋庸置疑的，因为她已经习惯了被妈妈照顾。结婚之后，一下子要面对繁琐的家庭生活，娜娜简直有点儿顾头不顾尾。为此，她变成了丑女人。不过，她很敏感，当女友们提醒了她正在处于危险的边缘时，她马上牺牲了自己的休息时间，使自己变得勤快起来。终于，那个美丽的娜娜又回来了，与此同时，还有一个聪明能干的娜娜也回来了。在结婚初期，很多新婚夫妇都需要经过一段时间的适应，才能够更好地处理家庭生活与工作以及与个人私事之间的关系。只要把这些事情理顺了，未来的生活就会变得井井有条起来。娜娜经历了考验，等待着她的一定是未来美好的生活！

心理小提示

世界上没有丑女人，只有懒女人，女人们一定要牢牢地记住这句话！

婚姻不需要抱怨

在谈恋爱的时候，几乎每对情侣都是蜜里调油，如胶似漆，恨不得能变成一个人。在爱情的烈焰中，他们无法发现对方的缺点，亦或是说，在相爱的人眼中，即使是对方的缺点也是可爱的，也能够当成优点去看待。而一旦结了婚，这种情况就会发生改变。结婚之后，原本冲动的爱情的狂热渐渐消退，人们开始变得理智起来。而且，爱情是天马行空、虚无缥缈的，但是婚姻却需要人们脚踏实地地去对待。经过日久天长的相处，人们的缺点暴露无遗，所以就难免会引起对方的抱怨。在生活中，经常有女人抱怨老公挣钱太少、没有事业心、不顾家、缺乏家庭责任感、没有耐心等。其实，抱怨真的有用吗？如果能够想清楚这一点，女人就能够以更加理智的态度对待男人，接受男人，宽容男人。

聪明的女人知道，在这个世界里，没有十全十美的人，更没有绝对公平的事情。当女人抱怨自己的老公不如其他男人的时候，不妨想一想自己是不是足够完美，如果自己本身就不是那么完美，又有什么资格要求男人那么完美呢？每个人都有自己的优点和缺点，我们要学习寻找内心的平衡，而不要总是拿自己老公的缺点和其他男人的优点比较，否则，你将永远都生活在抱怨之中。例如，有的女人抱怨自己的男人没本事，没出息，没有成功的事业，那么你不如想一想，你的老公每天按时回家，帮你做家务、带孩子，任劳任怨，如果是一个事业有成、叱咤风云的男人，他还会这么安稳地回到家中陪伴老婆孩子吗？所以说，有得必有失。最重要的是，抱怨是一种非常消极的情绪表现。抱怨除了使男人感到烦躁，甚至心生反感之外，几乎没有任何好处。对于一个家庭型的男人，即使女人再怎么抱怨他没有出息，他也无法在商海之中搏击风浪，做出一番伟业。每个人都有自己的脾气秉性，每个人都有自己想要的生活。在我们选择一个男人的时候，就应该接受他的很多特点，而不要一结婚就开始以抱怨的形式试图改变他。对于婚姻来说，抱怨就像是一剂慢性毒药，虽然短时间之内不会造成严重的后果，但是日积月累之后，必然在男人心中留下难以愈合的伤痕，甚至会使男人决然离去。面对女人喋喋不休的抱怨，男人会渐渐地失去信心，无法坦然地面对自己的人生和家庭。当不堪重负的时候，他们就会选择放弃。家庭对于男人而言是温馨的港湾，而不是一次诉苦大会。男人需要从家庭之中得到抚慰，得到自信，得到女人的支持，而不是女人的否定和抱怨。因此，聪明的女人千万不要使自己的婚姻充满了抱怨，那样只会雪上加霜，而不会给婚姻锦上添花。

虽然结婚之前刘琦已经做好了心理准备面对琐碎的婚姻生活，但是当家庭生活真正到来的时候，刘琦还是忍不住抱怨起来。首先是忙，生活再也不像独身时候那么自由了，除了要应付骤然增多的家务之外，刘琦还必须面对老公到处乱扔的脏袜子、脏内裤，这使刘琦觉得非常烦，她总是抱怨：“你不洗衣服就罢了，能不能把脏衣服放到洗衣机里？”其次，是经济压力。刘琦原本以为两个人结了婚，就可以财务统一，谁知似乎一夜之间钱就贬值了，他们的生活处处捉襟见肘，因此刘琦不停地抱怨老公：“你看人家谁谁谁的老婆，全职在家，每天不是逛商场，就是去健身房，隔三差五地还要做美容，真不知道人家老公是怎么挣钱的！”而且还动不动就说：“你妈那样……”“你妈这样……”渐渐地，抱怨成了刘琦的习惯，不管遇上什么事情，她都会长叹一口气，然后就开始连篇累牍地抱怨起来。后来，她的抱怨愈演愈烈，即使是原本让人高兴的事情，只要到了她嘴里，也会变成愁云惨雾。在刘琦的抱怨之中，最终，他们短暂的婚姻无疾而终了。

一位名人曾经说过，心态决定生活。假如一个人的心态非常悲观，那么她不管干什么还是看待什么事情，都会很悲观。反之，假如一个人的心态乐观积极，那么她不管面对多大的困难都能够积极面对。显而易见，刘琦已经不是简单地抱怨了，而是她的心态出了问题，但是她自己却没有意识到。最终，在她喋喋不休的抱怨中，一段原本可能会美满的姻缘变成了悲剧。女人，要想远离抱怨，一定要记住，抱怨除了使事情越来越糟糕之外，根本无济于事。聪明的女人会就事论事，想办法解决问题，而不是喋喋不休地抱怨。

心理小提示

婚姻不需要抱怨，女人应该学会正面面对问题，解决问题，以积极乐观的心态拥抱婚姻生活。

贪婪的女人使男人望而却步

在女人处于依附地位的封建社会，女人的职责就是留守在家里相夫教子，因此女人理所当然地应该由男人养着，男人也毫无怨言地承担着养家糊口的重任。但是，在现代社会，女人已经争取到了一定的社会地位，她们渐渐地走上工作岗位，独立自强。事实证明，女人在很多方面的能力并不比男人差，甚至比男人更强。在这种情况下，女人开始争取家庭地位的提升，她们希望自己不再作为男人的附属品出现，而是成为家庭的半边天。女人做到了，如今她们在家庭中的地位很高，与男人一样重要，甚至比男人更加重要。她们不仅承担着繁重的家务劳动，而且还要从事自己的工作，有着稳定的工作收入。她们成为了名副其实的半边天。这样的女人是值得人们钦佩的。但是，有些女人却和这些独立自强的女人不一样，她们只想得到地位，只想得到男人的金钱。她们就像吸血虫一样贪婪地吮吸着男人辛辛苦苦挣来的血汗钱，使男人对她们望而却步。毋庸置疑，这样的女人是贪婪的，她们心甘情愿成为男人的附属品，用自己的青春和美貌去换取物质和金钱的享受。这样的女人是不值得我们尊重的。

虽然有些有钱的男人愿意用金钱去换取这种廉价的感情或者是漂亮而又贪婪的女人的陪伴，但是大多数男人都会对贪婪的女人望而却步。人是感情动物，感情的需要是人的本能，假如感情可以出卖，那么人也就失去了存在的价值。上帝在创世之初就定下了七宗罪，并且规定凡是犯了其中一条者必下地狱，“贪婪”就是其中的一条。在恋爱中，花钱是有理的，但是贪婪却是有罪的。对于女人而言，接受男人主动送给自己的一些小礼物无可厚非，但是假如贪得无厌地借着恋爱的名义用男人的钱满足自己的私欲，这非但是不尊重男人的表现，也是对自己的侮辱。然而，在现实生活中，确实有这么一群女人为异性所厌恶，为同性所不齿，她们被人们称为爱情的“吸血鬼”。她们花钱如流水，刷卡如梳头。当然，这些钱和卡都是她们以爱情的名义从男人那里得到的。她们是来自物质世界的女魔头，她们的名字叫贪婪女。没有人的钱是大风刮来的，男人也不傻，面对这种接近于疯狂的物质偏好，男人肯定会因此对贪婪女望而却步。这并非是男人小气，不愿意满足女人，而是男人非常理智和明智，知道这样的女人是一个无底洞，即使娶回了家也无法好好地生活。所以，这就注定了每一个贪婪女的爱情表面上都是辉煌的，但是下场都无一例外的悲哀。

薇薇是弄堂里飞出来的金凤凰，她不仅人长得漂亮，而且是硕士毕业，在一家外企工作，是不折不扣的白领。不过，薇薇有一个缺点，那就是她的身上总是摆脱不了“小家子气”的味道。每次交男朋友的时候，薇薇总是喜欢男朋友陪她一起散步，当然，她散步的地方很特殊，没有一次是在公园散步的，而是专去百货商场散步。最要命的是，薇薇骨子里有一种小市民的精明，她一到商场就直奔珠宝首饰柜台，用让男人浑身起鸡皮疙瘩的声音说：“我就是喜欢这些小玩意儿。”

其实，每个女人都对珠宝首饰情有独钟，而且也总是希望男人在见证爱情的时刻用这些表示永恒久远的东西来表白心意。但是，这是在计划有长远发展的前提下发生的。假如像薇薇这样刚刚开始谈恋爱就表明心迹，相信没有哪个男人能受得了。经历了几次恋爱之后，薇薇已经收集了很多类似的价值不菲的小玩意儿了。她时不时地把这些贵重的珠宝拿出来欣赏，全然忘记了曾经咬紧牙关送她珠宝的男人，而漫不经心地说：“这些首饰多么漂亮啊，简直是工艺品！”后来，薇薇终于认识了一个心仪的结婚对象大卫，虽然她这次没有直接拉着大卫去珠宝柜台散步，但是却难逃分手的厄运。原因其实很简单，薇薇三两天就要换一个戒指，刚开始的时候，大卫并没有在意，以为薇薇喜欢这些饰品。但是当大卫发现薇薇所戴的戒指都是真金珠宝的时候，不禁开始怀疑薇薇作为一个未婚女孩为什么要给自己买若干个戒指呢？经过多方打听，大卫知道了薇薇贪婪的一面，最终和薇薇提出了分手。

贪婪的女人是没有好下场的，薇薇的结局就给那些贪婪的女孩敲醒了警钟。她借着恋爱的名义贪婪地榨取男人们的财物，等到真正遇道托付终生的人时，对方却因为她曾经的贪婪望而却步。所以，作为女孩子，一定要爱惜自己的名誉，洁身自好，不要在物质和金钱面前迷失自己。

心理小提示

没有任何男人会喜欢贪婪的女人，爱是付出，而不是索取无度。

爱孩子，也要爱丈夫

对于一个家庭而言，新生命的出现意味着家庭变得更加完满，尤其是感情比较好的夫妻，对孩子的到来更是充满期待。不过，让他们没有想到的是，随着新生命的到来，家庭的结构也会在转瞬之间发生很多微妙的变化，他们一下子有了很多需要面对的事情和解决的问题。面对着嗷嗷待哺的幼小生命，初为人母的女人往往比爸爸有着更加深刻的体验，毕竟她经历了十月怀胎的辛苦和一朝分娩的阵痛。毫无疑问，在孩子刚刚诞生的时候，大部分的母亲都比父亲对孩子的感情更深。不过，这也由此引发了一个问题，即女人在享受当母亲的喜悦的同时，往往会在不知不觉间忽略了

丈夫。有的丈夫能够体谅女人，有的丈夫却觉得很失落，因此，女人要在爱孩子的同时兼顾父亲的感情需求，从而更好地关注和体贴父亲。很多时候，男人就像孩子一样，他们会无意识地和新生婴儿吃醋，想要得到更多的关注。所以，不管那个呱呱坠地的生命是怎样牵动着女人的心，女人也应该考虑到丈夫的情感需求，毕竟，夫妻关系是婚姻幸福的基础，是孩子拥有一个幸福和谐的成长环境的保障。

女人必须要意识到一点，在家庭中，父亲和母亲的关系是最基础的关系，是维持伴侣身份的必要前提。如果没有良好的夫妻关系，伴侣关系提供的力量就会很弱，就不利于父母给孩子创建一个幸福和谐温馨的家庭。只有在由良好的夫妻关系支撑起来的家庭中，孩子才能够感到有保障。换言之，即使你认为孩子对你而言至关重要，但假如你因为过多地关心孩子而无法与丈夫建立并维持良好的和谐关系，那么，从某种意义上来说，你就不是一个成功的母亲。一个成功的母亲，不仅能够给孩子全新全意的爱，还能够给予孩子一个幸福美满的家庭，使孩子健康茁壮地成长。对于女人来说，不管再怎么爱孩子，也要关注自己的老公，因为与老公搞好关系是爱孩子的表现之一。

芊墨有一个1岁多的儿子，为了照顾孩子，她辞去了很好的工作。

芊墨说自己特别累，没有孩子之前，她也是个孩子。如今，她却必须全权负起照顾孩子的重任，每天都如履薄冰。因为没有照顾孩子的经验，孩子小的时候经常生病，使得芊墨患上了严重的神经衰弱。每天，她要把孩子每次吃了多少毫升的奶、大小便的时间和次数都一一记录下来。看到孩子偶尔咳嗽了，或者流鼻涕了，她就非常紧张，生怕孩子冷了、饿了、热了，或者是哪里不舒服了。为了照顾好孩子，芊墨每天都和孩子一起起床、一起睡觉，如此一来，她几乎没有时间和老公交流了。老公唯一的作用就是帮孩子冲奶粉、准备洗澡水和铺床等。因为白天太累了，芊墨晚上一上床就睡着了。对于老公的需求，她丝毫提不起兴趣，有的时候老公想和她亲热亲热，她却在睡眼朦胧中以劳累为由推掉了。一直以来，她觉得老公应该和自己一样以孩子为重，丝毫不觉得这有什么不妥，直到老公一本正经地对她提意见，让她考虑一下彼此之间的关系。

听到老公的意见，芊墨非常惊讶："我们的关系怎么了？我这样操劳，还不是为了咱们共同的孩子，为了这个家？为什么你作为男人就不能多体谅我一些呢？"

其实，芊墨遇到的问题很多女人都曾经遇到过。对于原本如胶似漆的小夫妻而言，一旦有了孩子，家庭结构就会发生很大的变化，生活中会突然有大量的事情铺天盖地而来，光是为了那个小人儿，就足以把大家弄得人仰马翻。作为丈夫，肯定面临着更大的经济压力和更沉重的家庭负担，作为妻子，则突然间失去了自我，不得不把自己所有的时间和精力都花费在孩子身上。夫妻二人每天都会忙得筋疲力尽，交流自然会越来越少，导致属于彼此的空闲时间变得几乎为零。芊墨的丈夫还算是一个负责任的男人，至少他能够意识到了这样的家庭生活是不妥的，并且主动请求和妻子一起寻求解决之道。有很多男人面对这种情况的时候，会情不自禁地到别处寻找心灵的抚慰和寄托。如果是这样，女人可就太不值得了。所以，女人应该提高警惕，时刻牢记既要爱孩子，也要爱丈夫。

心理小提示

本着对孩子负责任的态度，女人除了要倾尽全力地照顾孩子之外，也要关注到丈夫的感受，满足丈夫合理的情感需求。

夫妻要在教育孩子的问题上达成一致

有孩子的人都知道，在养育孩子的问题上，夫妻之间很容易发生争执和分歧。有的时候，甚至会演变成为一场家庭战争。其实，夫妻之间原本就是完全不同的陌生人，根本不可能做到绝对一致，所以在教育孩子这种大问题上存在不同的意见也就是正常的了。从某种意义上来说，教育孩子的时候有不同意见是好的，因为大多数人都没有做父母的经验，有不同的声音可以开拓人们的思维，使人们在考虑关于孩子教育的问题时能够更加周到全面。有的时候，人们的思维会受到一定的局限，不同的声音和意见恰巧能够使人们形成发散性思维，也许会有意外的收获呢！

尽管如此，夫妻还是应该在教育孩子的问题上达成一致，而且切勿当着孩子的面就教育问题发生争执。很多时候，我们会发现，孩子瞠目结舌地站在一边，而父母则面红耳赤地争吵着，全然不顾孩子的感受。这么做的结果会使孩子不知所措，不知道该听谁的。在教育孩子的问题上，最好的方法是夫妻之间先在私下里沟通，等到达成一致、形成共识之后，再和孩子沟通，使孩子按照双方都觉得合适的道路发展自己。当然，假如孩子大了，除了要夫妻之间取得一致之外，还要征求孩子的意见，考虑到孩子的心理需求。

人们常说，“三岁看大，七岁看老”，意思就是说孩子小时候形成的一些品德、性格和习惯，将会影响孩子的一生。细想起来，对于大多数人来说，那些至关重要的习惯品行的确都是在7岁正式入学以前完成的，而且，他们在学前所受的教育很大程度上都来源于生活，来自父母的言传身教。所以说，生活就是教育，父母必须注意自己的一言一行，因为这些都将对孩子的一生产生深远的影响。由此可见，家庭教育对于孩子的一生至关重要，作为家庭教育的承担者——父母，必须在教育孩子的问题上达成一致。

王献之是王羲之的第七个儿子，天资聪颖，很擅长草书隶书，而且也喜欢画画儿，他七八岁时就开始跟父亲学习书法。有一次，王羲之看献之正在聚精会神地练习书法，就悄无声息地走到他的背后，突然伸手去抽献之手中的毛笔。想不到，献之握笔很牢，父亲没有抽掉献之的笔。见此情形，父亲非常高兴地夸赞说：“此儿后当复有大名。”听了父亲的话之后，小献之暗自窃喜。又有一次，羲之的一位朋友让献之在扇子上写字，献之挥笔就开始写，不小心滴下墨水污染了字，小献之非常聪明，赶紧画了一只栩栩如生的小牛。众人不由得对其赞不绝口。渐渐地，小献之开始骄傲了。见此情形，王羲之夫妇若有所思……

一天，小献之问母亲：“我只要再写上3年就能够学有所成了吧?”妈妈一语不发地摇摇头。献之接着问："那么5年总可以了吧?"妈妈还是摇头。献之急了，说："那您说到底要多久?""你必须记住，只有写完院里的18缸水，你的字才能有血有肉、有筋有骨。"献之一回头，发现父亲站在他的背后。他虽然心中不服，但是却咬牙又练了5年。他把自己辛辛苦苦写好的字给父亲看，想不到的是，父亲非但没有夸奖他，反而一个劲儿地摇头。掀到一个"大"字，父亲随手在"大"字下添了一个点，就把其他字稿全部都退还给了献之。

小献之心中还是很不服气，又把自己所有的习字抱给母亲看，问："我又苦练了5 年，并且全都是按照父亲的字样练的。您觉得我和父亲的字还有什么不同?"母亲非常认真地看了3天，把献之所有的字都看了一遍，最后指着王羲之在"大"字下加的那个点儿说："吾儿磨尽三缸水，唯有一点似羲之。"

献之听后彻底泄气了，说："难啊!我什么时候才能有所成就呢?"母亲见他已经不再骄傲了，所以鼓励他说："孩子，只要功夫深，铁杵磨成针。你只要像这几年一样坚持不懈地勤学苦练，就一定能够成功!"

献之在母亲的鼓励下继续锲而不舍地苦练下去。功夫不负有心人，当他终于用尽了18缸水的时候，在书法上取得了突飞猛进的进步。后来，王献之的字练到了力透纸背、炉火纯青的程度，和父亲一起被人们称为"二王"。

当发现献之存在骄傲自满的情绪之后，王羲之和妻子达成了共识，用了整整几年的时间才把献之身上的傲气打磨掉。正是因为他们夫妇在教育孩子的问题上达成了一致，所以献之才在书法上取得辉煌的成就，与父亲一起被人们并称为"二王"。

心理小提示

夫妻要在教育孩子的问题上达成一致，这样对孩子未来的发展是很有好处的。即使存在分歧，也要在私底下沟通好，切勿当着孩子的面发生争执。

言传身教，成为孩子的好榜样

在教育孩子时，父母唠唠叨叨地说教，未必有一次言传身教效果好。相信很多人都对中央少儿频道的孝心公益广告印象深刻：临睡前，一个小女孩和妈妈正准备睡觉，突然，妈妈告诉小女孩等一会儿，然后，妈妈就走出了房间。小女孩等了一会儿，但是妈妈还没有来，因此，小女孩推开门想去找妈妈，她却看到妈妈正在给奶奶端洗脚水洗脚。此时，小女孩看着妈妈，突然也转身去端了一盆洗脚水给妈妈洗脚……从这个感人至深的广告上，我们不难领悟到一个道理，即父母的实际行动给予孩子的影响是非常大的。在教育孩子的时候，父母只有以身作则，言传身教，才能成为孩子的好榜样！

孩子来到这个世界上的时候就像是一张白纸，父母为他添加什么样的色彩，他就将拥有什么样的人生。很多父母虽然意识到了这一点，也充分重视了对孩子的教育，但却没有从自身做起。在现实生活中，我们经常会看到一些父母对孩子要求很严格，诸如要求孩子每天晚上都早点儿洗漱睡觉，但是父母自己去守着电视看到深夜，如此一来，父母在孩子的心目中有何威严可言呢？还有些父母要求孩子认真学习，自己却呼朋唤友地在家中打麻将，试问，孩子没有一个好的学习环境如何能静下心来学习呢？细心的人会发现，父母有什么样的生活习惯，孩子往往就有什么样的生活习惯。如果父母爱看电视，孩子必然也爱看电视；如果父母爱看书，孩子必定也喜欢阅读；如果父母趣味高雅，喜欢欣赏音乐，那么孩子也肯定会在父母的熏陶下有一定的音乐素养；如果父母喜欢运动，喜欢旅游，孩子必然也会喜欢四处走走看看，拥有健康的体魄。这就是父母对于孩子的言传身教的作用。父母一定要严格要求自己，才能成为孩子的好榜样，才能在孩子心目中树立自己的威信，从而更好地教育孩子。

张浩然特别喜欢吃橘子，尤其是小蜜橘。有的时候，他一口气可以吃五六个小蜜橘。虽然吃橘子容易上火，不过看到张浩然的肚子能够经得起橘子的考验，从来没有任何不适，所以妈妈也就不限制他了。一次，张浩然和妈妈一起去看望爷爷奶奶，妈妈顺道买了他最爱吃的小蜜橘带给爷爷奶奶。一到了爷爷奶奶家，张浩然就拿起小蜜橘准备吃，这时，恰巧爷爷过来了。于是，妈妈对张浩然说："宝宝，给爷爷拿个橘子吃。"张浩然看了看妈妈，又看了看自己手里的橘子，最后还为难地看了看爷爷，最终说："妈妈，给你吃橘子！"妈妈知道在好吃的橘子面前，张浩然肯定是觉得妈妈和自己更亲，所以选择给妈妈吃。看着他舍不得的样子，妈妈故意装作很害怕的样子说："爷爷是长辈，你都不给爷爷吃，我可不敢吃！"张浩然一副不解的样子，妈妈则皱着眉头非常严肃地说："有了好吃的要先孝敬长辈，你不给爷爷吃，却给我吃，那我岂不是不孝顺了吗？！"张浩然看了看妈妈，又扭头瞅了瞅爷爷，说："爷爷，给你吃橘子！"妈妈微笑着看张浩然走到爷爷面前，对爷爷说："爷爷，给！"爷爷赶紧接过桔子，高兴地说："然然，真乖，真是个孝顺的小孙子！"张浩然笑眯眯地回到妈妈身边，妈妈赶紧问："爷爷夸你孝顺，你很开心吧？"张浩然点点头，妈妈继续说："妈妈就知道你是个有礼貌还孝敬老人的好孩子！妈妈给你讲个故事吧，想听吗？"张浩然赶紧说："想听，想听！"借着这个言传身教的机会，妈妈给张浩然讲了孔融让梨的故事。果然，从此以后，张浩然不管有什么好吃的都先想着给爷爷奶奶吃，他成了一个非常孝顺懂礼的好孩子！

因为妈妈的言传身教，使得张浩然更加深刻地理解了要孝敬老人的道理。妈妈还借机讲了一个孔融让梨的故事，使自己的教育取得了更好的效果。作为父母，我们都要学习事例中妈妈的做法，抓住生活中的很多细小事情对孩子进行言传身教，成为孩子的好榜样！

心理小提示

很多时候，做比说的效果要好，教育孩子也是如此。父母只有首先严格要求自己，以身作则，才能成为孩子的榜样，对孩子起到言传身教的作用。

“笨”妻子使丈夫很有成就感

细心观察的人很容易发现，众多出轨的男人往往家里都有一个非常贤惠的妻子，她们不仅辛苦地抚育孩子，而且任劳任怨地伺候老人，里里外外都是一把手。但是，好人却没有好的感情回报，她们的男人往往在外面沾花惹草，使家里贤惠善良的妻子无比伤心。相反，有些女人却非常笨，不仅生活上需要男人的照顾，有的时候工作上也离不开男人的支持，甚至连最简单的家务事都不会做。然而，这些女人却能够安然地享受着男人对自己的百般呵护，感情生活也比较顺利。这个现象非常奇怪，到底是为什么呢？究其原因，是因为能干的老婆往往把男人、孩子和老人都照顾得非常好，导致男人根本不操心家中的任何事情。常言道，饱暖思淫欲，假如男人处处都非常省心，那么就会有多余的精力和时间，这时，他们就会情不自禁地想找些事情做，精神出轨或者是婚外恋就成为必然的了。而那些笨笨的女人，不仅照顾不好家庭，自己本身还需要男人的照顾，所以男人要为很多事情忙里忙外，生活得无比充实，根本没有时间去外面寻找心灵的慰藉。由此可见，女人不要太能干，很多时候，适当地示弱，成为一个“笨”女人，反而更容易博得男人的疼爱。此外，对于男人来说，照顾一个“笨”女人也是一件很有成就感的事情。男人希望自己是被女人需要的，而不喜欢自己在家庭中的位置是可有可无的。当男人被女人强烈需要的时候，男人就会由内而外地焕发自信，浑身都充满了力量。聪明的女人知道何时应该能干，何时应该变得笨笨的，让男人来心甘情愿地照顾自己，为自己担心。

张志是一个非常能干的男人，即使是独身的时候，他也把自己的生活打理得井井有条，使人全然看不出他是个单身男人。自从和莉莉结婚之后，张志原本以为自己可以享受被女人无微不至地照顾的感觉，但是却发现莉莉是个糊涂虫。她总是丢三落四，生活上尚且不能自理，如何能照顾张志呢？不得已，张志只好继续充当一个能干男人的角色，他不仅要做好家里所有的家务，还要为莉莉烹制美味可口的饭菜。就这样，结婚10年了，莉莉从来没有下过厨房，更没有亲手做过一顿饭菜。每当闺蜜们聚会的时候，莉莉总是非常骄傲地说自己不会做饭，惹得闺蜜们羡慕不已。每次，当单位聚餐或者是朋友们聚会的时候，张志总是惦记着回家给老婆做饭。即使朋友们取笑他，他也依然如故，毕竟不能让心爱的女人饿肚子啊。其实，莉莉并非什么都不会做，最简单的方便面她还是会做的，但是只要张志不回家，她就从来不动锅碗瓢盆。有人问莉莉为什么非要等着张志专门回家做饭给她吃，结婚这么多年了都不学做饭，莉莉就非常狡黠地说："这样，张志才会有强烈的被需要的感觉啊！在外面的时候，他会惦记着给我和孩子做饭，就会早点儿回家！"张志很爱干净，只要他在家，家里就总是一丝不乱、井井有条。但是，只要是莉莉和孩子待过的地方，很快就会变得乱糟糟的。每次，张志一边收拾一边嗔怪道："我真不知道自己有几个孩子，你看看，你简直比孩子还能折腾，我就是你们俩的老妈子，天天跟在你们后面收拾！我真不知道当初怎么找了你这么个笨老婆！"此时，莉莉总是嗲嗲地说："谁让人家笨呢，你看，我连自己都照顾不好，你可要照顾我一辈子啊！等到宝宝长大了成家了，我就是你的宝宝，你要全心全意地宠爱我！"听了老婆的话，张志总是说："我这辈子是'在劫难逃'了，我不照顾你谁照顾你呢！"

不过，虽然莉莉处处都很笨，但是对待老公却丝毫不含糊。她记得老公喜欢穿的西服品牌，记得老公喜欢吃什么，记得老公喜欢以什么样的方式温存。正是因此如此，张志才会心甘情愿地照顾这个"笨"女人！

女人笨一点儿并不是坏事，这样才能够让男人感觉到自己是被需要的，因此生出强烈的成就感来！聪明的女人即使很能干，有的时候也会乐得清闲，让男人无微不至地照顾自己，既可以享受爱人的宠爱，也可以给予男人更多的成就感，何乐而不为呢！

心理小提示

笨女人有的时候是真笨，有的时候是聪明，不管出于哪种原因，只要她能够"笨"得恰到好处，就能够使男人心甘情愿地呵护她、宠爱她！

男人喜欢性感的妻子

对于男人来说，什么样的女人最具有吸引力？漂亮的？可爱的？清瘦的？丰腴的？肤白的？黝黑的？还是清纯的？其实，女人所有的优点在男人那里都可以归结为两个字——性感。一个男人之所以喜欢某种类型的女人，就因为在他的心里这种类型的女人是性感的，能够唤起他内心深处男人本能的冲动。所以说，性感的女人对于男人最有吸引力。很多男人偏爱丰腴的女人，就是因为丰腴的女人更能够唤起他们的冲动，使他们觉得非常性感。

不管是在恋爱的时候，还是在结婚以后，男人对于性感的追求是不变的。所以，这就要求女人们努力使自己变成一个性感的妻子，这样才能够对男人有永久的吸引力。那么，何为性感呢？所谓性感，就是指某个人的身材相貌或穿着打扮，抑或是动作，能够让观察者产生性冲动，人们习惯于将这种感觉称为性感。通俗地说，性感就是能够引起异性情欲。一直以来，人们对“性感女人”的讨论似乎始终都没有脱离开女性固有的特征——人体美。通常情况下，性感的女人首先要具备均匀的体态，其次要有无限的风情。一提起性感，人们似乎总是想到跳着钢管舞的妖艳女郎，其实，性感并非总是与暴露或者是色情联系在一起的。人们对于性感有着不同的理解，再加上每个人的审美观点和欣赏品味不同，所以不同的男人喜欢不同类型的性感女人。例如，有的男人觉得袒胸露乳是性感，有些男人则认为清纯可爱是性感；有些男人认为丰满是性感，有些男人则觉得骨感是性感……所以，作为女人，完全没有必要为了吸引男人的眼球而改变自己，故做性感。对于女人而言，最性感的行为就是做最真实的自己，使自己散发出独特的魅力，成为喜欢自己这一款的男人眼中和心目中最性感的女神。这样的女人，才是成功的性感的女人！

很多女人结婚之后就放松了警惕，不再像恋爱期间一样每天都把自己打扮得花枝招展，因为她们觉得既然结婚了，就要以自己最真实的一面示人。其实，这并非是明智的举动。虽然我们不赞成女人故做性感，曲意迎合男人，但是最基本的穿着打扮还是要做好的。试想，假如你是男人，你是喜欢每天看到一个神采奕奕的妻子呢，还是希望每天都看到一个素面朝天、蓬头垢面的女人呢？毫无疑问，前者更有吸引力。其实，在夫妻之间，性感是很容易做到的事情。例如，女人可以为自己准备一些性感的情趣内衣，或者在老公不在家的时候准备一顿美味的烛光晚餐，穿上自己最喜欢的礼服和老公一起去参加宴会，这些都可以在男人的心目中留下性感的印象。虽然只是一些生活的小细节，但是却能够使男人对妻子产生别样的感觉。这就是性感。还有些女人非常传统，总是认为夫妻关系就应该按部就班，不需要刻意地去营造性感的诱惑。她们很难放开自己，不愿意迎合男人对于性感的需求。这样往往会使男人觉得索然无味，因而对夫妻生活失去兴致。实际上，假如女人能够把性感当成是一种对待夫妻生活的态度，那么就能够把婚姻生活经营得更加富有趣味，使双方都别有兴致。

慧娟是一个美丽大方、才华横溢的女人，她聪明能干，不仅在工作上得心应手，而且在家庭生活中也是一个多面手，抚育孩子、照顾老人、操持家务，她样样拿得起、放得下。但是，她与老公的关系却并不理想。

原来，慧娟是一个非常传统的女人，甚至有些性冷淡的倾向。她平常总是穿着中规中矩的衣服，不施粉黛，为人刻板。在夫妻生活中，她不但不会主动去诱惑丈夫产生冲动，反而很反感丈夫对她的爱抚。刚结婚的时候丈夫以为慧娟是因为不好意思，但是日久天长，丈夫难免觉得索然无味。尤其是在做了妈妈以后，慧娟需要照顾孩子，需要处理的家务琐事也越发繁重，因此，她几乎把自己所有的爱与关心都给了孩子，无形中更加忽视了丈夫。每次当丈夫主动提出性要求的时候，她都非常想拒绝，即使疲于应付，也会提心吊胆地催促丈夫，生怕孩子醒过来后觉得难为情。这种闪电性爱使丈夫几乎无任何快感可言，渐渐地，丈夫不再对她提出性方面的要求了，她倒觉得落得清闲。直到丈夫提出离婚的时候，她才如梦初醒。她问丈夫为什么自己这么努力，为这个家全心付出，却最终落得这个下场，丈夫说：“我知道你是个好母亲，好媳妇，但是，你却不是一个好妻子，你无法满足我的需要。很多时候，我觉得你更像是一个保姆，而不是一个有血有肉的女人。面对你，我没有任何欲望，但是我却是一个正常的男人，我不愿意每天面对一个冷冰冰的女人生活。”因为不够性感，因为缺乏热情，慧娟失去了自己原本很美满的婚姻。

判断一段婚姻是否幸福，必须取决于夫妻双方的感受。假如任何一方对这段婚姻感到不满意，那么这段婚姻就算不上是幸福美满的。作为女人，即使再怎么忙于工作和家庭，也不要忘记照顾到男人的心理需求，满足男人本能的需要。要想使婚姻稳固，女人就一定要首先满足男人的需求，因为两性关系是使婚姻稳固的必要基础。在男人眼中，美丽的女人不一定性感，但是性感的女人却一定很美丽，所以，女人首先应该使自己变得性感起来，吸引男人的眼球。只有这样，婚姻生活才能更加和谐。

心理小提示

男人喜欢性感的妻子，作为女人，必须牢牢地记住这一点！

第14章

婚恋中的心理较量，女人不因爱就咄咄逼人

有人说爱情是一场战争，其实，爱情虽然未必是战争，但是在爱情之中，两性之间却的确存在心理较量。很多时候，面对咄咄逼人的爱人，人们会觉得很不舒服，甚至望而却步。这就要求不管是男人还是女人，在与爱人相处的时候都要端正自己的心态，摆正自己的位置，不要给对方以压迫感。此外，距离过近也会使人觉得紧张，因此，我们还要学会与爱人保持一定的距离，这样才能亲密有间、进退自如。

亲密有间才能进退自如

很多人在充分享受了恋爱的甜蜜之后，一旦步入婚姻，就觉得有些不适应，尤其是男人，往往会觉得失去自由，变得非常暴躁，很想挣脱婚姻的束缚恢复自由的单身生活。其实，之所以出现这种现象，主要是因为相爱的人之间没有把握好交往的度，所以才会导致一方觉得受到拘束，感觉不适。其实，不管是恋爱还是婚姻，对于情感，都需要双方用心去经营，这样才能让爱情之花保持绽放的状态，不至于提前凋零、枯萎。切记，在婚姻生活中，不要因为一味地追求自我而忽略突破，不然，婚姻之路就会越走越狭窄。

男人既是一种视觉动物，也是一种野生动物。他们对异性的感知首先来源于眼睛，他们喜欢用眼睛去观察异性，从而受到刺激，导致心情开始莫名奇妙地兴奋起来，产生本能的冲动，使身体释放出更多荷尔蒙。这是男人喜欢靓丽女人的重要原因之一。然而，漂亮的女人就一定能抓住男人的心吗？答案是否定的。因为外表的取悦是暂时的，男人虽然喜欢得到视觉的享受，但是更喜欢得到自由。男人是一种野生动物，他们天生就狂放不羁，即使是美女，假如没有掌握与男人的相处之道，也会使男人不由自主地想要逃离。即使是再美丽的外表，如果天天看，也会日久生厌。所以女人应该提升自己的内在，多多了解男人的心理，掌握与男人的相处之道，给予男人足够自由的空间，这样女人才能保持对男人的吸引力，使男人情不自禁地围绕在自己的身边。与此相反，假如女人一味地纠缠着男人，使男人觉得无法喘息，那么男人就会对女人退避三舍，甚至仓皇而逃。用一句话来说，就是亲密有间才能进退自如。

那么，除了给予男人空间之外，女人应该如何以适度的距离保持自己对男人的吸引力呢？其一，女人要在思想上深藏不露。有的女人觉得既然相爱就要毫无保留地展示自己，其实这是错误的。假如在刚刚开始恋爱的时候就使男人对自己一览无遗，那么男人很快就会觉得你对他没有吸引力。其二，要不断地提升自己。现代社会提倡终身学习，假如男人始终在进步，而你却止步不前，那么，男人终有一天会觉得与你无话可说。其三，要给彼此一定的空间。即使是亲密爱人，也要给彼此都保留有一定的私人空间，这样才能够保持神秘感和新鲜感，使爱情长久地保鲜。总而言之，女人要想长久地吸引自己深爱的男人，就一定要与他拉开距离，若即若离，使自己在男人心目中葆有一份神秘感。所谓亲密有间才能进退自如，给对方多一点空间，给自己多一份自由，也就是给彼此的感情多一份希望和期冀。

周迅和宋波是一对北漂夫妻。因为高昂的房价，他们始终没有买房。周迅是高校教师，一直住在学校的单身宿舍里；宋波在一家电脑公司从事销售工作，平日里总是天南海北地出差，租住了一间简陋的斗室作为在北京的落脚点。刚结婚的时候他们就约定先不要孩子，各自还住在各自的宿舍里，这样也方便工作，等到周末或者是节假日的时候再聚到一起生活。在一个城市里，他们就像牛郎织女一样，各忙各的工作，过着单身生活。每到周末的时候，或者周迅去宋波的斗室小聚，或者宋波到周迅的宿舍团圆。起初，大家都以为他们这种游击队似的夫妻生活肯定无法长久，甚至有人还断言他们只要不买房，不出两三年就会劳燕分飞。然而，让大家瞠目结舌的是，他们的游击生活过得有滋有味，对诸如七年之痒八年之痛这些普通夫妻必得的流行性感冒全都免疫。不久前，他们终于有钱买房了，两人商议好，入住大房之后，仍然保留各自的根据地，在工作日期间“各自为政”，等到周末和节假日的时候再开展“集团军作战”。朋友们对他们的生活既羡慕又不理解，有一个朋友在和宋波喝酒的时候忍不住问他夫妻保鲜的秘诀，宋波神秘地笑了笑，说：“距离产生美，距离也是一种爱。”原来，他们的婚姻之所以能够保持激情，就是因为这种两地分居的牛郎织女生活。

当然，我们并非提倡大家都像周迅和宋波一样过着牛郎织女的生活。不过，对于普通夫妻而言，适当地过一下牛郎织女的生活，对提高夫妻生活的新鲜感和欣喜感有很大的好处。毕竟，日久天长朝夕相处很容易使人们产生审美疲劳，适当的分别则可以使彼此感受到思念的感觉。亲密有间的夫妻更容易保持新鲜感，这已经是不容争辩的事实。每对夫妻都应该根据自己的实际情况，做到亲密有间，这样才能进退自如。

心理小提示

亲密有间才能进退自如，这是夫妻的相处之道，每对夫妻都应该知道这个道理，并且将其落实到实处。

相爱的人犹如刺猬

人们在恋爱的时候总是一日不见如隔三秋，然后，等到真正步入婚姻的殿堂朝夕相处、地久天长的时候，却又开始留恋和怀念单身时代的美好时光。这是纠结和矛盾的心态是因为得不到的总是好的吗？其实不然。不管是男人还是女人，都需要保留自己的私人空间。很多人觉得相爱就要亲密无间，毫无保留地向对方展示自己，也无所顾忌地要求对方必须毫无保留地对待自己，这未免有些强人所难。其实，爱也是需要距离的。有一个事例很多人都曾经听说过，即刺猬取暖的故事。寒冷的冬日，两只刺猬冻得瑟瑟发抖，它们实在是太冷了，所以不得不紧紧地依偎在一起取暖，然而，它们突然之间感受到了疼痛。原来，它们靠得太近了，被对方身上的刺扎到了。于是，它们赶紧分开，离对方远远的。但是，寒冷再次袭来，使它们忘记了疼痛，又开始情不自禁地彼此靠近。如此反复几次之后，它们终于找到了一个最合适的距离，使它们既可以依偎在一起抵御寒冷的侵袭，又能够保持适度的距离，不至于被对方的刺扎到。对于彼此相爱的人而言，刺猬取暖的经验简直是太值得学习了。人们常说，相爱容易相处难，指的就是相爱的人可以为对方付出一切，甚至生命，但是却无法保证自己可以与对方相处得很好。因为，在相处的过程中，人们身上的缺点和不足会暴露无疑，使对方觉得难以接受，难以忍受。这些缺点和不足就像是人身上的刺，总是深深地刺痛对方。假如能够像聪明的刺猬一样找到合适的距离，那么就既可以相互依靠，又可以不被对方身上的刺扎到。这就是相爱的距离。只有找到最适合的相爱的距离，爱人之间才能更好地相处。

那么，什么才是合适的相爱的距离呢？就是不远不近。对于不同的人来说，因为每个人需要独处的私人空间是不一样的，所以爱的距离也是不同的。相爱是两个人的事情，因此这种距离要以两个人都觉得适宜为佳，既不要觉得太远，也不要觉得太近。也许有人会问，夫妻在同一个屋檐下生活，怎么拉开距离呢？其实，在生活中，可以有很多方式拉开彼此之间的距离。例如，两个人可以保持各自的兴趣爱好。在休息时间，每个人都可以根据自己的喜好安排自己的时间，这样一来，在交流彼此的感受时，就同时拥有了双份的快乐！再如，很多夫妻一结婚就和朋友断绝了来往，生活的圈子仅仅局限于彼此之间。这样一来，时间长了难免会觉得枯燥乏味。正确的做法是每个人都有自己的朋友圈子，开拓自己的眼界和视野，拥有属于自己的社交。此外，还可以借用出差或者是回娘家的时间与爱人分开一段时间，这样彼此就产生了思念，再见面的时候也许会小别胜新婚，会产生新鲜感。这些都是拉开夫妻之间的距离给婚姻保鲜的好方法，每个人可以根据自己的实际情况寻找到最适合自己与爱人的方法。

艾米留下一封信走了，这使皮特大惊失色。皮特不明白，自己对艾米这么好，几乎好得不能再好了，艾米为什么还要离开自己。打开艾米的信，皮特才了解其中的缘由。艾米在信中写道：

“亲爱的皮特，我走了，离开了这座城市，离开了你。我知道，这一定会让你伤心，但是我别无选择。我知道你很爱我，你可以为了我付出一切都在所不惜，但是，这却不是我想要的爱。在你的爱里，我时常觉得自己就像是要窒息了一般，我喘不过气，觉得特别沉重。你的爱太重了，沉

甸甸地压在我的身上，有的时候，就像海水一样汹涌而来，使我觉得自己马上就要葬身海底。你时时刻刻都在关心我，即使上班时间，你也会每隔一个小时就打电话给我。你不知道，这严重影响了我的工作。每次下班你都接我，有的时候，即使没有处理完工作我也得赶紧下楼，因为我怕你等得时间太长了会着急。你虽然爱我，但是却不允许我和兄弟姐妹们交往，甚至不让我回到娘家住几天。有的时候，我很想念爸爸妈妈，但是你却觉得只要和你在一起我就不再需要任何其他人了。其实，不是这样的。我没有任何朋友，因为你不放心我和朋友一起聚会，一起逛街，所以我特别孤独。当我心中苦闷的时候，我不知道应该向谁倾诉。我走了，离开了你沉甸甸的爱和无微不至的保护，也许我会受到伤害，但是我却能够呼吸到新鲜的空气。希望你能够忘记我，找一个值得你爱的女孩好好去爱，但是要记住给她一定的私人空间，让她有属于自己的朋友和亲人，不要像我一样感到窒息！”

皮特很爱艾米，但是他的爱却是自私的爱，是一种占有，使艾米感到窒息。爱一个人，首先要尊重她，给她足够的空间去自由地呼吸和翱翔。假如爱使人窒息，就失去了存在的意义。艾米选择了离开，她的选择是明智的，因为这种让自己深受伤害的爱是不值得留恋的。至于皮特，他也并没有做错，遗憾的是他这种爱不适合艾米，抑或是他的爱过于强烈，他应该学会给自己所爱的人自由。总而言之，不管以哪种方式去爱，都要以使自己所爱的人感觉到舒适为原则。

心理小提示

相爱的人就像是刺猬一样，近不得远不得。我们要找到最合适的距离，既能与爱人依偎在一起取暖、相爱，又能保持适度的距离，不至于彼此伤害。

你是否会打探恋人的情感隐私

在封建社会，女子往往大门不出，二门不迈，所以，女子在嫁给自己的丈夫之前几乎没有任何与异性交往的经验，甚至也没有什么社会经验。而男人呢？享受着至高无上的地位，被社会道德所允许娶妻纳妾，所以他们要想娶妾，只需要名正言顺地向妻子提出来就可以了，根本无须隐瞒。因此，在那个时候，恋人之间或者说是夫妻之间是没有情感隐私的。然而，随着社会的发展，女人的地位越来越高，她们可以像男人一样在社会上打拼，与形形色色的人接触，再加上婚姻自由自主的推行，所以女人们和男人们全都享有了自主选择爱人的权利。这样一来，几乎每一个男人或者是女人都有了自己不为人知的情感隐私。那么，当你爱上了一个人的时候，你该如何对待他的情感隐私呢？是打探出来用以折磨自己的心灵，还是佯装不知，把握此刻的幸福？毫无疑问，第二种做法是更为明智的。每个人都有自己情感的经历，对于过去的事情，现在的恋人不应该过多地过问，毕竟过去的已经过去了。而且，对于经历的本人而言，也许过去的事情是一个不愿意揭开的伤口，在这种情况下，假如还有人不知趣地去打探，只能自找没趣。

社会处于不断地发展变化之中，人们的感情也是随时在变化的。尽管每个人在爱的时候都想着天长地久，但是，几乎很少有人能够与自己的初恋情人幸福地度过一生。爱，就是一个不断经历不断成长的过程。所以，我们要尊重爱人的情感隐私，也许正是因为有了那些难忘的经历，他才能以如今这种成熟的形象出现在你的面前。有很多人一想到恋人曾经的往事就心如刀绞，其实是完全没有必要的。归根结底，从认识你的那一刻开始，或者是说从决定与你共度一生的那一刻开始，只要他是忠诚于你的，他就是无可指责的，不管他有着怎样的过去。爱，要向前看，而不要向后看，因为没有，能够抹杀或者是改变自己的历史，包括你在内。所以，聪明的人不会随意打探恋人的情感隐私，而只会把握住现在的机会好好地去爱一场。

遇到晓雪的时候，宝钢以为自己找到了一生的挚爱。不过，晓雪刚开

始的时候并没有接受宝钢的追求，因为她从心底里不信任男人。但是，宝钢并没有气馁，他始终锲而不舍地追求晓雪，并且央求晓雪给自己一个机会。也许是精诚所至金石为开吧，晓雪终于答应尝试着和宝钢相处。宝钢确实对晓雪很好，他时时处处都站在晓雪的立场上为晓雪着想，把晓雪照顾得无微不至。而且，宝钢对晓雪的父母也特别好，使晓雪的父母对他特别满意。在父母的催促下，原本还非常迟疑的晓雪最终接受了宝钢，并决定嫁给他。

宝钢欣喜若狂，他觉得自己是天底下最幸福的人。结婚之后，晓雪善良贤惠，不仅把家里的事情处理得井井有条，而且非常孝顺公婆。宝钢对自己所有的朋友说，他这辈子最幸福的事情就是娶到了晓雪。随着生活的时间越来越长，宝钢和晓雪之间也越来越了解。一天晚上看电视的时候，宝钢突然问晓雪："你以前的男朋友是个什么样的人？"晓雪的脸色突然变了，她一句话都没说就回到了卧室。宝钢不知道自己哪里错了，追到卧室问晓雪："你看，我都把我之前的初恋讲给你听了，你为什么不能把你以前的事情告诉我呢？"晓雪淡淡地说："过去的都过去了，我的人生是从认识你才开始的。"宝钢心中很疑惑，不过他没有继续问下去。一个偶然的机会，宝钢问岳父岳母晓雪以前的事情，岳父岳母也讳莫如深，这使宝钢更加疑惑了。终于，他从晓雪的大学同学林倩的口中打听到了事情的真相。原来，晓雪曾经与一个大学同学有过同居的历史，因为那个男生瞒着晓雪在外面有了情人，所以晓雪坚定地与他分手了。得知这个消息的时候，宝钢简直像遭受了晴天霹雳。回到家里，他一言不发，晓雪则不知所以。看着丈夫反常的举动，晓雪终于知道了事情的原委。晓雪的自尊心很强，她不愿意丈夫每天都想着这件事情，更不愿意自己今后的人生笼罩在这件事情的阴影之中，所以向宝钢提出了离婚。

直到失去晓雪之后，宝钢才意识到晓雪的好处。他非常怀念以前的生活，然而，一切都再也回不去了！

其实，对于相爱的两个人来说，最重要的就是今生今世、此时此刻和未来。如今，婚恋观念开放了，人们对待婚姻的态度更加自主，所以离婚的人、婚前同居而又分手的人越来越多，每个人都有不想被别人知道的过去。既然一个人想把过去埋藏在自己的心里，就说明他不愿意提起这件事情，亦或是他已经彻底脱离了之前的生活。假如你爱一个人，最重要的是把握现在的幸福和美好的未来，而不是纠结于爱人的过去，难道你没有过去吗？即使你没有过去，你也应该尊重爱人的过去。这样，才能够更好地与爱人相处。

心理小提示

每个人都有过去，爱一个人，首先要尊重他的过去。如果想要获得爱情的幸福，最好不要轻易打探爱人的隐私，因为那是不容触碰的地方。

给予爱人足够的隐私空间

在生活中，很多人觉得只要两个人相爱了，就应该亦步亦趋地像一个人一样，同时出现在任何场合；还有人觉得相爱的人之间应该毫无保留，没有任何秘密，这样才算得上是真正的爱。甚至还有的情侣会合用一部手机，而这给两个人的交往带来了很多困扰。其实，这些想法和做法都是错误的。对于相爱的两个人而言，即使再亲密，也要保持适度的距离，给予对方足够的隐私空间。这样，每个人才能更好地处理感情的各项事宜，与爱人保持一种平稳的融洽的关系。

在这个世界上，每个人的内心深处都有一些不为人知的小秘密。这些小秘密就像一个个狡黠的精灵散布在我们的内心深处，时不时地与我们的灵魂发生碰撞。这些小秘密是只属于我们一个人的，不属于任何人。也许有人会把这些小秘密拿出来与人分享，但是大多数人却都会守着自己的秘密，一生一世。爱情，是人世间最神奇的感情，为了爱，人们甚至愿意付出自己的所有，乃至宝贵的生命。但是，真并不意味着我们可以和爱人分享自己心底里所有的小秘密。从另外一个方面来说，很多时候，夫妻之间会存在一些善意的谎言，或者是善意的隐瞒，这样才能更好的相处。把所有的事情都像竹筒倒豆子般地全都倒出来，并非明智之举。很多时候，因为有了善意的谎言，爱情才会变得更加美丽。所以，在两性交往的过程之中，每个人都需要有自己的隐私空间。假如一个人对爱人全方位地关注和监督，那么对方就会觉得如坐针毡，这样的爱情当然无法持久。

唐飞是桂林人，来到北京以后认识了浩铭。浩铭是土生土长的北京人，凭借着天时地利人和，大学毕业以后就开始自己做生意，年纪轻轻就事业有成。浩铭很爱唐飞，在交往了一年多之后，他们携手走入了婚姻的殿堂。刚刚结婚，浩铭就让唐飞辞去了工作，在家里当全职太太。虽然唐飞不太乐意，但是面对着浩铭的恳求，她只好答应了。让她万万想不到的是，自从结婚开始，她就失去了自由。

浩铭的确很爱唐飞，总是带着唐飞一起出席各种各样的社交场合，并且隆重地把唐飞介绍给自己的朋友和生意上的合作伙伴。但是，唐飞却没有了任何私人的空间。有的时候，唐飞和闺蜜一起逛街，浩铭每隔一会儿就会打电话问她们到哪里了，在干什么。刚开始的时候，唐飞觉得浩铭是因为爱自己才这么关心自己的，但是，渐渐地，她发现浩铭过于在意她的行踪。有一次，唐飞和女友一起做SPA，因为信号不好，所以浩铭打了好几个电话都没有找到唐飞。等到终于打通电话的时候，浩铭情不自禁地就开始在电话里冲着唐飞嚷了起来，质问唐飞到底去哪里了，为什么手机打不通。尽管唐飞百般解释，浩铭还是非常生气。从此，唐飞意识到自己简直失去了自由。唐飞几次想要回老家看望自己的母亲，但是浩铭却以自己工作太忙走不开为由拒绝了，唐飞不明白，为什么自己回娘家浩铭也非要一起跟着呢？！

如此过了一年多之后，唐飞觉得再也无法忍受这种生活了，决定和浩铭离婚。闺蜜们都劝唐飞："虽然浩铭把你看得很紧，但是如今这么有钱又专情的男人可不多了。你就忍一忍吧，哪有十全十美的呢！"但是唐飞的态度却很坚决，她说："我宁愿忍饥挨饿，也不愿失去自由。况且，我有手有脚，可以依靠自己生活。浩铭虽然爱我，但是他的爱却让我失去了自我。我没有任何空间，简直无法呼吸。我不想再这么生活下去了！"

不管再怎么爱一个人，也不能把他当成使自己的私有财产。爱情必须建立在相互尊重的基础上，这样幸福才能更加长久。在这个事例中，浩铭虽然很爱唐飞，但是却使唐飞觉得自己没有自由，所以唐飞才会选择离婚。从唐飞的身上我们应该看清一个道理，即不管多么爱一个人，都要给他足够的自由和隐私空间。

心理小提示

爱情要建立在相互尊重的基础之上，给予对方足够的隐私空间，这样爱情和婚姻才能更加长久，更加幸福美满！

聪明的女人怎样“吃醋”

在生活中，相爱的人往往非常在乎对方，这就导致了在很多时候，爱人们之间会因为一些事情“吃醋”。何为吃醋？吃醋是妒忌的比喻语和同义词。相传，这个典故出自唐朝的宫庭之中。为了笼络人心，唐太宗要为当朝宰相房玄龄纳妾。因为嫉妒，房玄龄的妻子对此横加干涉，死活不让。无奈之下，唐太宗下令让房玄龄之妻在喝毒酒和纳小妾之中选择一项。想不到的是，房夫人的确生性刚烈，她宁愿失去宝贵的生命，也不愿意在皇帝面前低头，更不愿意让自己的心爱的丈夫纳妾。因此，她毫不犹豫地端起那杯“毒酒”一饮而尽。当房夫人含泪喝完毒酒之后，才发现杯中是带有甜酸香味的浓醋，而不是所谓的毒酒。从此之后，人们就把“嫉妒”和“吃醋”相提并论，渐渐地，“吃醋”就成了嫉妒的比喻语。在封建社会，男人娶妻纳妾是很正常的事情，所以房夫人坚决不同意丈夫纳妾的态度引起了人们的关注。而现代社会推行一夫一妻制，假如男人在外面拈花惹草，女人吃醋就成了天经地义的事情。不过，吃醋也是有讲究的。吃得不好，也许会使男人恼羞成怒，甚至破罐子破摔；吃得好，那么男人则会对女人心生爱怜，甚至加倍呵护和宠爱女人。很多聪明的女人之所以婚姻幸福美满，就是因为她们会吃醋。

其实，对于相爱的人来说，吃醋是一种正常的心理反应，是爱和关心的一种特殊形式的表现。从潜意识里来说，人们之所以吃醋，是因为害怕失去，或者是因为他本人是感情专属的人。吃醋是一种自我保护，是为了保护自己的感情不受伤害。在恋爱或者婚姻中，假如相爱的两个人之间视而不见，不论对方做出怎样的举动都毫无醋意，那么则说明他们的爱情淡而无味。很多时候，偶尔吃一回醋，也许能给琐碎枯燥的生活“吃”出一片富于别样意味的天地。不过，吃醋必须把握好度，假如不分青红皂白地天天吃醋，那么就会事与愿违。对于相爱的人而言，很多人都曾经有过吃醋的心理感受。即使两个人彼此深深相爱，也会因为某个事件而导致其中一方吃醋。聪明的女人之所以吃醋，是出于一种理性的忌妒。她们不会采取极端的手法，只会用爱来挽留爱人的心，使爱人更多地关注自己，使爱人更加留恋自己。这种女人无疑是“很会”吃醋的。相比之下，有些女人一旦打翻了醋坛子，就会不管不顾、歇斯底里，导致男人产生厌烦的心理，这种吃醋的方式是我们所不提倡的。要想使爱情圆满，要想使婚姻幸福，我们就要学会吃醋。

一个丈夫陪着妻子去逛街，忽然之间，一位仪态万方的年轻女子从他们身边经过，丈夫的眼神情不自禁地被那个女子牢牢地吸引住了。这时，妻子一不做二不休，赶紧拉着丈夫快走几步，在丈夫还没有反应过来的时候摸了摸女子的屁股。女子扭头大怒，妻子也乘机大骂丈夫：“你这个丧尽良心的臭男人，我就在你身边站着，你居然还敢轻薄别的女人！”见状，年轻女子不由分说地就给了那个看似无辜的丈夫一巴掌，妻子心中暗自窃喜：“看你以后还敢在大街上看美女！”从此以后，丈夫再也不敢和妻子一起逛街了。

一个女人和丈夫一起逛街，无意间发现丈夫的眼睛总是紧紧地盯着大街上那些年轻漂亮的女人，她未免心生不快。可是转念一想，爱美是人的天性，所以就理解了丈夫的本能反应。后来，等到他们再一起上街的时候，女人主动和丈夫一起欣赏和品评那些漂亮的女性：“这位小姐的妆容非常清新淡雅，那位小姐的衣服特别时尚……”如此一来，丈夫感到妻子非常理解和信任他，所以便主动收敛了自己，更加体贴和关心妻子。他总是挖空心思地给妻子买一些小礼物，讨妻子的欢心，从此，他们的生活更加幸福、和谐了。

在第一个事例中，你是佩服“聪明”的妻子，还是同情无辜的丈夫？从这个彪悍的女人身上我们不难看出，女人一旦打翻了醋坛子，就会使整个世界都山崩地裂。几乎90%以上的女人都曾经吃过男人的醋，不过，她们的结果却完全不同，区别就在于他们打翻醋坛子的方式不同。第二个事例中的女人才是真正聪明的女人。虽然她心生不悦，并且已经打翻了醋坛子，但是她却没有歇斯底里、不顾一切，而是乘机往醋坛子中添加了一些调味品，诸如对丈夫的信任和理解。正是因为有了这些夫妻相处的技巧，所以她才能使醋坛子倒地时发出的刺耳声音变得更加柔和，从而使丈夫主动收敛了自己的行为，对妻子产生了一种歉疚感，因而更加关心和爱护妻子。如果每个女人打翻醋坛子之后都能得到这样的结果，那么打翻醋坛子就未必是件坏事了。聪明女人会利用“醋坛子”给生活调味，让枯燥乏味的生活变得丰富多彩，让夫妻之间的关系变得更加和谐融洽，让彼此之间的感情更加深厚。

心理小提示

人生说长不长，说短也不短，作为有缘相爱的人，为什么不好好珍惜这一世的缘分呢？聪明的女人一定要牢牢记住，即使吃醋，也要令“醋味”永留芬芳，成为彼此心底里最永久的爱的记忆。

爱情中如何给予彼此信任

爱，离不开信任。信任是爱情的基础，如果没有信任，爱情就无法立足。在生活中，很多人原本相亲相爱，可以拥有非常完满的结局，但是他

们却因为彼此之间不信任，最终导致爱情蒙上了阴影。当然，信任不是凭空出现的，所有的信任都是有条件的。很多时候，人们花费了很多的时间和精力才建立起信任，但是却因为一次无意的过失导致信任烟消云散。所以，对于历经千辛万苦建立起来的信任，相爱的人一定要倍加珍惜，用心呵护。有人说爱情是一朵娇艳的花朵，其实，信任也是一朵娇艳的花朵，需要我们像爱惜自己的爱情一样去爱惜。

爱的最好证明就是信任，假如你爱一个人，就一定要信任他，千万不要疑神疑鬼、捕风捉影。当然，也许有的时候我们给予对方信任，对方却给了我们伤害。假如你的信任换来的却是对方的放荡不羁、自由放纵，那么你就要挥剑斩情丝，让其成为一匹脱缰的野马。面对这种情况，你必须知道，不懂得珍惜你的人是不可能懂得你的真爱的。信任是婚姻的基石，尤其是在充满诱惑的现代社会，人们必须依靠信任来维持婚姻。其实，不管是男人还是女人，都会有面对诱惑的时候，这个时候，要想抵御诱惑，最强大的武器就是爱人的信任。所以，我们应该信任自己的爱人，这样他才会变得越来越完美，主动地约束自己，忠于婚姻。

早在读大学的时候，他们就是一对甜蜜爱人。但是，毕业之后，为了工作，他们相隔万里，不过，他们依然非常相爱。每天晚上，他们即使工作再忙，也会打电话给对方，或者上网联系，他们有着说不完的情话，有着道不尽的绵绵相思。在思念的煎熬之中，他们爱得既辛苦又甜蜜。

后来，男人在事业上取得了很大的发展，所以工作变得越来越忙碌。他几乎每天都要加班到深夜，和女友交流的次数越来越少，时间也越来越短。尽管如此，他对女友的爱却丝毫没有减弱。不过，远在异地的女友开始怀疑他。她想，他是不是不爱自己了，他是不是另结新欢了……就这样，原本互诉钟情的电话时间变成了他们争吵的时间，面对女友无休无止的质疑，他一次次地解释，最终疲倦了…… 一天，男人主动提出了分手，他说："原本，即使再远的距离也隔不断我们的思念。但如今，怀疑却使我们无法继续沟通。爱情在你的怀疑之中已经渐行渐远了……"

因为缺少信任，一段原本美好的爱情结束了。实际上，在现实生活中，并非只有相隔万里的爱情才需要信任，每一份爱情都需要信任。只有信任，爱情才能够幸福美满；只有信任，相爱的人才能够携手渡过一个个难关；只有信任，爱情才能在时间的刻刀下历久弥新。如果没有信任，爱情就无法立足，更不可能长久。所以，信任你所爱的人吧，这是你们爱情唯一的出路！

心理小提示

对于爱人的怀疑就像一把尖锐的刀，最终会使爱情分崩离析。要想爱情长久、美满，我们就要给予爱人充分的信任，不管我们之间隔着多么遥远的距离，也不管我们多久没有相见。

爱一个人也要有所保留

对于爱人，每个人都有着自己的理解。有的人面对爱情的时候有着飞蛾扑火的热情，他们不顾一切地为了爱付出自己的所有，甚至燃烧自己的生命。然而，爱情要想长久，必须细水长流，而不是在转瞬之间化为灰烬。由此可见，即使我们深爱一个人，也要有所保留，为爱的发展和持续储备力量。飞蛾扑火的爱情虽然绚烂，但是却无法长久，毕竟激情会使人像燃烧的干柴，最终成为一片尘埃。而只有理智的爱情，才能保持长久。爱情，需要冲动，也需要冷静，需要付出，也需要保留。只有达到某种平衡，爱情之火才能持续地燃烧，照亮和温暖我们的一生。站在被爱的人的立场上来看，接受一个人毫无保留的爱未必不是一种负担，因为这就意味着他也要毫无保留地付出，否则爱就会失去平衡。因此，不管是从自身的角度来说，还是站在对方的角度来说，我们都要学会在爱的时候有所保留，这样一则可以使自己拥有持续地爱的能力，另一方面也不至于使对方背负太沉重的心理负担。

在爱情中，大部分女人都非常感性，她们常常会不顾一切地付出和投入。有的时候，陷入爱河的女人简直就像世界上最痴傻的疯子，一心一意

地所想的都是如何为对方奉献出自己的所有。但是，无数的事实证明，这样的女子最终很可能会换来一个“痴心女子，薄情郎”的结局。这是为什么呢？刚开始的时候，男人也许会因为女人的全身心投入而非常感动，并且会加倍珍惜女人给予他的爱。但是，随着时光的流逝，激情渐渐消退，此时，女人的痴缠对男人来说就会变成生命不能承受之重。面对女人失去自我的爱，面对女人不顾一切的爱，他开始感到厌倦。最终，为了逃离女人毫无保留的爱，他一定会冲破重重阻碍获得无爱一身轻的自由。男人就是这么奇怪。其实，不仅仅是男人，即使是女人，也未必希望男人毫无保留地爱自己，因为极致的爱就是自私的占有。所以，女人啊，一定要学会在爱情之中有所保留，这样爱情之花才能常开不败。

王佳和米雪的恋爱曾经被人看成是天作之合。王佳仪表堂堂，事业有成，而米雪温柔大方，端庄秀丽。而且他们两个人都是白领，有着共同的兴趣爱好和欣赏品位。所以，大家都等着喝他们结婚的喜酒。然而，在交往了半年之后，王佳却突然提出了分手，不仅米雪觉得很惊讶，周围的朋友们也非常可惜。

当别人问王佳为什么放着这么好的女朋友不要的时候，王佳无奈地摇了摇头。他说，米雪什么都好，就是过于投入爱情。原来，自从他们开始谈恋爱之后，米雪不仅在工作上懈怠了，甚至也忽略了父母，她一心一意地只想着和王佳在一起。米雪认为，爱一个人就应该让他知道自己的一切，所以，不管做什么事情她都会打电话告诉王佳；米雪还认为，爱一个人就应该知道他的一切，所以她要求王佳不管有什么事情都要告诉自己。然而王佳却不喜欢这种让人倍感约束的爱情，他喜欢独来独往、天马行空。尽管他很爱米雪，但是却不愿因为爱情而牺牲了自己的个人时间，甚至忽视了自己的工作，忽视了自己的父母。自从和米雪恋爱以后，王佳觉得自己的生活次序完全被打乱了，他失去了自己可以独处的时候，失去了自己可以安排的时间，甚至他想回家去看望父母，也要经过米雪的同意。当然，米雪也争分夺秒地和王佳腻在一起，已经有一个多月没有回家看望自己的父母了。

在交往了半年之后，王佳终于忍无可忍地提出了分手，尽管他并不反感米雪，但是他却惧怕米雪这种飞蛾扑火似的爱情。

米雪不知道，飞蛾扑火般地爱一个人未必能够得到完满的结果，有所保留地爱一个人也许反而能够细水长流。其实，不管是男人还是女人，都不要爱一个人爱得浑然而忘我。“飞蛾扑火”的爱情也许会让人觉得壮美，但是感情追求的是持久的幸福，而不是转瞬即逝的壮烈瞬间。要想给自己的爱情保鲜，作为女人，留点爱给自己无疑是最聪明的做法。假如说爱有十分，那么我们不妨用七分给爱人，把剩下的三分留给自己。因为只有拥有属于自己的独立天地，给男人留下一片自由自在的天空，女人才会能够获得男人持久而又尊重的爱。

古人云，占尽所有者，一无所得也。把这句话用在爱情上，意思就是说，当你爱一个人的时候，爱到七八分也许恰巧合适。如果你把自己十分的爱一下子都倾倒在男人的身上，那么他就会感受到沉重的压力，甚至觉得喘不过气来。如此一来，爱情还有什么乐趣可言呢？

心理小提示

爱一个人也要有所保留。保留一份对自己的爱，保留你自己。

第15章

屏蔽“出轨”心思，让爱有个安全的港湾

随着社会的发展，人们面对的诱惑越来越多，尤其是男人，因为主要承担着在社会上打拼的重任，所以总是要四处奔波，接触形形色色的人，经历各种各样的场合。由此一来，原本就在婚姻中处于弱势群体的女人就更加缺乏安全感了。这就要求女人要提高警惕、提升自己，从而捍卫自己的爱情，让爱有个安全的港湾。

老公“思想出轨”妻子如何应对

现代社会，面对着灯红酒绿，越来越多的男人禁不住诱惑，选择了出轨。男人的出轨可以分为两种，一种是肉体出轨，一种是精神出轨。对于这两种出轨，不同的女人持有不同的观点。有些女人觉得男人是用下半身思考的动物，所以觉得男人肉体出轨逢场作戏是可以接受的，而认为男人的精神出轨是坚决不能接受的，因为精神出轨意味着男人已经动心了；相反，有些女人认为男人的思想出轨是可以接受的，因为只是动心，却没有任何实际行动，还不至于显得那么肮脏；还有的女人则坚决不接受任何形式的出轨，因为那是对神圣爱情的亵渎。不过，随着生活的压力越来越大，再加上男人们有的时候在工作中需要和女性接触，或者是因为妻子无法满足自己的精神需求而在网上寻求感情寄托，最终导致了越来越多的男人选择了思想出轨。因为思想出轨是无形的，在短期之内不容易被妻子发现。面对这种现象，作为妻子，当你发现自己的老公思想出轨的时候，你该如何应对呢?

对于爱情至上的女人而言，即使是思想出轨，也是很难接受的，因为思想出轨的男人一旦认了真，往往比肉体出轨的男人更加绝情。不过，有些女人对待男人出轨的态度是很坚决的，她们会毫不犹豫地选择分手，而不愿意苟延残喘。相比之下，有些女人则会以大局为重，忍辱负重、委曲求全，希望男人能够迷途知返，继续保持一个完整的家庭。其实，女人对待出轨所采取的应激反应完全取决于女人对待出轨的态度。眼睛里揉不得沙子的女人毫无疑问会选择离婚，而委曲求全的女人则要好好动一番心思了。首先，男人思想出轨意味着男人动了心，面对这种情况，妻子一着不慎，就有可能满盘皆输。此时，妻子是一哭二闹三上吊，还是哀求男人回心转意，恐怕都不是明智的做法。聪明的女人会选择不知情，当然，是佯装不知情。精神出轨的男人有两种情况，一种只是寻求精神寄托，另一种则是会演变成为想要天长地久的爱情。在男人还没有和女人有摊牌的时候，说明他还没有下定决心要换老婆。这时，对于想保全家庭的女人而言，是一个千载难逢的好机会。一定要不动声色，因为大张旗鼓地讨伐男人只会使男人加速倒戈。接下来，要悄无声息地挽回男人的心。这时，女人要反省自己，看看自己哪里无法令男人满意，使得他必须在外面寻找精神寄托。不够温柔的女人要尽快变得温柔起来，不修边幅的女人要打扮自己，使自己成功吸引老公的眼球，不够高雅的女人则要提升自己的素质和修养，总而言之，要根据男人的需要提升自己，使自己在男人眼中散发出无穷的魅力。既然是夫妻，总是有感情基础的，接下来最重要的事情就是不动声色地唤起男人心中的旧情。这样一来，女人就能够占据感情的优势，从而为自己挽回婚姻打下良好的基础。总而言之，面对老公的思想出轨，女人要想保全家庭，就一定要冷静理智地面对，不要打草惊蛇，不要在无意之间把心爱的男人推入其他女人的怀抱。

其实，男人思想出轨是情有可原的，毕竟，这个社会充满了诱惑，而生活和工作的压力又是这么大。有的时候，男人之所以思想出轨是因为自己妻子那里得不到感情上的满足，或者是交流存在障碍，这时，女人应该积极地挽回婚姻，给男人和自己一个机会。

近来，张静发现老公马邑的短信越来越多，而且聊QQ的时间也越来越长。马邑是做销售行业的，通常电话比较多，所以刚开始的时候张静并没有在意。然而，发展到后来，马邑的短信一个接一个。张静有一天漫不经心地问马邑："你最近怎么用短信和客户聊天啊，还不如直接打电话呢！"之后，张静突然发现马邑的短信消失了。一天，马邑去洗澡了，手机放在沙发上。张静听到了嗡嗡的震动声，怕是客户的电话，所以张静拿起马邑的手机看了看。这一看不要紧，对于张静来说不亚于一个晴天霹雳，张静赫然发现马邑的一个短信上写着："你最近怎么没有短信给我呢？我都想你了！"看到这个短信，张静气得浑身发抖。她真想冲到卫生间去质问马邑：“你每天在外面都干了些什么？你在忙些什么？”张静的第一反应就是离婚。然而，看着一岁多的孩子，张静又犹豫了。对于孩子而言，没有父亲的人生是不完整的。她决定再好好地想一想。在随后的几天里，张静认真地回想了她与马邑这几年的生活。她觉得马邑还是一个比较合格的丈夫，也是一个比较合格的父亲，他很顾家，每个月的工资都如数上交。后来，张静终于意识到，也许是她最近一年多过于关注孩子而忽略了和马邑之间的情感交流。想到这里，张静决定给自己和马邑一个机会。

张静原本一直在家里照顾孩子，做出这个决定之后，她把孩子送到了爷爷奶奶家里，并且借着结婚纪念日为名，请求马邑请年假和自己一起出去旅游。想到结婚的时候也没有蜜月，马邑同意了。在一个多月的长途旅行中，张静和马邑去了他们恋爱的时候就向往已久的西藏，还去了美丽的大理和丽江，以及四川九寨沟，这几个地方都无愧于人间天堂的美名。在一个多月的亲密相处之中，张静突然有了恋爱的感觉，马邑也显得非常兴奋。徜徉在丽江美丽的青砖路上，张静觉得自己有了一个邂逅，是和马邑的邂逅。马邑也有同感，他对张静说：“我找到了久违的恋爱的感觉！也许，我们早就应该进行一次长途旅行！”回家之后，张静依然紧锣密鼓地进行着自己的计划。她把孩子从爷爷奶奶家接了回来，送进了托儿所，并且找到了一份和自己大学所学专业对口的工作。她又摇身一变成了白领丽人。成为母亲的她浑身散发出成熟女性的魅力，使得马邑就像发现了新大陆一般。每逢周六日，张静就把孩子送到爷爷奶奶家里，自己则和马邑一起度过难忘的二人世界。渐渐的，他们的生活比有孩子之前更加美满了，他们夫妻的感情也越来越深厚了。张静的心终于放下来了，看着和自己如胶似漆的马邑，她知道自己度过了婚姻的危险期。

张静是一个非常聪明的女人，在发现丈夫思想出轨之后，她并没有歇斯底里地与丈夫闹，而是以最快的速度找到了问题的症结所在。她根据自己找出的原因有的放矢，很快就把丈夫的心从那个不知名的对手身上收拢了回来。对于一个有着一岁多孩子的男人而言，对于一个曾经对妻子满怀深情的男人而言，他也许并不是真正想离婚，而只是因为寂寞或者是乏味，所以才想思想出轨调剂生活。这时，只要女人足够冷静，找到婚姻出现问题的原因，对症下药，就能够及时挽回自己的婚姻。

心理小提示

人非圣贤，孰能无过。面对诱惑，当男人砰然心动的时候，女人应该本着救治婚姻的想法及时诊治婚姻的病症，对症下药，这样才能够帮助男人把心收回来，使婚姻更加幸福美满。

为什么有的男人会出轨

亿万年前，当人类还没有出现的时候，雄性就有着理所当然的权利可以有多个性伴侣。在封建时代，男人享受着至高无上的地位，被社会道德和法律规范所允许可以娶妻纳妾，同时拥有几个女人。现代社会，女人的社会地位越来越高，法律规定必须实行一夫一妻制。所以，当男人对现任老婆感到不满意或者是厌倦的时候，在不想离婚的情况下，就只能通过出轨的方式来解决问题。对于已婚男人来说，当被人问及为什么出轨的时候，他们往往会给出下面的理由：父母之命和妻子结婚，没有感情；妻子是一个不理解我的人，我非常苦恼；妻子总是对我提出无休无止的要求，并且总是指责我，使我觉得没有任何地位；妻子只关心孩子，完全不顾及我的感受和需求；我和妻子两地分居，已经没有什么感情了，等等。然而，当这些已婚男人和自己的男性朋友谈起出轨的问题时，却说：出轨的感觉太美妙了，是我在婚姻里从来没有感受到的；妻子总是指责和抱怨我，情人却对我没有任何要求，和情人在一起特别放松，觉得人生很美好；偷情的感觉就像坐过山车，既紧张又刺激……这就是男人的真实想法，他们冠冕堂皇的理由都是从妻子身上找出来的，真正的理由却是为了追求享受和刺激。

对于出轨这件事情，男人和女人的认识截然不同。女人觉得出轨就像毒品，一旦染上就很难戒掉，最终都会以离婚收场。不过，男人却把出轨当成是一种可有可无的消遣，他们觉得出轨就像吸烟一样，根本没有女人想得那么严重。所以，男人对待出轨的态度比女人随便得多。不管男人是因为什么原因出轨的，女人都应该防范于未然。只有多多了解男人，女人才能够更好地处理男人出轨的问题，及早预防，及早挽回。

月月和李刚是大学同学，他们从大学时期就开始交往，感情非常好。大学毕业之后，他们很快就结婚了，并且有了一个可爱的女儿。有了孩子之后，月月就辞职在家带孩子了，李刚一个人负责挣钱养家。

月月是独生子女，自己本身还是个孩子呢，如今却要照顾一个嗷嗷待哺的婴儿，未免觉得有些手忙脚乱。她每天不仅要伺候孩子的吃喝拉撒，还要带孩子去公园晒太阳，并且要定时给孩子加辅食，诸如果汁、果泥之类的。孩子晚上总是醒，所以月月根本没有足够的时间休息，为了不耽误老公睡觉，月月索性与孩子一起搬到了小卧室去住。转眼之间，孩子已经两岁多了。月月也已经和李刚分室而居两年了。有的时候，李刚回家月月已经和孩子一起睡着了。就这样，他们夫妻之间的交流越来越少。因为太疲劳，即使有的时候李刚主动提出性方面的要求，月月也会以太累太困为借口推脱掉。一次，月月带孩子去闺蜜家里玩，突然听到闺蜜说上个周末看到李刚和一个女人在商场里买东西。至此，月月才意识到自己已经忽略李刚很久了，而且李刚也很长时间没有对月月提出任何要求了。

他们夫妻里虽然同住在一个屋檐下，但是却像陌生人一样，有的时候一连几天都没有机会好好交流。月月意识到问题的严重性，但是李刚却坦白地向她承认，他认识了一个女人……

月月显然犯了一个非常严重的错误，她因为过于关注孩子，而忽略了丈夫在感情和生理上的需求，导致原本应该非常幸福的婚姻出现了严重危机。这个错误，很多女人都曾经犯过。而且，假如不能充分意识到这个问题的严重性，还会有很多女人会继续犯这个错误。对于女人而言，要想拥有幸福的婚姻，要想给孩子一个美满的家庭，一定要多多关注自己的丈夫，因为稳定良好的夫妻关系是幸福婚姻的基础。

心理小提示

既然男人很容易出轨，女人就一定要多多关注夫妻关系，用心经营自己的爱情，把男人牢牢地吸引在自己的身边。这样，孩子才能够有一个健康美满的家庭。

爱情和婚姻也需要维修和养护

最近，深受观众喜欢的电影《爱情维修站》热播，其宣传口号也颇具煽动性；“爱情需要及时升级，婚姻需要及时保养，裂痕需要及时维修。”大多数人看到这句口号不禁莞尔，在这个世界上，一切都需要维修，也可以维修，包括爱情在内。那么，你今天维修自己的爱情了吗？其实，所谓的维修和养护爱情并非指的是像修理机器那样去生硬地整治爱情，而是要人们多多关注自己的婚姻和另一半，及时发现婚姻中出现的一些小问题，及时解决问题，以免给婚姻留下安全隐患。即使是在没有问题的情况下，我们也要给爱情做养护，给爱情增加一些浪漫和感动，以使双方的感情越来越深厚。这比等到爱情出现问题的时候再去解决问题效果更好！

其实，在生活中，很多婚姻刚刚出现的都是一些小问题，正是因为人们对此置之不理，所以才会日积月累，积劳成疾，最终导致出现很多大问题。我们必须在没有问题的时候防患于未然，在有了小问题的时候及时解决，才能避免大问题的出现。那么，如何对爱情进行维修和养护呢？首先，彼此要加深了解，多一些心有灵犀，少一些误会。在生活中或者是电视剧的情节中， 很多爱人之间都阴差阳错地产生了一些误会，导致原本顺利的感情之路越来越坎坷。其实，这些误会之所以出现，并非是因为偶然，而是因为他们彼此之间缺乏了解，所以没有足够的信任。要想使感情之路更加平坦，就要建立在尊重、信任和理解的基础之上。其次，要制造一些让爱情变浓的机会。感情是需要经营的，如果任由感情像一块荒地一样杂草丛生，那么必然面临着荒芜的结局。最后，遇到问题的时候一定要保持理智和冷静，用正确的态度面对。婚姻出现问题就和人的身体感到不适是一样的，我们一定要及时诊治，发现问题的症结，这样才能对症下药，切勿讳疾忌医，延误病情。有些人在感情上有洁癖，有任何问题第一时间想到的就是离婚，其实这是不正确的。试想，假如你觉得一条腿长得不够完美或者是觉得不舒服，你会舍弃这条腿吗？我们对待感情的态度要像对待自己的身体一样，多一些爱惜和珍视。假如能够做到这几点，就能够使爱情得到及时的维修和养护，变得更加幸福美满。

面对老公的思想出轨，亚南的第一反应就是离婚。她怒不可遏地向老公提出了离婚，不过，老公却不想离婚。他说自己只是因为一时糊涂才会在网上与别人的女人以老公老婆相称，而不是真的想离婚。他说自己很在乎现在的家庭，很爱老婆和孩子，不愿意失去他们。亚南很不理解，既然如此，为什么要思想出轨呢？其实亚南不知道，男人有的时候也是需要关注的。家庭生活的时间太长了，再加上有了孩子之后，亚南难免忙于照顾孩子，而忽视了老公的情感需求。面对老公的苦苦哀求，亚南犹豫了。离婚，孩子就没有完整的家庭了，而且除了这件思想出轨的事情之外，他们夫妻的感情还算不错；不离，感觉就像是吃了苍蝇一样，非常恶心，总是觉得再也无法信任老公了。为此，亚南去咨询了婚恋专家。婚恋专家在得知事情的始末和亚南的态度以后，只问了亚南一个问题：“如果你觉得身体的哪个部位不舒服，你是去看医生呢？还是坚决地舍弃它？”亚南恍然大悟，感情就像是我们的身体，也会偶尔得个感冒什么的。如果身体得病了，我们往往会积极地救治，希望还给自己一个健康的身体。那么，感情得病了呢？我们应该用对待身体疾病的方式去对待感情，毕竟，感情也是我们费尽心血培养出来的，关乎到我们一辈子的幸福。亚南选择了原谅丈夫，并且积极地调整自己，使自己更多地关注丈夫的情感需求。

在这个事例中，假如亚南不理会老公的苦苦挽留和忏悔，挥剑斩情丝，那么，这个世界上就又多了一个单亲家庭的孩子。其实，感情就像是我们的身体一样，人们常说，人吃五谷杂粮没有不生病的，感情也是如此。面对着这个充满诱惑的社会，越来越多的人感情上出现了各种各样的小毛病。这个时候，我们应该积极救治自己的感情，挽救自己原本应该幸福的婚姻，使其回归到正常的轨道上来。

心理小提示

每个人都要积极充当爱情的维修和养护工人，经常给爱情进行体检和养护，使爱情这架庞大复杂的机器保持正常运转。这才是爱情的经营之道，也是拥有幸福婚姻所必不可少的步骤。

及时发现老公的“异常”表现

很多时候，婚姻出现异常并非是一朝一夕的事情，而是一个日积月累、由量变到质变的过程。要想及时维护和保养婚姻，我们就要及时发现婚姻出现变化的蛛丝马迹，这样才能在第一时间内了解男人的动向，把握婚姻的情况，做到胸有成竹、从容应对。这就要求女人一定要细心，在婚姻生活中，从各个方面多多关心男人。很多女人在爱情中非常大意，并且美其名曰愿意被男人骗一辈子。关键在于，很多男人刚开始的时候是愿意骗女人的，后来却越来越懒惰，直到不耐烦地提出离婚，再也不愿意骗女人了。由此可见，在婚姻中，女人掩耳盗铃地心甘情愿地被男人骗，并不是维持婚姻幸福的长久之计。要想从根本上解决问题，女人一定要敏感而又细心，做一个合格的“监察”员。当然，这里并非让女人们都亦步亦趋地紧跟男人，或者像侦探一样时时刻刻地盯着男人，而是让女人监察男人的内心。毕竟，爱情是一种很微妙的感情，只要女人足够细心，即使是很细小的变化，也是能够体察出来的。只有及时发现老公的“异常”表现，女人们才能对症下药，为婚姻治病，把握婚姻的大方向。

那么，一般情况下，男人都有哪些"异常"的表现呢？在婚姻中，男人的"异常"表现通常包括以下几种：第一，突然变得很忙碌，莫名其妙地加班，或者是电话、短信突然增多；第二，突然变得特别注重自己的形象，讲究仪表和着装；第三，突然之间性趣全无；第四，非常烦躁，对自己的妻子没有任何耐心，总是希望妻子离开自己越远越好；第五，花销突然变多，工资也不想上缴了，甚至偷偷储存小金库；第六，出差的时间越来越长，越来越频繁，经常很晚才回家，甚至夜不归宿……当然，对于细心的女人而言，男人的"异常"举动还是很容易发现的。不管男人伪装掩饰得再怎么好，都会留下一些蛛丝马迹。面对这种情况，女人一定要想清楚自己究竟想得到一个怎样的结果，然后做出及时应对。

小米是个性格开朗的人，她是做广告业务的，每天都东奔西跑，不停地忙碌着。小米的老公刘峰是做建筑工作的，也很忙，而且应酬特别多。长久以来，小米并没有觉得这种生活有什么不妥之处，但是最近她却感觉到了老公的异常。

不知道是因为工作太累了还是什么原因，小米发现刘峰每天一回家倒头就睡，好像几辈子没有睡过觉似的，夫妻生活明显没有刚结婚时那么和谐了。在公司的年会上，刘峰携小米一起参加，席间，他的同事似乎在提醒小米什么似的，说："小米，你老公在家是不是'好学生'啊？"由于关系比较熟稔，他们都知道"好学生"的意识是指精力充沛的男人。小米不仅疑惑了，难道他的弦外之音是刘峰在外面有情况了？

而且，最近刘峰的电话和短信特别多，很多电话都专门跑到阳台上去接，可能是为了故意避开小米吧。以前，不管工作再忙，只要小米需要，刘峰都会把所有事情推开。但是，现在，他总是以工作为由，渐渐地忽略了小米。有一次，小米和刘峰一起去饭店吃饭，刘峰的手机突然响了，而刘峰恰巧去厕所了，所以小米接起了电话，但是喂了半天对方都不吭声，最后还直接挂断了电话。小米直觉对方是个女人，便逼刘峰打回去，因为信号不好，所以也没有打通。

小米心中的疑惑越来越重了，她原本计划要一个小宝宝，但如今不得不先侦察清楚老公的疑点，解决夫妻之间的感情问题，然后再制订生宝宝的计划了。

不管小米的老公有没有真正出轨，小米采取比较慎重的态度都是可取的。当然，在侦察敌情的时候一定要注意方式方法，不要搞成老公原本没事，但却被老婆怀疑的态度惹恼了。作为女人，要想维护好自己的爱情和婚姻，就必须多多关注男人的细微变化。不过，这一切都要建立在爱和尊重的基础之上，还要给予男人足够的信任，因为捕风捉影的怀疑非但不利于夫妻感情，反而会事与愿违。

心理小提示

在婚姻生活中，男人和女人都在某种程度上面对着很多诱惑。不管是男人还是女人，都要细心体察对方的感情，了解对方的细微变化，这样才能够及时掌控婚姻的情况，使彼此的感情更加稳固。

如何度过“七年之痒”

所谓“七年之痒”，其实是个舶来词，意思是说很多事情发展到第七年就会出现一些不以人的意志为转移的问题，当然，婚姻也包括在其中。结婚时间长了，激情就会渐渐消失，新鲜感也会变成了熟悉的感觉。从浪漫的天马行空的恋爱到实实在在的繁琐的婚姻，在平平淡淡的朝夕相处中，爱人们难免感觉彼此之间太熟悉了。恋爱的时候，人们总是会有意无意地掩饰自己的缺点或者在理念上的不同。而一旦结了婚，他们的这些分歧就会充分暴露出来。因此，情感的“疲惫”或厌倦就会使婚姻进入“瓶颈”。假如无法选择有效的方法通过这一“瓶颈”，那么婚姻就会走向终结。这也是现代的夫妻越来越关注七年之痒的原因。

如今，很多夫妻谈及“七年之痒”就会色变，似乎只要到了七年，婚姻就一定会经历重重考验。其实，并非每一对夫妻都会遭遇七年之痒的危机，只要我们了解七年之痒的来源，做到提早预防，更好地经营婚姻，就能够平安度过七年之痒。从人的成长角度来说，大部分人在没有结婚之前都是孩子，只有走入婚姻之中才能实现自身的成长。恋爱的时候，很多人根本没有清楚地认识自己，更没有清楚地把握自己，甚至也不知道自己需要什么样的配偶。随着婚龄的增加，特别是新生命诞生之后，二人世界的结构被改变，夫妻就会面临更多的家庭问题，还会在教育理念方面凸显出一些差距，导致婚姻中日积月累的矛盾慢慢凸显。由此一来，夫妻之间的感情面临着更加严峻的考验。曾经有婚姻专家指出，最大的离婚理由是因为夫妻二人无法配合，而并不是所谓的婚外情。从沟通方式的角度来说，夫妻之间因为太熟悉了，所以就会在无形之中忽略配偶的需要，不再选择以合适的方式表达自己的内心，表露情感的时候也会不加掩饰，这就导致了夫妻之间在很多情况下会相互伤害。以上列举的种种原因，导致家庭的氛围越来越紧张，从而使家庭遭遇了七年之痒。

要想平安度过七年之痒，夫妻之间就要采取积极主动的态度，防范于未然，或者采取一些有效的措施改善七年之痒时面临的很多相处的困境。首先要有奉献精神，在爱面前，无所谓公平不公平，作为家庭成员，每个人都应该竭力为家庭做更多的贡献，而不要计较谁付出得多，谁付出得少。其次，要给对方足够的空间。既然七年之痒很大程度上是因为彼此太熟悉而导致厌倦心理的产生，那么不妨适度地拉开距离，使彼此七年之痒的困惑在思念之中得到减弱。正如人们常说的，距离产生美，也就是这个道理。最后，还要调整自己的期待。要知道，这个世界上没有绝对完美的人，每个人都有缺点和自己的弱项。作为彼此相爱的人，一定要包容对方，理解对方。其实，夫妻之间的问题远远不止七年之痒那么简单，夫妻在各个阶段都有可能出现各种各样的问题，作为夫妻双方，必须积极面对并且及时处理这些问题，这样才能够使婚姻历久弥新。

玛丽很久以前就在准备着七年之痒的到来，因为她知道这是必然的，所不同的就在于以怎样的方式渡过七年之痒。也许是因为玛丽准备得很充分吧，她与强的七年之痒很顺利地渡过了，甚至连痒都没有感觉到。

刚结婚的时候，玛丽与强如胶似漆，婚后两年，随着孩子的出生，他们变得越来越忙碌。然而，等到孩子上了幼儿园之后，他们的生活似乎一下子放缓了脚步，需要更多的东西来填充他们的心灵。玛丽是一个很会经营婚姻的女人，她没有让强感受到空虚，而是把生活安排得更加多姿多彩。他们一家三口每个月都会外出旅行一次，每隔两个星期，玛丽还会把孩子送到父母家中，与强度过一个难忘的二人世界。玛丽始终在学习，参加各种各样的培训班和聚会，以开阔自己的眼界。和强在一起的时候，他们总是能够就一些问题达成共识，而且还有很多可以谈论的内容。在教育孩子的问题上，他们不像其他夫妇一样存在很大的分歧，而是早早地就达成了一致。在外人眼中，这简直是令人羡慕的一家三口。他们步调一致，思想合拍，而且都想把这个家经营得更好。在结婚八周年的纪念日上，玛丽深情地对强说："咱们平安地度过了七年之痒，等待着我们的一定是更加美好的生活！"强也高兴地说："嗨，咱们是如此默契，而你又带给我那么多新鲜的感受，我迫不及待地想要和你及孩子一起去看看未来的生活是多么美好，怎么会有七年之痒呢！"

多多了解七年之痒，多多了解婚姻，多多了解配偶，能够使我们的爱情和婚姻更加顺利。在人生的婚姻之旅上，只要夫妻之间有真爱，能够做到相濡以沫，心有灵犀，就能够在很多方面达成共识。此外，在日常生活中，我们还要学会调剂婚姻，就像玛丽一样，不要让彼此的感情出现空隙，不要让家庭生活觉得空虚，这样一来，谁还有时间去顾及七年之痒呢？夫妻关系的历久弥新，就在于不断地创造新鲜的生活，不断地实现心与心的沟通与交流。

心理小提示

不管巧克力冰淇淋的味道多么好，不管紫丁香花开得多么绚烂，我们最终还是会对它们失去强烈的兴趣而逐渐变得淡漠。不管曾经的爱情多么炽烈，不管彼此的心灵多么契合，我们最终还是会对婚姻感到乏味。所以，我们必须学会创新，给生活和爱情注入新鲜的活力。

面对外遇，女人该如何处理

所谓外遇，指的是已婚男女在婚姻以外的不正当的男女关系。调查发现，在婚姻生活中，男人外遇的比例往往更高一些，这是因为男人主要专注于事业，所以需要在社会上打拼，因此面临的诱惑更多，也有更多的机会外遇。相比之下，更多的女人都以家庭为自己的事业，所以她们的生活半径比较小，总是围着老人、孩子和老公转悠，她们把自己大部分的时间和精力都倾注到了家庭生活中。

作为一个对家庭无怨无悔地付出的女人，假如你的老公有外遇了，你会怎么做？有相当一部分女人在面对这个问题的时候选择了长痛不如短痛的做法。她们把爱情看得至高无上，非常神圣。因此，一旦发现丈夫有外遇，她们最本能的反应就是分手。另外还有一部分女人更倾向于保全婚姻。在倾向于保全婚姻的女人中，根据方式方法的不同，又可以分为很多种女人。有的女人一旦得知丈夫外遇的事情就开始撒泼，一哭二闹三上吊，不闹得人尽皆知不罢休，她们既不甘心在感情上受到如此的侮辱，又无法下决心离婚，所以就歇斯底里地闹下去，直到弄得满城风雨。而女人的这种做法往往使原本摇摆不定的男人下决心离婚，因为他既然已经颜面尽失，当然就没有什么可顾忌的。此时，女人就会非常懊悔，觉得自己虽然出了气，但是却没有挽回任何东西，还失去了丈夫，葬送了婚姻。由此可见，对于想保全婚姻的女人来说，这种冲动的做法是非常不明智的。

要想保全婚姻，不妨借鉴下面的做法，这是聪明女人的做法。有的女人心胸开阔，觉得男人有外遇是可以理解的，就像人生病了一样，有病治病，头疼医头，脚疼医脚，没什么大不了的。这种女人虽然心底里也非常痛苦、气愤，但是却能够保持理智。她们不会像上文所述的那样大吵大闹，而是把这个问题放在两个人之间解决。她们或者会去找丈夫认真地谈一谈，分析利弊，统筹大局，了解丈夫的想法，然后与丈夫达成共识，保全家庭。更聪明的女人甚至把问题放在自己的心里，自己一个人面对，一个人去解决。这种女人是非常聪明的，而且有头脑，处事冷静。在得知丈夫外遇的事情之后，她们会装作毫不知情，因为丈夫既然还没有主动向她摊牌，就意味着丈夫还是在乎这个家的，对于想保全家庭的女人而言，这是一个好的讯号。她们会首先反省自己，因为男人之所以出轨，肯定是因为在妻子的身上得不到满足。所以，她们会选择先对症下药，改变和提升自己。只有这么做，才能彻底地挽回男人的心。为了不使外遇的问题在彼此之间明朗化，给以后的生活留下阴影，她们选择什么也不说，默默地去做。其次，她们还会提升个人的形象和气质，把自己打扮得更加漂亮。这使她们散发出魅力，牢牢地吸引住男人的眼睛，进而吸引男人的心。这样一来，男人自然会渐渐地收心，再次回归家庭，回到妻子的身边，而且夫妻之间心照不宣，也不会因为这个问题而影响感情。总而言之，要想保全家庭，女人在面对丈夫外遇的问题时一定要保持理智和冷静。

周倩是在一个偶然的机会发现丈夫有外遇的。最初，她只是发现丈夫的衬衫领子上有口红的印记，后来，她在丈夫的公文包中发现了杜蕾斯。再综合丈夫最近回家越来越晚，有的时候借口工作忙住在单位等各种迹象，周倩确定丈夫有外遇了。周倩的本能反应是想去质问丈夫，然后痛痛快快地把丈夫骂得狗血喷头，最后提出离婚。然而，想到离婚之后的生活，她茫然了。首先，离婚必然对孩子造成很大的伤害，使孩子不知道自己应该跟随父亲还是跟随母亲，甚至还会影响孩子的学习成绩，导致对孩子的一生造成影响。这样一来，未免太得不偿失了。其次，周倩已经四十多岁了，回忆和丈夫在一起生活的十几年，她觉得总体来说还是满意的，也许丈夫的外遇只是一个偶然呢。周倩这么安慰自己。想到这里，她决定尽力保护自己的婚姻，给孩子一个完整的家庭，给自己一个幸福的未来。为此，她选择了忍气吞声，佯装不知情。不过，她在暗地里却开始关注丈夫，更加体贴和关心丈夫。每当丈夫再次以加班为借口要在单位留宿的时候，周倩嘴上答应，却开始精心准备晚餐，赶在丈夫下班没多久还在单位的时候给丈夫送去，并且心甘情愿地留在那里等着丈夫处理完工作和自己一起回家。时间长了，周倩成了丈夫单位的模范妻子，每当周倩拎着保温饭盒出现的时候，同事们都会打趣丈夫有福气。面对这样的妻子，丈夫还能说什么呢？之前周倩总觉得自己年纪大了，不需要化妆了，如今，她却非常注重自己的形象。她去做了一个时尚的发型，并且给自己买了几件质地高档的衣服，使自己变得简直年轻了十几岁。她还坚持去做瑜伽，修炼形体，定期美容，保持好皮肤。如此坚持了几个月之后，朋友们都说周倩简直像变了一个人一样。丈夫当然也觉察到了妻子的变化，并且为此而感到高兴。归根结底，对于男人而言，一个上得厅堂的妻子是很给他长脸的。

在结婚16周年的时候，周倩瞒着丈夫报了一个双飞马尔代夫的旅行团，并且将其作为周年纪念日的礼物送给丈夫，此外，还有一个收藏版的zippo打火机。丈夫非常惊喜，因为他早就想出国看看，但是周倩一直以太浪费钱为由拒绝了。那个收藏版的zippo打火机，更让丈夫总是自豪地对朋友们说，这是我妻子送给我的！如今的周倩显然已经不仅仅是一个中规中矩的妻子了，她还同时是一个体贴入微的情人。在马尔代夫湛蓝的海底，丈夫用手语向周倩表示：“我爱你！”隔着厚重的潜水服，周倩的泪水潸然而下，她知道自己赢了这场没有硝烟的战争！

周倩无疑是明智的，对于女人而言，结束一段婚姻并非是能够轻易做出的决定。其实，每个人都会犯错误，每个人都会一时冲动，我们要给男人改正错误的机会，同时也是给自己一个机会。假如你实在不能接受男人外遇，那么就坚决地选择分手。假如你还是想保全这段婚姻，那么冷静面对是最好的选择。因为只有理智和冷静能够帮助你最终挽回这段婚姻，给彼此一个依然幸福的家庭。

心理小提示

歇斯底里只会使原本犹豫不定的男人决然地离开。要想保全家庭，不如不动声色地采取措施，最终挽回男人的心，使其主动地回归家庭！

细致入微之处最能见真情

很多时候，我们信誓旦旦地爱着，把爱挂在嘴边，恨不得每天都向自己所爱的人说一百次我爱你，也恨不得自己所爱的人每天都能向自己说一百次我爱你。尤其是很多女人，总是追着男人问“你爱我吗？”殊不知，男人是最不喜欢回答这个问题的，因为男人不喜欢说，只喜欢做。不是有人说过嘛，假如一个男人过于喜欢说甜言蜜语，那么也许意味着这个男人并不可靠。确实如此，爱不是说出来的，而是做出来的。人们常说，女人是用耳朵谈恋爱的，总是喜欢听男人表白自己的爱，说一些海誓山盟。其实，这些都是不可靠的。在恋爱中，要想发现男人的真心，女人应该多多观察男人，用心感悟和体会男人的爱，尤其是那些细致入微之处，往往更能见证真爱和真情。

还有些女人喜欢轰轰烈烈的爱情，她们总是对琼瑶剧中死去活来的爱非常向往，恨不得自己也能找到琼瑶剧中的男主角作为爱人。其实，现实生活中的爱情和女人幻想的琼瑶式的爱情是有着很大不同的，毕竟，我们要生存，要在这个社会上更好的立足，而不是像电视剧中的人物一样只需要演绎爱。而且，轰轰烈烈的爱就像是燃烧的火焰一样，只能维持很短的时间，要想使爱情长久，我们就必须使爱情细水长流。很多女人抱怨男人不爱自己，殊不知，男人的爱深深地埋藏在心底，不会轻易表露出来，更不会天天挂在嘴上。聪明的女人会用心感受男人的爱，而不是要求男人每天都对着自己说一百遍“我爱你”。

结婚之前，女人就嫌弃男人太木讷，不过，看到男人对自己非常好，殷勤备至，对自己的父母也很照顾，女人最终还是决定和男人结婚了。婚后，日子平平淡淡地过着，女人总是觉得自己爱缺少一种激情，甚至，结婚二十年了，男人从来没有对女人说过“我爱你”。眼看着一辈子就要这么过去了，女人一想起来就心有不甘，觉得自己似乎没有真正地爱过。直到发生了一件事情才彻底改变了女人的想法，使她知道自己一直被男人深爱着。

一天晚上，女人突然腹痛难忍，男人手忙脚乱地把女人送到医院。医生诊断为急性阑尾炎，需要做手术。女人说：“要不让妞儿回家来吧，让她照顾我。”男人摇了摇头，说：“妞儿正在准备期末考试呢，回来耽误她学习。就让我照顾你吧。这么多年了，一直是你照顾我，也该我照顾你了。”女人看着男人：“你什么家务都不会做，怎么照顾我呢？还是让妞

儿回来吧，她能帮帮你！”男人摇摇头出去了。女人被推进了手术室。手术之后，因为并发症，她一个月都没有下床。在这一个月里，男人取得了突飞猛进的进步。他不仅学会了做简单的饭菜，还学会了给女人做她最爱吃的糖醋排骨、鸡汤等。吃着美味可口的饭菜，看着男人做饭的时候不小心弄出来的伤口和被油烫出来的水泡，女人的眼睛湿润了。一天，护士帮女人换药，羡慕地对女人说：“大姐，你可真幸福啊，你手术之后并发感染的七天里，你的爱人一直在门外守着你，夜里都没有睡过觉。”女人惊愕了，她一直以为男人晚上就回家去睡觉了，原来，他怕自己催他回家，就一直守在门外。至此，女人才知道，原来男人始终深爱着她，只是这种爱深深地埋藏在心底，没有挂在嘴上而已。女人突然觉得自己特别幸福，简直是天底下最幸福的女人。她心中很久以来一直都有的遗憾消失了，她感到非常满足，觉得自己的一生简直了无遗憾了。

并非所有人都喜欢把自己的爱挂在嘴上，尤其是男人。女人二十年来始终觉得很遗憾，只是因为男人没有亲口对她说“我爱你”，如今，她才知道男人是在用实际行动爱着自己，她的遗憾完全消失了，她觉得自己的一生圆满了。每个人爱的方式都是不同的，在爱中，我们一定要学会用心感受爱，体悟爱，这样才能够了解爱人的心意，拥有爱人真挚深沉的爱。

心理小提示

爱是细水长流，爱是静水流深，爱是无言，爱是一举一动。作为女人，要学会感受男人的爱，学会拥有男人的爱。

参考文献

[1] 宋专茂.婚恋心理案例集[M].广州：暨南大学出版社，2005.

[2] 林一芳.九型人格婚恋指南[M].武汉：长江文艺出版社，2012.

[3] 李丽娟，李嘉琦.爱情36计：婚恋心理课堂[M].北京：人民军医出版社，2011.

[4] 牧之.婚恋要读心理学大全集[M].北京：新世界出版社，2011.